外国教育史译丛 / 张斌贤主编

美国教育史

——学校教育与社会变迁

（第 6 版）

Education and Social Change

Contours in the History of American Schooling

(Sixth Edition)

［美］约翰 · L. 鲁里（John L. Rury） 著

陈露茜　译

中国科学技术出版社

· 北　京 ·

图书在版编目（CIP）数据

美国教育史：学校教育与社会变迁：第6版 /（美）约翰·L. 鲁里著；陈露茜译. -- 北京：中国科学技术出版社，2025. 7. --（外国教育史译丛 / 张斌贤主编）.

ISBN 978-7-5236-1395-5

Ⅰ. G571.2

中国国家版本馆 CIP 数据核字第 2025J83L75 号

Education and Social Change: Contours in the History of American Schooling (Sixth Edition)
By John L. Rury / ISBN: 978-0-367-24297-8

著作权合同登记号：01-2023-2464

总 策 划	秦德继
策划编辑	王晓义　王　琳
责任编辑	王　琳
封面设计	郑子玥
正文设计	中文天地
责任校对	张晓莉
责任印制	徐　飞

出　　版	中国科学技术出版社
发　　行	中国科学技术出版社有限公司
地　　址	北京市海淀区中关村南大街16号
邮　　编	100081
发行电话	010-62173865
传　　真	010-62173081
网　　址	http://www.cspbooks.com.cn

开　　本	720mm × 1000mm　1/16
字　　数	296千字
印　　张	18.75
版　　次	2025年7月第1版
印　　次	2025年7月第1次印刷
印　　刷	河北环京美印刷有限公司
书　　号	ISBN 978-7-5236-1395-5
定　　价	118.00元

（凡购买本社图书，如有缺页、倒页、脱页者，本社销售中心负责调换）

丛书序

2022年8月上旬，中国科学技术出版社科学教育分社社长王晓义向我约稿。这令我倍感意外。一来我们素昧平生，此前从未有过任何交往；二来我对以编辑出版科普图书、科技专著和科普期刊为主要任务的科技出版社有意出版教育类图书感到好奇。但无论怎样，考虑到这个机会对我所从事的学科无疑大有益处，尽管当时文债缠身，我依然很痛快地接受了约请。

此后一段时间，我反复考虑了各种选题，最后向出版社提交了组译一套外国教育史译丛的选题方案。不成想，出版社很快就批准了选题方案，随即进入选书和联系版权阶段。后来得知，这一选题方案得到了秦德继社长的肯定和支持。2022年8月底，在上述工作基本完成之后，就开始物色和联系译者。由于部分语种的译者非常稀缺，往往几经周折才能联系到某位可能的译者，但又会因某些原因而难以落实，只好重新开始寻找下一位可能的译者。在这个过程中，北京师范大学李子江教授提供了大量的帮助。

经过译者和出版社近三年的辛勤工作，如今,《外国教育史译丛》将陆续出版。借此机会，我想分享一下我组织这套译丛的一些想法。

在最初策划这套译丛时，我提出了选书的三个原则。第一是“重”。这是指拟移译的著作一定是同类书中最具权威性的著作。要落实这一点，就要对不同国家的出版情况进行一定的调查。在这个过程中，我询问了不少专家的意见，包括孙河川教授、陈露茜教授、姜星海博士和张乐博士等。第二是“新”。这是指在同类著作中选择最近出版的著作，以便中国读者了解国外相关研究的新进展。第三是“全”。这既指所选著作最好能够较完整地呈现一国教育的演变过程，也是指尽可能改变此前仅仅关注美国等少数国家的做法，使中国读者能更为广泛地了解发达国家教育的发展史。

在译丛即将陆续付梓之际，首先要衷心感谢中国科学技术出版社科学教育分社王晓义社长和各位责任编辑的大力支持和倾心付出。译丛涵盖多个国家、多个语种的著作，无论是版权的联系还是译者的物色，都需要投入大量的时间和精力，有时会发生多次反复，甚至会出现“劳而无功”的情况。尽管面临重重困难，但他们仍坚持不懈、辛勤工作，为译丛的成功出版付出了难以想象的辛劳。其次，要真诚地感谢各位译者的出色工作。众所周知，在当今高校的学术评价体系下，译著往往不易被认定为学术成果，或者成果分量会被大打折扣，一部译著的分量有时甚至不如几篇论文。尽管如此，译者们都以忘我的热情和严谨的态度投入工作，并按时向出版社提交了高质量的译稿。最后，借此机会，也要感谢原著的作者和出版社，正是他们的支持和配合才使中国读者有机会接触到更多佳作。

張斌賢
2025 年 7 月 22 日

致中文版读者

很高兴这本小书得以与中国读者见面。首先，我想感谢陈露茜教授为本书的翻译所付出的努力。作为全书的开篇，我想再解释一下出版意图，明确本书与其他版本的美国教育史表述中的差别。

本书试图重新解释美国教育史。这意味着我并不满足于对美国教育史进行事实上的概述，而是希望聚焦于教育历史、教育机制与教育实践发展的特定主题。正如前言所写，我尝试使用社会科学理论，尤其是注重从社会学和经济学中选取核心概念进行历史诠释，这两大学科理论对理解教育制度的发展有着重要的意义。本书认为，正规教育是现代国家的重要组成部分，从美国的情况来看更是如此，因此，这些社会科学的核心概念使我能够更好地聚焦于作为国家架构的正规教育的历史发展进程。今天，全美国共有 13000 多个学区，这是历史上学校组织结构地方主义的直接产物。学校由各州来管理，而不受联邦政府管理。当然，后来联邦政府在教育政策中扮演了越来越重要的角色，这也是本书的主题之一。

本书的另一个主题是教育不平等问题。在美国历史上，学校教育从方方面面加剧了社会的不平等。在美国，许多社会群体经历了压迫或剥削，而教育制度只是从不同的方向继续加剧这一问题。同时，教育还是社会流动的阶梯，或者说，也是对抗社会不平等的武器。本书也将重点讨论这些在教科书中不常提及的话题，尤其是关于非裔美国人、墨西哥裔美国人或印第安人的问题，他们的经历很好地说明了学校教育是如何界定社会不平等的，在历史上又是如何帮助他们战胜社会不平等的。当然，教育也是社会分层的重要标志物。从整体上看，家庭越富裕，家长对子女教育的投入就越多，这也进一步加剧了社会不平等。在美国历史上是这样，在其他许多国家的历史上也是如此。

本书还讨论了围绕相关教育政策的许多全国性争论，尤其是 20 世纪以来的教育改革。这些争论不断引领着教育机制的发展变化，使其服务于越来越多的社会群体。近年来，教育在美国成了一个重要的政治议题，它往往与全国范围内学校资源的配置直接相关。政治保守派往往为学校效率问题大声疾呼，要求削减学校预算，而政治自由派则更强调教育结果的公平。这些争论在历史上有着不同的表现形式，成了美国教育实践的重要特征。2001 年，美国通过《不让一个孩子掉队法案》，要求运用标准化测验成绩来规范、改进学校教育。虽然它最后失败了，但它依然成为后续重要的政治焦点问题。

这些就是本书所触及的核心主题。我希望这篇简短的前言能够帮助中国读者更好地理解这本书。再次感谢陈教授与出版编辑团队为本书的翻译与编辑所付出的辛劳。

约翰 · L. 鲁里

2024 年 7 月 1 日于堪萨斯州劳伦斯市

前　言

众所周知，全球正处于快速变革期。我们生活在一个社会高度分层与政治分歧不断扩大的年代，快速的社会变革正影响着几十亿人的日常生活。每一个国家都面临着诸多充满争议且尖锐的社会问题——无论是经济政策还是社会剥削与不平等，无论是环境安全还是一系列其他问题，都引发了全社会诸多激烈的冲突。尽管如此，就美国而言，如果说还有什么可以让美国人达成一致意见的话，那么这就是学校与教育的重要性问题。如果我们不能继续拓展已有的知识范畴与个人能力的话，那么我们的民族注定要在全球竞争中落败。

当下来自各方面的不同意见揭示了我们所处的世界是如此之不同，而我们又是如此想当然地将我们的日常价值标准横加于他人之上。科学技术在快速发展，这使得天堑变通途，我们的出行更加安全，工作生活更有保障，即时通信手段唾手可得。但与此同时，我们的价值观也在快速发生变化，甚至是巨变。今天，我们公开反对歧视，强调社会公平，为个人自由欢呼雀跃，但我们没有意识到诸如此类的价值观并非全世界的普遍法则。同时，我们还对教育抱有坚定的信念。但从历史上看，当代美国生活的诸多方面都是新事物。无论从哪个方面看，这都是几十年以来复杂社会变革所沉淀的结果，也是人类社会在持续不断的斗争和变革之中流血牺牲、奋力抗争的成果。这一过程如今仍在继续，这深刻地影响了当今世界，也由此引发了当今社会的激烈论争。理解社会冲突、社会变革与社会改良的进程，不仅对于加深我们的自我认识与反省至关重要，而且对于我们应对未来挑战也同样重要。这便是本书的研究使命。本书致力于描绘教育的发展历程，进而管窥社会变革的洪流。

本书的重点在于历史，在于那些久远且遥不可及的复杂过去。本书旨在以史论结合的方式来叙述、解释教育史上的诸多史实及其演进的独特路径。如何实现史论平衡，这一问题本身就意味着成书过程中的诸多困顿挣扎。但我希望我的叙述方式能成为实现这一愿望的有益尝试。我希望帮助读者尝试去思考这些问题，挖掘这些问题之中的有趣、有用之处。正如约翰·杜威（John Dewey）在多年前指出的那样，教育的终极目标是为社会的持续不断变革做好准备。理解历史也许是我们给予子孙后代的最美好的期许，研究历史也必将带来诸多助益。

致 谢

在本书的写作过程中，我要衷心感谢来自多方面的支持。在我专注于本项目的多年时间里，我受到了来自各方面的关照与鼓励。我首先要感谢泰勒·弗朗西斯出版集团（Taylor & Francis）的高级出版经理凯瑟琳·巴纳德（Catherine Bernard），在她的帮助下我完成了本书两个版次的写作修订工作。我要感谢莱恩·艾克斯（Lane Akers），是他鼓励我开始构思与动笔写作，并在本书的写作过程中给予我诸多支持与鼓励。我还要感谢马修·弗里贝里（Matthew Friberg），最近他接替了凯瑟琳的工作，帮助我完成了本书新版本的出版工作。

在新版本的修订过程中，我得到了诸多颇有帮助的修改意见。我要感谢堪萨斯大学的博士研究生罗杰·布克尔（Roger Booker）、卡斯特恩·霍尔姆（Carstern Holm）、杰妮芙·赫斯特（Jennifer Hurst）、莱恩·贝鲁（Ryan Belew）、劳伦·安德森（Lauren Anderson）、安德鲁·帕蒂（Andrew Patty），他们在“教育与社会”的导论课上将本书作为教材。我要感谢我的同事、同行和学生们，因为人数太多无法一一罗列；还要感谢本书的审稿人和来自世界各地的读者，有多位审稿人为本书的修订提出了宝贵的意见，来自世界各地的读者也慷慨地为本书的修订建言。我采纳了许许多多的修改建议，但我也深知本书仍存在诸多不足。我谨记我们的学术格言：感谢朋友们、同事们给予我的诸多帮助，但本书的一切错误、疏漏与不足都由我一己承担。

最后，我还要感谢我的妻子艾达·阿拉卡（Aida Alaka），感谢她多年来给予我的帮助。她一遍又一遍地帮助我审读文稿，持续不断地给予我鼓励和支持。我将毫无保留地将本书献给她，并致以我最真挚的感谢。

约翰·L. 鲁里
2019 年 3 月

目　录

CONTENTS

导　言

历史、社会变革与教育

本书研究的问题其实很简单，那便是：究竟是学校改变了社会，还是社会改变了学校？显然，这个问题的答案要远远比问题本身更加复杂。因为学校与社会之间的影响力是双向互动的：教育的确促进了社会的进步，而社会变革的大环境也影响了学校。因此，关于它们之间互动影响的问题还可以继续追问：学校可以成为社会变革的工具与手段吗？也许，学校本身就受制于更宽泛的社会文化、经济和政治力量。

历史可以为我们解惑。改革家们深信教育可以解决社会问题，他们中有许多人都将希望寄托于学校。但社会批评家们提出了更加尖锐的问题，那就是：教育改革足以彻底影响一切社会变革吗？还是说，教育改革的影响实际上是非常有限的，将社会改革的希望寄托于教育之上是注定会失败的？对执着于教育的美国人而言，这是一个固有的两难困境。正如历史学家亨利·铂金森（Henry Perkinson）所言，学校不仅不是治愈民族顽疾的“万灵药”，而且它往往无法完成它的既定使命（Perkinson，1968）。但遗憾的是，铂金森并没有论述学校究竟能做些什么。

教育的范畴包罗万象，但本书将主要聚焦于学校以及其他制度化的教育机构。其意图在于相应地简化问题。正如本书的标题所示，我希望能够聚焦于教育史上的关键性事件，帮助读者“概览”美国教育史。而当我在试图解释教育制度的关键性发展阶段时，我们就可以挖掘出教育与社会变革之间的联系。

因此，本书的重点在于帮助读者学会思考历史与诸如学校之类的社会机构。为了实现这一目标，我借用了一些社会学的观点。因此，我们也需要着重关注一些概念。同时，这些概念也能够帮助我们理解诸如“教育”“学校”及“社会变革”之类的关键词。

为什么要学习历史？

有些人喜欢读历史，而有些人不喜欢。但抛开个人喜好，历史是否有其独特的价值？毕竟我们要解决的是教育的问题，仅去关注历史似乎不是明智之举。看起来更加实用的做法是查验各类数据，并基于数据设计出解决当前问题的方法。而遥远过去的经验又如何能够助力当下呢？

时移世易，每一个历史事件的真实情境都深刻地影响着事件的发展。我们往往想当然地认为今时不同往日，但我们忽略了生活中的某些方面实际上并没有发生变化。“万变不离其宗”，说的就是这个道理。它揭示了在社会变革浪潮中的延续性问题，强调了历史学习的重要性。我们必须理解究竟什么是不变的，而什么在发生变化（Nevins，1938）。理解当下的问题有时需要回望过去。这有助于我们快速找到解决问题的方法。

历史告诉我们，在过去人们是如何应对一些重大问题的。在今天，我们总认为变化与发展才是永恒的旋律，却没有意识到在某些方面，我们的社会保持着高度的稳定性。虽然技术和知识在快速进步，但我们依然处于一个相对稳定的时代。而今天我们之所以能够稳步，要归功于过往岁月中激进革命的成就（Aghion & Williamson，1998）。因此，学习历史的意义就在于让我们理解我们所处的时代是从何而来，理解我们的先辈所面对的困难与挑战（Tuchman，1978）。

那么这与教育和学校又有什么关系呢？正如社会变革一般，教育也是一项棘手的社会问题。从某种意义上看，这是每一个人都要经历的个人成长与发展的复杂历程（Dewey，1938）。它意味着知识与价值的代际传递。因此，它也关联着权力与社会等级，这使得教育必然面对激烈的社会争论。在制度化的形式之下，教育成了知识与技能传递和认证的关键，并由此直接关联起个人的经济地位，这使得教育成了社会关注的焦点问题。因此，从多方面、多维度理解教育便成了一项重要的社会命题。

也正是由于教育的多重目的与多方面职能，人们往往将教育视为时代变革的伴生物。它促进了经济增长和政治改良，有助于不同社会文化族群形塑同一国民身份认同。当然，一个人受教育的经历本身受到时代、经济实力、政治体制以及社会结构等诸多方面的影响。今天的学校已不同于历史上的学校，它们的使命与职能也发生了改变。

也许我们可以这样理解，教育潜藏在社会变革的方方面面，它既是推动社会变革的原因，在某些方面又是社会发展的结果。因此，教育与社会之间存在着持续不断的互动关系。这也使对教育史的研究成为一项重要的议题，它是反思教育现实之必需。

思考社会变革

与历史学家相似，社会学家也关注宏大的社会变革，他们对于社会的认识与理解也进一步验证和再定义了史料的意义（Abrams，1982；Skocpol，1984；Smith，1991）。

其中不乏诸多日常经验与概念。它们有助于我们有效地组织事实、价值、信仰与理论来更好地理解经验世界。例如，关于工业化的概念，就可以从技术变革、经济发展和人口迁移等诸多方面解析。如果用学术语言来表达的话，这便是，抽象观念往往根植于社会理论之中，它们有助于解析宏大视域中的社会变迁。因此，思考历史学家与社会学家如何运用这些概念至关重要。社会变革往往很难定义，但特定概念可以帮助我们从多方面理解社会变革。

最直接相关的社会学理念往往是那些用于描绘社会变革进程的概念。“工业化”便是一个极好的例子，它用于表达大规模机器生产所引发的生产方式的变革。从历史上看，它首先发生在1750—1850年的英国，到19世纪中期来到美国，随后又拓展到日本等世界其他地区。但无论工业化发生在哪里，它都对当地的社会生产生活产生了深刻的影响，并持续影响着相应的社会组织形态（Ashton，1948；Brownlee，1979）。

从历史上我们可以清晰地看出：在工业革命之前，绝大部分的人口分布在乡村，主要依靠农业和手工业，自给自足。工业化对此类生产生活方式产生了革命性的影响。人群涌入工厂，成了雇佣工人，并刺激了相关岗位（诸如交通运输）的出现与蓬勃发展；工业化带来城市化，并刺激了大宗商品的消费。人们的工作时间延长，工作方式也围绕着机器生产展开。工业化不仅意味着生产方式的变化，对于许多人而言，工业化也带来全新的生活方式（Laslett，1965）。

工业化更带来了社会诸多方面的变革。对绝大多数人而言，廉价的、大规模的商品生产意味着生活水平的提升。但对于部分人而言，这意味着一条漫长悲伤的迁徙之路，尤其是对那些被迫背井离乡前往工业城市就业的人群而言更是如此。在美国，产业工人大多来自欧洲，他们漂洋过海，希望在新大陆找到就业机会。这也相继带来了文化冲突与政治矛盾，同时对教育也提出了相应的要求——学校必须让学生为应对快速变革的社会做好准备（Rabb & Rotberg，1981）。

变革不仅仅发生在城市。在乡村，农业机械化和现代园艺产业化也重组了生产生活方式。在随之产生的诸多变化之中，最重要的一点在于，农业生产所需要的人力越来越少。这一变化对于教育而言至关重要，这意味着学校必须让年轻人为寻找其他方面的就业机会做好准备。技术变革要求新的技能；不同的工作习惯与对更高工作效率的追求，要求学校更加关注对年轻人的培养（Cowan，1997）。

另外一个关于社会变革的概念是“城市化”。它涉及社会空间安置的变革，尤其是城市的崛起以及由此产生的相关社会问题。工厂的出现意味着人员的聚集，他们共享同一空间，并由此产生了对资源的竞争。这不仅促进了诸如学校之类的社会机构的发展，而且也使得教会、各类社会改革机构、慈善组织与政府部门等一系列有助于维护社会稳定的机制蓬勃发展。随着城市的发展，城市居民的差异性、复杂化程度日益提升，如何寻求一套新方法来有效应对，成了城市管理所面临的重大挑战（Monkkonen，1988；Rabb & Rotberg，1981）。

这些变化进一步强化了正规教育的重要性。随着大城市的发展，社会学家断定社会行为与特定的城市环境存在着紧密的关联。大城市中人潮汹涌，亲密的人际关系越来越难以维持。城市居民之间的联系大多出于实用的目的，传统意义上的社会亲属网络逐渐稀松。从历史上看，原有的诸多习惯和传统逐渐消亡，以往熟稔的社会网络也渐渐消失，而青少年犯罪率却连连攀升。诸多正规的、制度化的社会机构与规训方式——诸如学校和警察——受到越来越多的关注（Schnore，1965，1974）。

这些发展便意味着社会变革，教育成为个人能力提升与道德品格成形的认证标志。正如社会学家所言，基于社会身份与相关成就的衍生关系（secondary relationship）往往与个人的知识技能直接相关，这使得正规的文凭制度日益获得青睐。社会交往方式日新月异，城市文化的出现在很大程度上取决于社会身份的标识（Palen，1997）。对于大部分美国人而言，这些现代社会的典型特征给他们的生活带来了巨变。

还有一个相关的概念是“全球化”，它用于指称世界上不同地区的经济、文化和政治之间依存性的不断提升。与城市化相似，从本质上看，全球化也代表着一类空间关系，它指的是不同国家、不同地区之间的互动联系。全球化与快速发展的国际贸易、国际运输和国际通信，以及越来越多的居民出入境活动直接相关。如今，作为一类术语，“全球化”已被广泛使用，尤其是在第二次世界大战结束后，数字通信技术的快速发展为国际化铺平了道路（Stiglitz，2003）。

与工业化和城市化一样，全球化也有其发展史。“世界体系”学派的研究者认为，全球化的进程应始于几个世纪之前，可以回溯至殖民地的开拓以及欧洲与其他大陆之间经济贸易的发生、发展（Wallerstein，2004）。经济史学家认为，第一次“现代意义上的全球化”始于工业化的快速发展期，全世界贸易网络的飞速发展以及上百万人口的自由流动是其核心标志。第一次世界大战和“大萧条”虽然为全球化按下了暂停键，但第二次世界大战后，全球化复兴，美国也由此获得全球经济、政治和文化的主导权。这部分归功于美国对贸易和自由通信的影响，但从近十年的发展情况来看，在全球化的进程中教育至关重要（Aghion & Williamson，1998）。

对于全球化的理解，与世界范畴内的劳动分工以及在商品生产和服务生成过程中民族经济的发展直接相关。例如，近十年来，制造业向那些人均工资更低的国家和地区转移。而对大部分发达国家而言，技术进步要求更多具备更高素质的工人，服务业的繁荣也大大提升了人们对教育的要求。因此，那些反对全球化的人往往受教育程度较低，而那些全球化的支持者往往都接受过大学教育。除此之外，毫无疑问，全球化也意味着当代历史上的权力关系转换（Applebaum & Robinson，2005；Osterhammel & Petersson，2009）。

正如前所述，社会学家与历史学家都认识到，工业化、城市化与全球化都与社会劳动分工紧密联系。事实上，随着工业化的推进，各个工作岗位的专门化与职业化也成了必然趋势。从历史上看，这成了生产效率（以更低的成本来制造商品）实现的主要途径。同时，随着城市化的推进，在城市职业机构中，劳动分工进一步细化，从越来越多的岗位中分化出更加专门化的职位和工作内容。这毫无疑问也成了社会变革的指针，因为只有大城市才拥有如此之大的人口基数用于支撑高度专门化或高度聚集性的生产与社会活动。当然，日益发展的国际劳动分工也许是全球化最复杂的变化。因此，劳动分工的历史发展往往与这些概念紧密联系。劳动分工的出现往往意味着对崭新的、不同类型的知识与技能的需求，这便对教育的发展产生了深远的影响（Hawley，1950；Stiglitz，2003）。

劳动分工往往还与另一个经久不衰的社会理论概念相联系，这便是“阶级冲突”。这一观念意味着社会不平等与资本主义经济系统的发展。德国著名的改革家与哲学家卡尔·马克思（Karl Marx）提出了诸多广为人知的相关理论，他认为社会不平等是资本主义不可避免的产物，他的这一论断也得到了诸多学术流派的拥护与支持。今天，社会学家依然围绕着诸如此类的问题在争论，但他们大多认同：之所以产生系统性的不平等，究其原因在于人们所从事的不同类型的工作或者他们所拥有的财富总量的差异。

同时，随着不平等的极端化发展，冲突也就不可避免。从历史上看，马克思及其拥护者断言，随着贫富差距的扩大，工人阶级与资本家——生产资料的占有者——之间的冲突和矛盾也注定是不可调和的（Wright，2005，2016）。

尽管马克思所预言的社会动乱尚未出现，但历史上的诸多事件都印证了他的观点。随着工业化的发生，尤其是工厂制的发展，社会阶级的差异性日益明显。这激发了社会主义运动与现代工会活动，虽然这些运动在美国尚微不足道，但在其他国家和地区已如火如荼。在历史上，以争取个人权利与提高生活保障为目标的工人运动比比皆是。这些也构成了社会变革的重要因素。在这些冲突中便包含着对教育资源的争夺，这在飞速发展的工业城市中尤为突出（Bowles & Gintis，1976）。

工业化、城市化、全球化，以及技术的发展与劳动的分工，这些构成了美国社会变革的重要维度。不仅如此，它们还构成了理解社会秩序的重大实用概念，有助于解释教育与社会变革之间的互动关系。当然，从历史逻辑上看，还有其他许多概念同样有助于我们解析教育与社会变革。这些社会学的观念往往经久不衰，虽然它们与大规模的社会变革并没有直接联系，却有助于理解历史上的社会变迁与教育发展。

历史与社会理论

社会学的使命是建构集体经验的基本分类，用于解释不同社会背景下的社会行为。这些概念构成了社会理论的诸多要素，他们对于理解历史上的社会变迁至关重要。

例如，我们大家非常熟悉的“文化”这一概念便是如此。从广义上看，“文化”即人类社会的一类生活方式，它是特定社会族群行为方式与行为特征的集合。它包括关于仪式、风俗、态度或观念的代际传递与接受。最重要的是，这些认识方式在特定族群中已然成为常识与习惯。因为它几乎无所不包，所以对于“文化”这个概念我们是很难准确定义的。但在我们解析社会变革时，尤其是在宏观的历史范畴中进行解释的时候，它却是不可或缺的（Kluckhohn，1949；Kuper，2000）。

文化对于学校制度而言至关重要，教育就是一类文化传递机制。在社会有序运作的过程中，诸多耳熟能详的常识与创造性的知识、技能、价值观都需要有效的代际传递。当然这并不意味着每种观点都能够流传下来，年轻人往往不接受主流价值观，这便意味着文化变革。因此，学校直接参与观念的传递与态度的形塑，它是最关键的一类文化传递机制。在教育史上，最核心的主题也是文化传递（Spindler，1963）。

社会学家运用“文化”概念建构起另一个概念：“文化资本”（cultural capital）。这一概念的前提假设在于：并非所有的文化都具备同等的价值。例如，某一类特定的行为、观念和态度被认为是更加优越的文化，而主流文化显而易见地主宰着诸多传统价值观念与文化品位。“文化资本”这一概念也与“社会阶层”相联系。特定的语言、穿着与行为方式往往与更加宏大的社会地位或社会优越感相联系。例如，操英语口音的往往要比操西班牙口音的更受欢迎，穿正装的往往要比穿牛仔裤和 T 恤衫的社会等级更高，听古典音乐的要比玩爵士乐的有更好的文化修养，能否品鉴红酒也有类似的意味。特定的知识往往代表着特定的文化资本，而特定的知识和能力往往与更高的社会等级相联系。拥有这些知识和技能的人也往往能够享受更多的社会福利。那些相关知识匮乏的人也就相应地沦落社会底层。从这个意义上说，文化资本与社会等级以及社会不平等直接相关。

文化资本还有其他更加重要的表达方式。人们所使用的正式语言便是一类文化资本，例如，一个精通历史或者掌握一门外语——尤其是品位较好的语言，诸如法语——的人掌握着较深厚的文化资本。同时，文化资本还涉及诸多实用维度，例如能够理解并掌握某些社会机制的运作方式或者在特定场景下恰当合宜的行为方式，诸如文雅得体地交谈或者按时完成家庭作业。拥有诸如此类知识的个体将在他们的社会生活中居于优势地位，并获得更好的社会声誉。从这个意义上说，这的确成了一类“资本”。因为这些行为特征或方式使个体能更好地享受社会福利，从而达成从无形资本到有形财富的转换（Bourdien & Coleman，1991；DiMaggio，1982；Lamont & Lareau，1988）。

学校也因赋权文化资本，即授予文凭或采用其他形式的认证方式而助力社会福利的实现。大量的研究显示，文化资本在教育机制中也居于优势地位（Lareau & Horvat，1999）。例如，当学生家长拥有更高的教育层次时，学生更有可能喜好阅读、音乐，涉猎广泛并且掌握一定的信息技术知识，这都能帮助学生在学校脱颖而出。他们往往谈吐得宜，有更多的机会外出旅行或者参观博物馆和其他文化机构。学生家长充分理解社会组织的运作方式，因此他们也可以为子女提供更多便利。每一个历史时期都有特定的文化知识要保留并传递给下一代人。因此，文化资本也成了研究教育的实用理论工具，它意味着意义与价值在特定历史背景下的传递（Kalmijn & Kraaykamp，1996；Roscigno et al.，1999）。

还有另一个常用的社会学概念，即“社会资本”。它与“文化资本”属于同一类概念，却表达着不同的意涵。“社会资本”用于指称个体从关系网络中所获得的优势地位。正如社会学家詹姆斯·科尔曼（James Coleman）所言，为了实现文化资本（社会所认可的知识与技能）的代际传递，父代与子代之间必须建立起积极的、可持续的社会关系。从这个意义上说，延续不断的代际关系便成了一类有价值的资产，从而演化为特定的社会优势地位或者资本形式。在族群内部，随着主流价值观与行为的不断强化，它也持续强化着代际联系。社会资本也因此使社会群体内部的诸多优势地位、主流价值观与特定行为规范永续传承。正如科尔曼所言，这是互相联系与影响的社会网络的有效表达方式。特定人群诸如律师或银行家，为了巩固特定的优势地位所做出的努力可被视为某一类型的社会资本。紧密的血缘纽带、族群内部在所有问题面前的互助行为，便是社会资本。当族群内部肯定某些有社会责任感的行为方式时，例如勤勉工作或上学受教育，这便意味着文化资本向社会资本的有形转换（Coleman，1988）。

在教育问题上，社会资本的有效性体现在地方社区对受教育年限的影响上。某些社会族群更加鼓励子代上学受教育。例如，在 20 世纪初，犹太移民的子女往往受教育年限更长，尽管他们的父代因为经济条件有限，自身受教育程度较低。同样的现象，我们也可以在亚裔美国人群体中观察到。这说明这些族群更加鼓励年轻人好好上学受教育，为成功而努力。这便是一类文化资本，其实现形式依托于父代与子代之间的亲密纽带，这一亲缘纽带又进一步强化了优势地位的代际传递。从历史上看，这些族群并不具备诸多传统意义上的文化资本，诸如美式文化或纯正英语表达之类。学校作为一类社会机制，帮助儿童获得诸如此类的知识与技能，而这些孩童的成功则受到了族群内部成人关系网络的影响。如果与一些文化资本较弱的移民族群相比，社会资本毫无疑问成了助力其摆脱社会不利境地的重要资源。如果某一族群能够形成强大的向心力，并说服或强制子代上学受教育，那么社会资本就成了典型的影响因素（Perlmann，1988；Rotberg，2001；Zhou & Bankston，1994）。

当然，也有反面的例子。有些族群不关注学校，甚至不鼓励子代上学受教育，例如，来自意大利的移民，他们有时甚至要求孩子们辍学找工作来贴补家用。这些价值观的传递在宏大社会背景中便不会被认可为一类文化资本形式，即便有时候这些观念能给家庭带来更多的经济资源。正如科尔曼所言，社会资本是高度情境化的。事实上，如果社区关系网络与学校教育价值观互相排斥的话，那么子代利益往往会受损。一些社会学家将这一现象描述为“消极社会资本”（negative social capital），认为这将成为代际关系的困扰。在诸多案例中，紧密的亲属关系网络与共享价值观、社会期望共同构成了社会资本，并在宏大的社会背景网络中形成有形的、持久的社会优势地位（Perlmann，1988；Portes，1998）。

社会资本与文化资本都是解释个体与族群在历史上何以胜出的关键性概念。从这个意义上看，它们又都与另一个经济概念“人力资本”（human capital）相联系。所谓“人力资本”，意在解释特定人群或族群所拥有的知识与技能的经济价值或经济效益。例如，律师和医生的日常工作需要专门知识与技能，没有受过专门训练的普通人无法胜任。诸如此类的工作还包括会计、工程师、电脑程序员、教师或其他绝大部分需要高级技能或进阶培训的职位。据此，经济学家认为人们追求高等教育的目的在于获得高收入回报。而人力资本也成为现代经济中的关键要素（Becker，1964）。从某种程度上看，社会资本与文化资本共同作用于人力资本——特别是通过学校或其他正规的培训机构——它们将有助于提升社会等级。

这些不同类型资本的概念对于理解现代学校制度的发展而言至关重要。人力资本——技能与理解力的实现——往往是学校教育的产物，而文化资本与社会资本——知识社会网络与人际关系网络的实现——则有助于学生学业成就的提升。但在这三个概念中，资本意味着从社会或个人擢升中获取的有形资源。从广义上理解，文化与资本是识别并区分人与群体的概念，它们意味着对人的差异性的不同理解。同时，这些概念在教育研究中也有着重要的意义，并与教育史研究密切相关（Rury，2004）。

当然，从事不同职业的人群往往持有不同的世界观。社会学家运用“意识形态”这一概念来表达人们借以解释周遭环境并指导行动的观念与信仰的体系与集合。同时，这也是理解教育与社会变革之间关系的重要概念，毫无疑问，与前述文化的定义密切相关。它们之间的差异在于，文化首先包含着对态度和行为的认识，而意识形态则关联着信仰与观念。当然，这两个概念之间互相影响。正如历史学家卡尔·卡斯特尔（Carl Kaestle）所言，在美国，意识形态与清教主义以及一系列围绕着资本主义经济体系的观念——私有财产、吃苦耐劳、严于律己、追求进步等——密切关联。在历史上，这些截然不同的意识形态要素密切结合，共同造就了一套严密的世界观体系，进而塑造了政治与社会机制。当然，意识形态还包括其他诸多方面，但如前所述，价值与态度的发展显然是学校教育的关键要素。因此，意识形态毫无疑问是教育发展的重要推动力（Kaestle，1983）。

与文化一样，意识形态也是一个非常棘手的概念，因为它关乎日常生活的方方面面。尽管如此，历史成了我们检验意识形态对我们所熟悉的社会机制与诸多重大历史事件影响的有效手段。种族主义（Racism）与性别主义（Sexism）是一类概念的集合体，用于识别特定弱势社会群体。在历史上，诸如此类的表述对美国社会产生了深远影响。作为一种意识形态，种族主义认为，从生物学意义上看，非裔美国人与其他族群——尤其是白人——相比是不同的，他们存在着智力上的缺陷，因此不配享有较高的社会地位。性别主义则认为女性在智力和体力上都不如男性。这两大意识形态在美国历史上对大众观念与行为都产生了非同小可的影响。显而易见，它们也影响了教育，影响了美国学校制度的发展（Guillaumin，1995；Omi & Winant，1994）。

在美国历史上，无论是从隐性作用上看，还是从显性影响力上看，意识形态都对特定群体儿童的教育前景产生了诸多桎梏。研究者使用“机会阻隔”（opportunity hoarding）这一概念来描述诸如此类的做法，处于优势地位的社会群体的子代能够享有更充分的入学机会，取得更高的学业成就，而其他群体的子代则被排斥在学校系统之外。在近百年的历史中，美国南部的教育系统确实存在着种族隔离现象，那些资金充裕的学校仅供白人享用。类似的情况也存在于印第安人之中，他们的子代往往被送往特殊学校，意在消除印第安文化传统对子代的影响，就像将残障儿童送往看守所一样。在一个多世纪的历史上，美国的精英大学与学院也明确拒绝招收女性。在乡村的社区之中，许多穷人和有色人种家庭被限制在特定的学区里上学。这些行为都不断地强化着社会与教育的不平等，限制了数个世代的美国人平等享受教育机会的权利。因此，“机会阻隔”成了社会不公平问题的重要方面（Anderson，2010；Rury & Rife，2018；Rury & Saatcioglu，2011）。

当然，意识形态及其对教育的影响不仅仅停留在种族主义、性别主义和“机会阻隔”三个方面。在美国还有一类广为流行的意识形态，那便是“公平”，即教育机会均等。这一观念与大家所熟知的其他美国意识形态——例如“人人生而平等”的格言——密切相关。当然，这些理想与种族主义、性别主义以及其他从生理上或文化上贬损其他族群导致其受教育机会被阻隔的做法格格不入。由此可见，美国人的生活就是在这样复杂的矛盾中展开的。而这些冲突也成为美国社会发展的动力机制，助力于社会的快速变革与社会机制的调整。追求自由、平等的受教育权利激发了美国旨在实现机会均等的社会改革，这也成就了当下诸多具有启蒙主义精神的社会公共政策。当然，美国的学校制度依然存在诸多问题，有待解决（Ravitch，1983）。

诸如“文化”“工业化”“城市化”“全球化”“社会资本”“人力资本”“意识形态”“机会阻隔”与“公平”等系列概念能够帮助我们理解社会的变迁，理解社会变迁是如何影响到人们的日常生活的。以教育为例，这些概念有助于解释学校以及与其相关的社会机构——诸如家庭和其他社会化机制——是如何随着时代的变迁而发生变化的。在过去的数个世纪中，学校发生了巨大的变化。正如早前所述，研究这一过程有助于我们理解这些社会机制是如何与更加宏大的社会整体联动并互相影响的。

美国教育的演进

学校是美国文化不可分割的一部分。几乎每一位美国人都经历过上学的时光，而这段时光往往还是人生中极为难忘的。在大部分情况下，人们的受教育经历都是极为相似的，尤其是在最近的70年间，学校教育并未发生巨大的变化。无论是学校的走廊还是教室，无论是教师还是校长，都没有发生变化。几乎所有的学校都会把每天的教学活动分成若干部分，并遵循由州政府拟订的年度方案来安排教学进度。大致上看，学校的教育目标是由其赞助人或主办机构——例如州政府或者教会——来制定的。而且几乎所有的学校都声称它们致力于个人的发展或人类的进步与社会的完善。

大部分美国人也都想当然地接受了美国学校教育的方方面面，其中最重要的一个方面就是常识文化。历史学家大卫·塔耶克（David Tyack）与劳拉·库班（Larry Cuban）曾指出“学校句法”（grammar of schooling）的诸多特征，即定义学校机构日常运作的诸多条例与规范。例如，学校容纳了大量的学生，因此它们特别关注学校的纪律与秩序，这便要求成年人对儿童进行约束与管教。学校还致力于规范化的知识传递，并采用标准化的测验手段来评价学习过程。当然，学校还是社交、游戏以及其他各类活动的场域，但这些并非学校的主流。可以说，规范、规定与各类官方的权威关系构成了我们所熟悉的社会机制范畴，并与学校产生了紧密的联系。这些组织化生活的方方面面，在数十年间成了学校的日常生活，并成为“学校”这一概念最重要的内核（Tyack & Cuban，1995）。

但这并非学校从来就有的模样。事实上，现代学校的诸多典型特征在历史上是不存在的。从历史上看，这是出于学校对一系列社会要素的回应而产生的特征。我们总想当然地认为学校是一类具有确定性的社会实体，但从历史上看它们却不断受到不同外因的形塑。从这方面来看，我们研究教育史的目的就在于理解当下学校教育的诸多典型要素是如何生成的。

这一系列问题包括：在历史上学校是如何发展起来的？是什么因素推动了学校的变革？这些要素构成了教育史上的核心主题，并成为我们理解教育改革的关键。作为本书诸章节的前言，在这里有必要回顾那些影响学校变化的重大变革，并在社会学相关理论的引导下解释它们彼此之间的联系。

两百年前的学校往往只是临时搭建的草棚或木屋，或是在城市之中临时租用的房间。绝大部分的人口生活在乡村，因此小规模的学校非常流行，并几乎成了普遍现象。各个年龄段的儿童都在一起学习，而教师也几乎要同时教授各种课程。学期一般很短，学生的出勤率也很低。教师往往是临时工，每个学期都会聘用不同的教师，他们中的许多人受教育程度也不比学生高。那些大家所熟知的学校特征，例如年级制与规范化的课程，在早先仅仅是人们的教育设想，并在接下来的社会变迁中逐渐成为现实。这些变化在很大程度上要归功于工业化的影响。事实上，第一批现代学校是模仿工厂制而创设的，它们在设立的时间上也保持着同步性。即便如此，这一过程也伴随着缓慢的社会变革之中的阵痛，并常常遭遇顽固守旧派的抵制。学校的变迁有时发生在剧烈的社会变革期内，但美国现代学校制度的建构的确是一场持久战（Axtell，1974；Cremin，1951）。

现在我们所熟悉的教育制度的其他特征则是后来才孕育生成的。在 20 世纪之前，美国绝大部分教师都没有受过专业化培训，学校管理的科层制模式也是随后才普及开来的。按学生年龄分级，以及文法学校和高中，也是逐渐出现的。这些变化部分是由于人口规模的急剧扩张，特别是适龄儿童人数的显著增长。在大城市中，这一现象尤为明显，在有些城市甚至出现了爆炸式的人口增长。城市化毫无疑问成了促进教育改革的核心要素。如果没有入学人数的增长，那么现代的、制度化的学校系统也不可能实现。大量适龄儿童的出现，使得年级制以及对教师长期、稳定的聘用成了必需。为这些儿童找到适合他们的教室，往往也成了教育家们要面对的重大问题（Tyack，1974）。

同时，随着工业化的推进和劳动分工的实现，学校中的课程分化也出现了，面向不同职业、岗位的专门课程被相继开发出来。在 20 世纪早期，许多高中生便可以在职业课程、大学预科课程和诸如家政课、速记课等专门课程中做出自己的选择。将学校教育与职业相联系的做法，被称为“职业化”（vocationalism）。由于学校教育开始与各类不同岗位直接关联，学业成就［即“成绩”（attainment）］便成了学生今后就业的重要指标。学校不断地适应着现代化的美国城市，变得越来越多元，越来越前沿，同时也进一步刺激了经济的快速发展（Rury，1991a）。

从历史上看，美国学校的组织模式往往是彼此独立的小型学区，这与其他国家庞大的国家教育系统是截然相反的。直到20世纪中期，在美国有成百上千个实体学区，它们大多各自为政，少有集中协作。这形成了美国学校历史变迁的另一个侧面：来自不同学区的教育家彼此之间互相学习，仿效各类实践与政策，或者不断调整各自的政策以满足新形势的需求。那些被认为是成功的、领先的学校或者制度便成了追随者心中的典范，进而得到不断提升与改进。在西进运动中，教育家也往往将东部关于学校组织的传统模式带到西部，并在实践中进行了一定的调整。社会学家用“制度同构”（Institutional Isomorphism）理论来表达这一过程（DiMaggio & Powell，1983；Scott，1995）。这是指在社会竞争的历史上最终胜出的不同的社会机制或组织出现了趋同化的特征。例如学校教育，这一理论很好地解释了诸如年级制、科层制管理以及课程改革等一系列改革是如何普及开来的。

从历史上看，制度同构有着不同的表现形式。例如，“依葫芦画瓢”式的改革，被称为“模仿性同构”（Mimetic Isomorphism），但这并非改革的唯一道路。有时，随着教育改革家的流动，他们也会将崭新的专业知识和制度实践带到他们所到之处。这往往被称为“规范性同构”（Normative Isomorphism），即社会机构采纳了专业人员的专业化理论或实践建议。例如，越来越多的教师和学校管理者在学院和大学中接受相似课程的规范性培训；也有越来越多的专业性组织开始出现，例如全国教育协会（National Education Association，NEA）。这必然形成诸多公认的专业标准，并对采纳这些标准的学校进行标准化的规范。最后，当学校应州议会或者教育机关的要求进行调整时，例如讲授特定的科目、使用指定的教材或进行其他规范性变化时，所谓的系统性改革就发生了。这些规范性的手段便被称为“强制性同构”（Coercive Isomorphism）。这一过程虽然往往遭到教育家的抵制，但的确是促使社会机制同构化的有效措施。从20世纪开始，随着公共教育系统的日益扩张，其开销也日渐高涨。教育系统与政治生活的嵌含程度不断加深，这些改革发生的频率也越来越高（LeTendre et al.，2001；

Scott & Meyer，1994）。

随着这些改革的发生，到 20 世纪中期为止，今天我们看到的成熟的教育系统便已完全成形。从那时开始，教育系统已经发展得如此之庞杂，围绕着教育目的与功能的论争也日趋激烈。有人认为，教育是一种庞大的分类机器，将人们根据其所属的社会等级进行再分配（Spring，1976），即学校再生产了社会不平等（Kaye，1973）。还有人认为，学校致力于机会均等，它将根据每个人的天赋才能，让他获得与之相匹配的训练（Ravitch，1978）。这场辩论至今仍在继续。

综上所述，公共教育所面对的核心问题在于学校教育与日益庞杂的美国社会之间存在着千丝万缕的联系。随着社会劳动分工的细化，学校教育与富有成效的职业训练的议题日益重要。与这一议题相关的是，为个人和群体提供经济发展所需要的知识与技能。随着技术的进步，人们掌握特定知识、技能的需求也日益旺盛。到 20 世纪后期，随着人力资本的重要性论断的出现，公众对学校教育的关注与日俱增（Goldin，2001）。

这些发展使得教育成了一个潜在政治问题，尤其是在城市之中。随着学校教育成为一项经济与文化特权，与之相关的争论也就日益激化。美国教育史本身就是一部不断要求学校改革的历史，诸如此类的诉求随着教育重要性的提升而与日俱增，从 19 世纪开始便比比皆是。在第二次世界大战之后，教育成了一项重要的政治议题，它与社会地位、经济地位的联系也不断强化（Ravitch，1983；Vinocskis，1999）。

从历史上看，有许多论战都围绕着公平问题——能否让每一位美国人都平等地享有受教育的权利——展开。在 19 世纪早期，教育论争围绕着工人阶级子女的教育，以及女性接受中等教育与高等教育的权利等问题展开。在 20 世纪，教育论争围绕着种族问题展开，另外还有学校的经费问题。这些论战将教育家们卷入复杂的、混乱不堪的论辩之中，但正是这些论战给教育带来了关键性的变革。这些论战虽然并没有根治教育的不平等问题，但使其中部分严重的问题得以缓解或者消除。在今天，教育公平问题仍是全社会热议的对象，学校教育问题也依然是国家政治的重要议题。回顾历史，有助于厘清今天我们对教育问题的种种认识，并贡献解决这些问题的历史智慧（Katznelson & Weir，1985；Peterson，1985）。

在过去的两百年间，美国教育发展的主线揭示了学校教育如何回应社会工业化、城市化与现代生活日益复杂化的基本诉求。今天的美国教育制度是不断适应变化中的社会需求的产物。当今美国学校的诸多特征都是回应特殊历史要求所留下的痕迹。鉴于此，毫无疑问，在不远的将来，学校还将继续回应社会变革的进一步要求。

学校改变社会

显而易见，社会促成了学校的发展，但仍留存的问题是：教育又是如何影响或者变革社会的？除了个人发展，学校教育是否会对社会改革产生累积式影响？有许多鲜活的历史个案可以给我们启发。

其中之一便是女性教育问题。在美国早期历史上，女性受教育时间很短。在独立战争之后，人们便开始关注女性的教育问题。随着19世纪公共学校的建立，大多讨论便开始围绕着为男童和女童提供同等的受教育机会展开。到了19世纪中期，随着女性入学率的提高，在北部各州，女性的识字率已基本与男性持平。此时，女性接受高等教育与中等教育的人数激增。所有这些变化都要先于就业市场对女性职业技能要求的提高以及女性权利运动的发生。那么，教育是促进后续社会变革的主导力量吗？关于这一问题的答案至今仍是不清晰的，但毫无疑问，教育的确有助于后续社会改革的推进。从历史上看，女性就业率的大规模提升以及女性政治地位的提高，与她们受教育程度的提升直接相关（Rury，1991；Tyack & Hansot，1990）。

在非裔美国人的问题上也是如此。大多数生活在北美的非裔美国人的祖先都是奴隶。虽然他们的祖先流传下了丰富的非正式教育的传统，但他们被排斥在传统的学校系统之外。在南北战争之后，随着非裔美国人获得人身自由，他们在南部各州的入学率也显著提升。尽管黑人学校的经费情况远不如白人学校，但这些学校为非裔美国人培养出诸多杰出的为反抗种族主义与社会歧视发声的社会运动领袖。后来，非裔美国人也将学校教育视为争取平等权利的重要阵地，1954年布朗诉教育委员会案的宣判成了非裔美国人争取社会平等权利的重大转折点。如果没有教育，就没有黑人社群的成熟，也就没有非裔美国人争取权利的可能性。毫无疑问，这些变革的发生都是教育的产物（Anderson，1988；Sitkoff，1993）。

这是美国社会重大且影响深远的两大社会变革，在此之中，教育改革承担着重要的使命（进一步的讨论请见第四章和第六章）。当然，诸如此类的例子还有很多，本书也将重点讨论这些问题。学校在诸如民主、平等与公平等重大社会观念的传播中扮演着重要的角色。观念的变迁往往是缓慢、渐进的，同时也往往是难以准确度量的。但这并不意味着观念是不变的。研究教育与社会变革问题，从某种程度上看，就需要关注这些潜藏在学校与社会关系之中的观念的变迁及其影响。

虽然学校与教育受到了城市化、政治冲突与其他社会变革的影响，但毫无疑问的是，学校与教育也对社会变革有着显著的影响力。所有这些变革都形塑了现代学校的典型特征。分析、研究这一进程也使得美国教育史更加丰富、有意义，也能增进人们对当今美国学校何以如此以及未来走向何方的诸多理解。

最后一点关于历史的认识

亨利·福特（Henry Ford）曾言："历史一无是处。"几代美国学生也认为，历史是枯燥无味的。最糟糕的历史叙事便是了无生趣、长篇累牍的事件堆砌。但历史是人类的舞台，在其中包含了所有人类生活可追溯的性格特征、冲突与斗争，以及积累的生活经验。对于历史学家而言，历史是科学，它要求史家注重史实，在验证史料的基础上生成经过检验的历史解释。这意味着，好的历史是可靠的，或者说至少在事实层面是可信的。从这方面看，历史不是小说；它是史料的综合，是对过去发生的事实的经验性检验。

虽然这绝非易事，但本书也意在关注这些主题。历史的诸多面向形成了有逻辑的序列。在教育问题上尤其显著，如果我们不讨论历史上出现的诸多不同意见与观点，我们就不能清晰地理解教育的历史。但本书仅能为读者关注历史上特定的教育问题提供初步研究与分析。进一步的深入研究，还需读者深入阅读其他作品，尤其是在参考文献中列出的关键作者及其相关作品。在后文中，针对某些有特殊影响力的作者，我还将重点论述。本书的文献不仅仅是为了澄清史实，更重要的是为某些主题的进一步研究提供可运用的资料。因此，如果你对某些问题感兴趣，请关注相关的参考文献和注释。当然，任何一份参考文献都不可能穷尽所有的已有研究，在教育史上还有其他诸多议题值得关注与探究。本书仅仅是这些历史问题之初考，而绝非研究之终点。

当然，历史不仅仅在于验证史实。史料往往是不完整的，因此对史实的判断往往需要不断检验不同的历史证据。这就不可避免地带来历史解释的问题。作为一个独立的学术研究领域，历史研究必须建立在基于证据的准确叙事之上，同时它还要回答问题，这便意味着历史研究同样也承担着证明性的解释工作。这便是某些核心观念能够汇集并形成流派的原因。一方面，我们使用诸如“工业化”或“意识形态”等概念工具来结构化史料；另一方面，这些概念本身就是历史学家叙事手法的重要组成部分。因此，史论之间该如何平衡，史学家至今争论不休。历史解释的建构是一项复杂工程，它必然要经历长期的论争与不断修正。新史料的出现，必然会给既有史学研究的解释和理论带来新的挑战，并给已有的史学理论带来新的问题。这意味着历史学家必须直面这些挑战。本书基于最新研究讨论了诸多重大历史事件，但毫无疑问的是，随着新的学说和新的史料出现，这些解释也将重新面临检验。

这意味着当我们希望通过教育史来理解社会与教育变革的时候，必须认真考量教育史上的细节问题。显而易见，这是一项艰巨的学术任务，同时也在考验历史学家个人对历史形态的理解与把握。在本书中，出现了许多的人名、地名和日期。它们汇集成美国教育发展史上的标志性事件。它们的意义并不在于被识记，而在于它们构成了历史解释整体图景中极为重要的部分，能够帮助我们完成历史的完整叙事。

本书还着重描写了美国教育史上的一些重大事件。这些历史篇章，代表着教育史上的特殊时刻，引发了诸多重大的教育历史主题。它们就是美国教育史上的“焦点”（Focal Point）。它们将教育问题引入人们的日常生活，并带来全社会的广泛关注。毫无疑问，这是本书必须关注的核心内容。毕竟，教育是一个能够引起全社会共鸣的话题，围绕着学校系统的建构——乃至整体社会文化系统的建构—— 一直延续至今。在每一章的开篇部分我都将关注这些重大事件，并将由此引发的其他事件穿插进入之后的历史叙事之中。这涉及许许多多的主题，其中一些主题还涉及美国早期历史的问题。另有部分主题揭示了特定时期的历史争论，或描绘了某一特定历史时刻。在每一个历史事件的叙事中，我尝试描绘这一时期人们是如何受教育的，以及不同时期的教育观念和教育机构又有何种不同特征。

本书已成。我将以“教育”之名，采用编年手法整理历史上的诸多社会机制与教育事件，并将其汇集于形塑现代社会的巨大变革之中。希望它们能够对解决当下的教育问题有所启发，能帮助人们更加清晰、宽泛地思考现代教育问题。

01

第一章

北美殖民地：宗教、不平等与革命

美国教育起源于殖民地时期。该阶段以 1607 年为起点，一直延续至独立战争时期（1775—1783 年），绵延近两个世纪。这一时期生成了美国文化中的诸多核心要素，从而使美国得以形成不同于世界其他地区的国家。这一时期也可称为工业化与大规模城市化之前的大变革时代。殖民地社会虽然是以小规模的农耕形态为主，但它的流动性很强。正是这一时期的快速发展与变革引发了独立战争，进而开启了一个全新的历史时期。

要想概览殖民地社会的全貌，我们需要了解这一历史时期中的重要人物。他们为我们提供了这一时期的生活样貌，帮助我们理解教育在这一历史时期的重要意义：成长。

焦点：新大陆的父母与子女

科顿·马瑟（Cotton Mather）是这一时期最具影响力的著名人物。他是新英格兰著名的宗教领袖（牧师）和知识分子，积极参与了各类社会公共事务。马瑟的父母以他祖父的名字来给他取名。他是波士顿最著名的旧北教堂（Old North Church）的第三代牧师。他的父亲英克里斯（Increase）还曾经担任过哈佛学院的院长。马瑟从学院毕业后，曾担任院务委员会成员，又参与了耶鲁学院的创建工作，后接任院长。在1692年著名的塞勒姆巫蛊案（Salem witch trials）中，他因先为女巫辩护后又撤回对女巫审判的看法而饱受争议。马瑟还是一位多产的作家，他撰写了包括《基督在美利坚的丰功伟绩》（*Magnalia Chrisiti Americana*，又名《新英格兰的基督教会史》）——描绘了新大陆的清教主义历史——在内的大量作品（Silverman，1984）。

另外，马瑟还是一位勤勉的记录者，他的日记成了现在我们观察17世纪日常生活的宝贵记录。从教育的角度看，马瑟的人生经历也极具启发意义，它向我们阐发了18世纪父母的养育观（Hiner，1979）。

在1717年，科顿·马瑟的生活陷入重重难题之中。其中最重要的一个原因是孩子的教养问题，尤其是18岁的儿子英克里斯（Increase）的教育问题。英克里斯的小名唤为克里斯（Creasy），他曾婚内出轨，和一名当地的妓女生了一个孩子。这让马瑟极为不堪，他在日记里写道："天啊，这真是糟透了！这是巫蛊案后最糟心的一件事！现在我该为这冒失的年轻人做点什么呢？这真是让我们一家糟心难过！"马瑟想尽办法为克里斯免去了牢狱之灾，并把他关在家里，要求他日日夜夜祈祷赎罪，修养身心（Hiner，1979）。但克里斯看起来并不懊悔。这件事发生两周后，马瑟又在日记里写道，年轻的克里斯"又给我找了更多的麻烦……这比巫蛊案糟心多了"。

几乎绝望的马瑟在日记中写道："上帝啊，我该怎么办？我该怎么办？"他曾经对英克里斯寄予厚望，英克里斯也是以祖父的名字来取名的，马瑟希望儿子能够继承并延续马瑟家族显赫的宗教地位（Silverman，1984）。但事与愿违，儿子的言行给他带来了种种屈辱，他失望至极，自惭形秽。这对父母而言就是煎熬。

科顿·马瑟共育有16名子女。比起北美殖民地已婚女性人均生育8名子女而言，马瑟一家在当时属于多子女家庭。在这16名子女中，有5名夭折，其中大多没有活过4岁。马瑟接连失去两位妻子后，在英克里斯陷入官司之前的两年间又迎娶了第三位妻子（Hiner，1979）。在这个时期，马瑟家族达到了最大规模，而这也足以弥补他的丧妻丧子之痛。有研究者指出，殖民地的高生育率是出于他们对死亡以及在新大陆面对的各种不确定性的恐惧。如果家庭中子女的夭折率很高的话，那么家庭自然会选择生育更多子女（Moran & Vinovskis，1992）。毫无疑问的是，克里斯的胡闹行为并没有对马瑟的家庭观产生影响。

尽管如此，有大量证据表明，马瑟非常疼爱他的儿子。在克里斯被指控通奸后不到两年的时间里，他再次被告上了法庭，这次的罪名是“在城镇中骄奢淫逸、通宵达旦”。这让马瑟再次陷入窘境。他在日记中写道：“我最最可怜、可悲、可恶的克里斯，我该拿你怎么办？”后来他决定将克里斯送往祖父家中。祖父也对克里斯的行为非常失望，他愤怒地给马瑟回信道：“在他真正悔改前，别再指望他，别再替他收拾烂摊子！”

但送走儿子后，马瑟终日郁郁寡欢，祈祷上帝挽救儿子。“啊，可怜的克里斯，”他在日记中写道，“尽管我现在不和他说话了，但我还是很想念他，我依然记挂着他。”不久后，马瑟又给另一位牧师写信，希望他能帮助克里斯，他写道：“如果你见到他，一定会喜欢上他的。”（Silverman，1984）克里斯就这样一直默默享受着父爱，直到1724年去世为止。马瑟在得知克里斯去世后的悲痛欲绝也进一步证实了他内心深处对子女的情感。“天啊，这无望的世界，”他写道，“我一点希望也没有了，我一点人生的乐趣也没有了。”从这方面看，可以说，马瑟深爱着包括克里斯在内的所有子女。他公开地为他每一位去世的子女哀悼祈祷。虽然他已不是第一次经历子女的夭折，克里斯离世时也并未在他身边，但马瑟依然悲痛欲绝。年轻时的莽撞、病痛和死亡成了包括科顿·马瑟在内的18世纪英属北美殖民地的家庭不得不面对的生活境况。但这一时期的家庭生活往往有着真诚朴素的情感维系，即便他们有时相隔万水千山，难以时刻互相陪伴。这些情感就是父母的养育之情。

从许多方面看，科顿·马瑟的行为与我们对18世纪牧师行为的刻板印象相距甚远。他并非那位威严的父权制家长，他既没有对子女吆五喝六、颐指气使，也没有对子女施暴驱逐、让孩子们生活在惊惧忧思之中。恰恰相反的是，为了孩子，他常常挂念、消沉，就像面对克里斯的胡闹时一样。他既怒其不争，又牵肠挂肚。可以说，除开他的保守派宗教信仰，科顿·马瑟在当时算是相当开明的父亲。他的诸多言行也成了殖民地时期的北美家庭关系的典范（Morgan，1966）。

历史学家认为，定居新大陆的欧洲人有着不同以往的生活观与社会关系认识（Bushman，1967；Butler，2000）。究其原因，有部分是出于对旧大陆的世袭制传统、等级森严的社会阶层与权利关系的反抗。即便移民思念故土及其社会形态，新大陆依然为他们提供了摆脱一切旧有束缚的希望与自由。尽管当时有许多年轻人依然延续着历史学家哈维·格拉夫（Harvey Graff）所谓的“传统路径”——追随父辈的职业与生活方式，但这并非普遍现象。生活在新大陆的儿童没有背负欧洲传统的记忆与束缚，他们有着不同的追求与选择（Graff，1995）。

从科顿·马瑟看待传统与权威的做法上看，他的言行便是新的社会环境的产物。他养育子女，但并不对他们颐指气使。从某种程度上说，这意味着他将较高层次的文化资本传递给子代。但这一传递过程并非显性过程，就像前文所言，我们并不能从克里斯的言行中直接看到马瑟的作用。马瑟对子女的关怀，往往是通过教育和规劝实现的。其目标是让他们成为独立自由的个体。当然，这彰显了马瑟的情怀以及他的人生中的喜怒哀乐。这也是现代社会中人的发展与教育必然面对的问题：如何让子代为将来做好准备？如何保护他们，帮助他们摆脱困境？这一问题在所谓的新大陆中尤为突出。

殖民地时期的生活

虽然今天看来难以置信，但在殖民地时期，北美大陆是一个“新世界”。至少对那些欧洲人而言，的确如此，他们或是来定居，或是来逐利，抑或是来掠夺物资。从第一批白人殖民者到达新大陆至独立战争，经历了漫长的岁月，发生了数不胜数的各类事件。它使得英属殖民地社会大致成形，并随着一代又一代殖民者的繁衍生息而不断演进。在新大陆的西侧、西南部以及佛罗里达地区，西班牙殖民者大肆扩张，并见证了这些地区的变化。所有的这一切都是我们今天所谓的全球化的早期形态。虽然这是一个复杂的过程，但今天我们依然可以观测到这一历史时期的一些变化。它与今天的全球化是很不同的。

那时，北美大陆上的绝大部分地区都是广袤无边的荒野，上千万的土著人口在整个大陆四散定居生活。那些来到新英格兰的移民曾说，他们在靠岸前百里之外就闻到了当地松树的清新香气。第一批来自欧洲的殖民者人数较少，他们并没有深入新大陆的腹地。他们生活在自然荒野之中，忙于应对大自然给予的各种挑战，尤其是要对付各种天气、动物或者瘟疫的困扰。这样的生活环境始终困扰着殖民者们，他们当时首要的任务就是生存下来。

当然，在英国殖民者抵达新大陆之前，北美大陆就已经有原住民了。美洲原住民——那些被哥伦布称为“印第安人”的族群——包含了上百个不同的社会与文化亚族群。他们中大部分以农耕文化为主，其族群规模要比欧洲的民族国家小得多，同时也区别于一些部落联盟。尽管美洲原住民的总人口数较为庞大，但他们大多四散于大陆之上。由于他们分属于不同的部落，缺少必要的先进军事技术，故而在与欧洲人的对抗中往往处于劣势。随着他们的落败，美洲原住民要么战死，要么被驱逐，他们的生活空间也由此被不断扩张的白人占领。从教育的角度看，这是殖民定居给出的最基本、最重要的信息，即在欧洲人眼中，美洲原住民被打上了“劣等民族”的标签。虽然美洲原住民骁勇善战，但他们在通往“进步”的道路上被打败，不得不走上“文明”的道路（Nash，1974/2000）。

那些自以为是的欧洲人采取了不同的形式，在他们对美洲原住民的征服中并非只有对抗或者暴力。在一部分来自欧洲的殖民者中出现了种族主义的早期观念，他们认为欧洲人的优势地位缘于天赋的生理优势。另外一部分人认为，他们被美洲原住民华丽的外表抑或看似谦逊、自然的生活方式欺骗了。即便是美洲原住民的“朋友们”，也会让他们皈依基督教，给他们灌输欧洲式的道德观，或以各种各样的方式削弱其原有的文化形态。这两大文化传统的早期碰撞，成了美国早期历史上社会变革的显著特征。而这一社会变革的最终结果是美洲印第安文化在面对日益凸显的欧洲文化时被迫退让、被边缘化。即便在这一过程中白人文化也在诸多方面受益于印第安文明，也无法改变这一趋势（Axtell，1985）。从这段历史来看，所谓的“新世界”既是生动真实的，又是充满曲折嘲讽的。

北美殖民地的不同世界

随着 17 世纪英国人在北美大陆定居，欧洲文化与美洲原住民文化的碰撞便成了不可逆转的潮流。英属北美殖民地日益扩张，出现了多样化的形态，并在大西洋沿岸形成了各不相同的定居点。有一些殖民者是因宗教信仰而被驱逐，来到新大陆；而另一些殖民者则是为了逐利而来。这片土地有着不同的气候形态、不同的地形特征，居住着来自不同文化背景的居民。因此，我们很难就当时殖民地人口及其教育实践与机制总结出普遍特征。简言之，在殖民地时期就不存在单一的文化形态。尽管各个殖民地有着诸多相同点，但当我们观察人们的日常生活、文化以及教育风俗时，他们都是各不相同的。

西班牙殖民地是最为特殊的一类。西班牙人的殖民活动要早于英国人近一个世纪，他们的拓殖活动以逐利为核心目标。在北美大陆，他们于 16 世纪建立了佛罗里达定居点，于 17 世纪建立了得克萨斯定居点，于 18 世纪建立了加利福尼亚环太平洋定居点。这些定居点并没有吸引到大量的移民，而是主要用于安置传教士、经营牧场或者安顿军队。这些西班牙的定居点常常遭到英国人或者法国人的侵袭，尤其是在佛罗里达。西班牙定居点的核心区域和政治权力中心都聚集于墨西哥的南部（Rawls & Bean，2003；Weber，1994）。

大部分历史学家都将英属北美殖民地划分为三大区域，每一块区域都由幅员辽阔的地块构成（Henretta，1973；Main，1965）。最早落成的定居点是南部殖民地，始于 1607 年的詹姆斯敦。它由弗吉尼亚、马里兰、北卡罗来纳、南卡罗来纳和佐治亚共同构成。南部殖民地以农商经济为主，社会结构与文化传统均与其核心经济结构保持一致。从南部殖民地北上，即来到中部殖民地，它包括宾夕法尼亚的贵格宗殖民地与荷兰人的新阿姆斯特丹殖民地——后被英国人命名为“纽约”。在这块殖民地中，还包括新泽西和特拉华，显著的差异性与多样性是其主要特征。在中部殖民地以北就是新英格兰，这可能是最著名的一块殖民地，它在教育史上有着极为重要的意义。

每块殖民地都有着不同类型的经济模式、文化形态与政治传统。这些殖民地都处于前工业化阶段，经济形态均以农耕为主，当地的气候、地形与地貌也决定了人们的工作与生活方式。在南部，由于气候相对温暖湿润，种植季节较长，主要产出的出口作物是烟草，还有其他经济作物与少部分水稻。由于南部地广人稀，种植园主开始寻求强制劳动力，一开始是契约奴，后来演变成了大批量来自非洲的奴隶。经过数十年的演化，便相应产生了种族主义意识形态。在北部，并未出现此类大规模的农业种植，较为普遍的是小土地的持有者，因此农业劳作也主要是以家庭为单位进行。出产的土地作物，品质也千差万别。一般而言，这些农产品还不足以出口，但随着周边定居点的发展与扩张，这些作物主要用于本地交易（Henretta，1973；Hofstadter，1971）。

从文化上看，每个地块有各不相同的传统，但也有不少较为普遍的风俗。例如，在南部，富裕的种植园主（或庄园主）掌握了文化与政治上的领导力。虽然从人口规模上看，他们仅占极少部分，但他们依然定义了主流价值观与社会机制的运作模式，其中也包括教育制度。在其他地区，殖民地的地方政治权力在这块殖民地创建之日便已确立。在许多定居点，宗教是塑造其文化特征的重要因素，尤其是对北部而言。当然，即便是在今天，精神信仰依然是文化的重要组成部分，但在当时这种重要性更甚。宗教信仰成了个人身份识别的核心要素，就像今天的国家或者民族一样。当时就是一个信仰的时代，即便在欧洲也充斥着不同宗教信仰的对立冲突。北美殖民地的建立便是宗教改革与天主教反宗教改革运动的产物，这塑造了英国的政治与欧洲的民族间矛盾（Fischer，1989；Morgan，1975）。当我们论及教育问题时，宗教就显得更为重要了。

从整个殖民地的情况来看，教派的影响力各不相同。一方面，从南部的情况看，富裕的种植园主大多信仰英国国教的安立甘宗（Anglican，the Church of England），这是在英王亨利八世统治时期从天主教中分裂出来的一支；另一方面，那些摆脱官方教会的异教徒们则大多在新英格兰和中部殖民地定居。例如，宾夕法尼亚的贵格宗就是其中的一支，类似的还有马里兰的天主教派，以及后来在宾夕法尼亚、纽约和其他地区出现的苏格兰—爱尔兰长老会。但最著名的，同时也是最重要的宗教教派出现在新英格兰。也正是在这里，开启了美国历史上宗教与教育之间的互动关系。

宗教、文化与教育

关于 17 世纪早期抵达普利茅斯港的朝圣者的故事，大部分美国人都耳熟能详。和他们一样，大部分迁往英属北美殖民地的移民都意在追寻宗教自治。诸多宗教团体各自为政，聚居在附近，其中最重要的便是清教徒的殖民地。他们创建了马萨诸塞湾殖民地和波士顿城，后来这也成了最核心的定居点。他们的信仰与行动成就了美国文化中的核心要素。

清教徒——就像其他许多在北部殖民地定居的英国人一样——是坚定的新教徒。尤其是从某种意义上说，他们是法国神学家约翰·加尔文（John Calvin，1509—1564）的信徒，他们反对基于释经学及其信仰之上的教皇的绝对权威。他们之所以离开英格兰，就是因为他们认为这样的教会是腐朽的，他们希望能够在道德权威与宗教美德的基础上塑造完美的社会秩序。与许多新教教派一样，他们反抗天主教与安立甘宗空洞的崇拜仪式。他们重视每一位信徒与上帝之间的联系，认为人神关系应建立在祈祷和虔诚的信仰之上，而不应拘泥于仪式。但追求所谓的宗教自由并不意味着他们能够容忍其他异教徒的信仰。在新英格兰定居点创建后的百年间，偶有教派冲突（Miller，1956，1959；Rutman，1977）。这些冲突并不为人所知，因为大部分来到英属北美殖民地的人相信平静生活便是赞美上帝。

新英格兰的新教徒以及其他宗教团体都对教育有着坚定的信念。这一时期已经不是前文所言信仰便是一切的时代。对于新教徒而言，最为重要的是个体信徒与上帝之间的联系。而这一联系是建立在个体信徒能够独立阅读并解释《圣经》、教义问答和其他宗教著作的基础之上的；尤其是强调每一位信徒都应该独立阅读《圣经》。这要求每一位信徒都具备一定的识字能力与理解力，能够参透不同文本中的宗教阐释。诸如此类的能力在早先的欧洲并未得以普及。但在新教加尔文宗的时代，识字与文化素养变成了宗教信仰的基础。从历史上看，教育的重要性第一次得以凸显。

长期以来，社会学家对新教徒，尤其是对加尔文宗在西方文明转型中的历史意义有着不同的理解。德国著名的社会学家马克斯·韦伯（Max Weber）认为，宗教改革直接促进了资本主义的出现，并塑造了独特的社会关系与意识形态。他特别强调新教教派对勤俭、善功和自我改进等观念与做法的鼓励，认为这塑造了现代资本主义社会所需要的商人、金融家以及乐观向上的贵族（Weber，1930）。这成就了一类与资本主义社会经济制度相匹配的意识形态。在新大陆，这一观念影响了成百上千的小土地所有者和小地产持有者，让他们成了商人、小店主或小商贩。虽然宗教与经济、社会发展之间的关系并非线性与显性关系，但历史学家也认可 16 世纪宗教改革的出现开启了一个前所未有的社会改革时代（Landes，1998）。

从这个意义上看，从欧洲前往北美大陆的殖民活动便是这一时期（1500—1800）大规模社会变革与意识形态变迁的重要组成部分。我们也可以确信正是第一批来自欧洲的殖民者塑造了新英格兰。各类新教教派的出现标志着对人性完满与道德完善的再认识。来到北美大陆的移民推动了经济发展的新浪潮，他们建立了永久性的定居点，并将英国式的社会样态拓展到他们所到之处。这与欧洲其他国家的殖民势力不同，如西班牙人仅仅将新大陆视为劫掠的对象，而非开发、投资和定居的目标（Landes，1969）。这些因素使得英属北美殖民地在 17 世纪晚期发育出了独特的现代资本主义形式。这最终带来了革命般的成就，塑造了对于社会组织形式的新观点。

新大陆的教育

在殖民地，学校是非常脆弱的新生社会机构。存续时间更长、人们更加熟悉的教育机构不是学校，而是家庭和教会。尽管在部分殖民地，人们总在口头上承诺要建立更多的正规教育机构，但在实践上，当时学校的出勤率是很低的。如果按照今天的标准来看，只有一小部分的殖民地青少年是“受过教育的”。经济情况的变化、观念的流动或宗教论战的出现，都会影响教育；但目前我们尚不清楚的是，正规学校的发展是否对这些因素产生了影响。从这个意义上看，要理解北美殖民地的教育，就要重点考察促进当地发展的意识形态、社会与经济要素。

培养能力与传承文化是英国殖民者关注的重点。几乎在他们刚抵达新大陆时，他们就意识到了这些问题。在新英格兰尤其明显，它孕育了创办学校和教育年轻人的早期立法——甚至还关注到了女童的教育。关于清教徒重视正规教育的另一个例证是1636年哈佛学院的创办。在历史学家看来，马萨诸塞湾属于“神权”社会，宗教领袖在这里有着极为特殊的意义与价值（Miller，1956）。为此，培养宗教领袖是该地道德生活与精神生活的关键。这也成了创办早期殖民地学院的出发点。伴随着宗教论战和教派分裂的出现，其他高等教育机构也相继在周边的康涅狄格（耶鲁学院，1701）和新泽西（今天的普林斯顿大学，1746）出现，旨在培养更多的受过良好教育的宗教领袖。最终，在殖民地时期共创办了九所学院，它们招收的学生虽少，却在高等教育领域发挥了极为重要的作用，为殖民地培养了大批牧师和市政官员（Cremin，1970）。还有一些地方的学园也提供了类似的教育机会，它们也常常将学生送往殖民地学院攻读学位（Nybakken，1997）。

殖民地学院和学园都属于小型教育机构，招收的人数都非常有限。一所典型的殖民地学院或学园往往只有一两栋建筑，每年招收的人数也不足百名。在这些学生中有许多人从未毕业。在殖民地，就算是一些知识分子的子女，例如前文所提及的克里斯，也对高等教育不感兴趣。但对于培养少数社会精英而言，这是极为重要的社会机构。殖民地学院课程的重心在拉丁语和希腊语，这些语言的习得直接关系到当时科学与神学知识的学习。而这些知识与相关科目共同构成了当时所谓的文化资本，将受过良好教育的人与其他人群区分开来。殖民地学院的学生们也形成了良好的社交网络，这将直接助力于他们之后的职业生涯。他们之间往往还会产生各种姻亲关系，进而形成更加牢固的家庭裙带关系。这些都将成为那些处于优势地位的年轻人的社会资本。当时的高等教育也许并不像今天这般受重视，但它依然在特定的社会圈子中传递着极为重要的优势资源。对于英属殖民地的领袖们而言，创办殖民地学院意味着对高深知识的投资，意味着社会资本与文化资本的回报（Vine，1976）。

对于大部分殖民地儿童来说，接受正规教育的机会往往是由当地学校来提供的，各个地区的学校设施千差万别。这些学校的规模一般较小。孩子们上学的年限勉强维持在 7—8 年，每年大约只有 4—5 个月。他们学习《圣经》，以及拼音书、祈祷文、教义问答和其他宗教文本。《新英格兰读本》（*New England Primer*）是这一时期最著名的教科书，它主要用于拼写和语法教学，有时也用于道德教育和宗教教育（Axtell，1974）。从这些方面看，学校成了家庭与教会的衍生物，宗教教育和识字教育是重点，学习程度也随着学习年限不断加深。家庭是实施正规教育的重要场所，儿童的社会技能与知识的学习，以及他们借以获取社会优势的文化资本，都依赖于家庭。在北美殖民地，对大部分人而言，学校并不是社会身份与经济地位进阶的必由之路。当时的正规教育主要是用于训练读写能力和思维能力的，而这些能力都是宗教信仰以及日益扩张的市场经济所急需的。

在新英格兰殖民地，学校是相当普遍的，这彰显了新教教派赋予正规教育的宗教意义。在 1647 年，马萨诸塞地方法案规定，凡满 50 户的城镇需要建一所学校，以防止“老骗子撒旦”（Old Deluder Satan）将基督徒引入歧途。几年后，在康涅狄格也通过了类似的法案。尽管对于绝大部分城镇而言，并非一有立法就有学校，但诸多类似法案的通过说明了对正规教育的重视（Cremin，1970）。如果说，建立在稳固的宗教信条基础上的完美社会的理想，就是要实现这样一类完美社会的代际传承的话，那么系统的教育制度就是必不可少的。

尽管如此，我们并不能据此认为是这些法案衍生出了现代学校制度。因为在新英格兰殖民地，学校仅仅是家庭的补充，而非替代品；在宗教信仰和基本知识、能力的传递中，家庭依然居于核心的地位。对于城镇而言，一般是由地方当局或者纳税人利益集团来决定是否需要建学校。“老骗子撒旦法”的重要意义而由此而生，它主张那些居民人数较少的城镇也应该创办学校。这便是社会资本的影响力，或者说那些在支持教育的问题上持有相似的观念和行为准则的社会关系，使得它们与众不同。然而，如果家庭并不认同教育的重要性，那么正规教育也将失去活力。长期以来，如果从新教的教义上看，教育是极为重要的，尤其是在人口规模较大的社区。随着各地区人口的增长，学校所需要的支持也随之增加。当时，在大部分情况下，教育依然属于一项自愿行为，子女的受教育程度完全由家庭决定，但社区的影响力在逐渐增强（Axtell，1974）。

新英格兰殖民地以及其他地区的学校，往往规模较小，一般一所学校只有一名教师——当时称之为“师傅”（master）。在波士顿、纽约或宾夕法尼亚之外的学校，绝大多数也仅仅是单间学校，在校的学生一般只有十几人。尽管在殖民地也有一些大名鼎鼎的教师，例如波士顿拉丁学校的伊泽基尔·奇弗（Ezekial Cheever），但当地的教师主要是由殖民地学院的那些在校生或刚刚毕业、等待就任牧师等职的学生来充任。还有其他一些教师，他们自身受教育程度一般，往往是兼职担任教师，因此在管理学校时也没有什么明确的规划与主张（Brown，1902）。到 18 世纪早期，在一些社区中，由女性教师在“主妇学校”（Dame School）给孩童启蒙，她们有时还会在自己家中教学。由此可见，当时教师社会地位较低，学校数量较少，正规教育的重要性完全由殖民地当地的领袖自主决定（Perlmann & Margo，2001）。

旨在服务教会、保存新英格兰清教文化的学校教育随后便衰落了。这主要是由于人口的增长、经济的发展、孩子们逐渐长大以及新移民的到来，这一切都陆续带来了宗教信仰的多元化。在 17 世纪 60 年代，随着宗教热情的消散，为了更好地吸引下一代信徒，宗教领袖们也逐渐放宽了对信徒的要求。这便是所谓的“半途信约”（half-way convenant）。当然，其他的宗教变革也相当重要，尤其是当时横扫乡村的宗教觉醒运动。到 17 世纪末，原有的清教理论基本凋亡。虽然宗教信仰是绝大部分新英格兰人的文化生活的重要组成部分，但教会领袖们不再像此前一般享有绝对的权威（Rutman，1970）。

这些变化都使得知识与价值观的代际传承变得愈加困难。代际的文化传递也缺少立法的支持。尽管有“老骗子撒旦法”，原有的清教徒却不再出于宗教考量来支持学校。如前所述，他们将教育儿童的重任分解给了殖民地社会。著名的教育史学家劳伦斯·克雷明（Lawrence Cremin）指出，在 1650 年前后的马萨诸塞有 11 所学校，服务于 2339 户家庭（大约每 213 户人家就有一所学校）；到了 1689 年，学校数量增加到 23 所，家庭数增加为 8088 户（大约每 352 户家庭有一所学校）（Cremin，1970）。这些学校一般规模较小，而殖民地家庭的规模却都较为庞大。据保守估计，从那之后不到 10% 的适龄儿童能够上学受教育。即便到了 18 世纪学校数量激增，如历史学家所言，绝大部分适龄儿童的上学时间依然很短暂（Woody，1923）。显而易见，为了完成教育使命，这些学校的有效性都有待提升。这意味着，如果比照我们现在的标准看，大多数地区对正规教育并不关心，而这在一定程度上也成了社会资本。许多家庭依赖其他方式来完成基本读写技能和特定知识形式的训练（Bailyn，1960）。当时的学校和今天相比，尚未发挥如此重要的作用。

但世事难料。当科顿·马瑟正为子女的生活殚精竭虑的时候，殖民地的生活方式已经悄悄发生了变化。英属北美殖民地的人口规模在快速扩张，17 世纪中期殖民地人口尚不足 10 万人，但到 1728 年马瑟去世的时候，殖民地的人口数已经突破百万。到独立战争之前，殖民地的人口数突破 300 万。虽然从人口总数上看，殖民地的人口规模依然较小，但其增长率却是不容小觑的。人口的快速增长为经济贸易、土地开发以及内陆地区的拓展提供了更多的机会和可能性（Butler，2000）。

在 18 世纪 20 年代之后的 20 年间，到殖民地定居的人口成倍增长。新一代移民搬出了旧有的定居点，建立了新的定居点。这些新的定居点往往分布在内陆地区。随着贸易额的增长，农产品和木材的贸易快速发展起来，这为新的贸易公司与金融机构的建立提供了契机。整个殖民地社会尽管仍处于农耕阶段或工业化的萌芽期，但已经发育出了现代资本主义生产关系的诸多要素。富裕的商人掌控了贸易，而农民耕作的主要目的在于出口。整个社会各个阶层都致力于财富的积累。相比之下，有的宗教理想便显得陈旧。正如历史学家理查德·布什曼（Richard Bushman）所言，从文化意义上看，这一过程便意味着“从清教徒向北方佬”的转型（Bushman，1967）。

在殖民地时期，最重要的一系列文化事件发生在“大觉醒时代”，这是宗教复兴的时代。英国福音派传教士乔治·怀特菲尔德（George Whitefield）是一位极具布道天分的传教士，他于 1739 年抵达殖民地，并开始在沿岸地区传教，声势日益壮大。怀特菲尔德并未直接挑衅传统信仰，他不断宣讲信仰与《圣经》基础上的自我救赎，只对清教徒先驱者的信仰做了温和的修正。先辈执着于信奉牧师精英阶层的统治力，而怀特菲尔德认为，信奉上帝本身比信奉经典解释更加重要（Heimert，1966；Hofstadter，1971；Rutman，1977）。

诸如此类的观点成了对清教正统信仰的致命一击。但怀特菲尔德及其追随者——其中包括极具影响力的清教徒圣乔纳森·爱德华兹（Divine Jonathan Edwards）——为清教徒的信仰注入了新的活力。新学院开始培养“新光明派”牧师，并不断强化读写能力的基础训练，以便使信徒可以更好地阅读、理解宗教文本（Cremin，1970）。这在短时间内使宗教更加开放、民主。

对北美精神世界以及文化生活产生重要影响的事件还包括一场远在大洋彼岸的著名的科学与意识形态运动——启蒙运动。尽管与宗教改革相比，启蒙运动的异质性与多样性更强，但它从整体上将欧洲的知识分子从宗教迷信与教义信条中解放出来，再次肯定了理性与科学发现的意义。其中著名的知识领袖包括英国的艾萨克·牛顿（Isaac Newton）和约翰·洛克（John Locke），当然还包括其他诸多著名人物。从整体上看，这些人物终结了欧洲贵族基于“君权神授”的人为的身份等级制。在今天，启蒙的观念早已成为常识，但在当时却是一场知识革命，并由此孕育了我们对于现代性的认识。这些观念强调人人生而平等，并频繁地出现在各种图书、小册子和杂志上，进而影响了新大陆的读者。毕竟，启蒙思想家的观点迎合了英属北美殖民地中的资本主义和个人主义倾向。对于绝大部分生活在新大陆的人而言，比起捍卫正统学说，解决实际问题更加重要。因此，关于社会平等的启蒙火花在新大陆被普遍接受，而贵族式的身份等级制逐渐在新大陆的自由民、商人和种植园主中失去了吸引力。尽管启蒙思想家的影响力主要局限于殖民地的有教养的阶层，但他们的观念在新大陆中找到了开花结果的沃土（Butler，2000）。

在这样的影响之下，英属殖民地经历了一场重要的社会与意识形态变革。这不仅是受了欧洲的精神世界与宗教生活的影响，而且也是北大西洋世界经济贸易刺激的结果。同样的，它也影响到了在北美大陆西海岸和西南沿海缓慢发展的西班牙殖民地，只是西班牙殖民地的规模一般较小。虽然那里也创办了学校，但其适龄人口非常有限。在整个新大陆的其他定居点，儿童依然是向父辈学习生活生产的各类实用技能。因此，显而易见，在美国历史上的最早的学校往往非常滞后。激发新大陆社会变革的力量往往来自市场经济，来自拥有不同价值观和宗教信仰的新移民群体，来自“大觉醒”和启蒙运动影响下日益发展的宗教与政治的平民主义，而非来自学校。精神世界与意识形态的变革反映出书籍和其他阅读文本流通的加快，而非正规教育机构的影响。如果非要论及此时的学校的话，那么此时的学校是一些相对保守的社会机构，它们不仅反对社会改革，而且依然在不断强化传统的宗教信仰与道德认识。尽管如此，学校仍然有助于提升殖民地人口的识字水平，进而孕育了即将来临的社会变革——美国独立战争。这是后话，我们将在下一章重点讨论。

学校与识字率

新英格兰也许是最具宗教自我意识的殖民地，而其他殖民地往往仅关注文化的传承。在西部，西班牙传教士和其他学校为移民的子女提供天主教教育，但其中的具体情形目前我们并不清楚。在西南部，还有其他社会与宗教团体，它们形成了各具特色的教育模式。尼德兰人将他们的宗教信仰带到了新阿姆斯特丹——后更名为“纽约”，而后贵格宗建立了宾夕法尼亚殖民地。弗吉尼亚、北卡罗来纳、南卡罗来纳和其他南部殖民地也逐渐分离，它们大多沿着海岸线或潮汐地进行分割，当地种植的作物主要是用于出口的烟草和大米等农产品，在山区或者其他边远地区定居的人口大多为自耕农（自给自足）。种植园主大多为坚定的英国国教徒，而其他地区的移民则隶属于新教的不同教派。在马里兰和其他一些地区，还有天主教徒。与新英格兰相似，这些殖民地也在缓慢地发展。第一代移民的子女往往搬出旧城区独立生活，进而不可避免地衍生出不同的宗教文化观念（Greene，1988）。即便新移民不去挑战新英格兰的正统信仰，新英格兰也受到“大觉醒”的影响，进而促进了清教的大众化。可以说，在各个殖民地都出现了宗教情绪的消解现象。更加大众化的、自由宽容的新教教派及其教义的生成，成了 18 世纪各个殖民地的典型特征（Hofstadter，1971）。

即便如此，在新英格兰之外的殖民地世界中，学校数量也要远远少于马萨诸塞及其周边的殖民地。根据克雷明的估算，在1689年，弗吉尼亚的居民已经达到了7000户，但学校总数只有8所（约每900户拥有一所学校）；在纽约，居民大约有2200户，但只有11所学校（约每200户拥有一所学校）（Cremin，1970）。对于大部分殖民地儿童而言，上学受教育并不是生活的重心，但如果从南北差异来看，北方儿童上学的状况还是要好于南方。当然，这便折射出宗教与教育之间的联系。儿童上学、学习读写主要是出于宗教因素的考量，而不是为了获得职业技能。在新英格兰，地方宗教权威试图规范学校教育，因此与其他殖民地相比，新英格兰的移民也更加重视学校教育。在其他地区，政府完全不干预学校，尤其是在南部殖民地。在一份著名的布道书中，弗吉尼亚的伯克利主教在1671年说道："感谢上帝，让我们没有免费学校和免费的出版印刷，但愿永远也不要出现这些东西。"在当时，伯克利是总督，他的观点代表了当地许多贵族和富裕种植园主的态度，他们认为"学习带来反抗，带来异端邪说"（Fisher，1989）。正是由于诸如此类的观点，在南部和中部殖民地，人们对学校教育不感兴趣。

对识字率和读写能力的测算统计也说明，当时的识字率与学校教育并没有本质上的联系。识字率最高的地区——能够自己独立签名的人数最多的地区，是新英格兰。根据历史学家肯尼斯·洛克里奇（Kenneth Lockridge）的估计，在18世纪中期的新英格兰，大约有3/4的男性有识字能力，到独立战争之前，这个比例提高到90%。在中部殖民地，诸如纽约和宾夕法尼亚，识字率要低得多；在南部殖民地，识字率是最低的。到18世纪90年代，弗吉尼亚的男性识字率大约为70%。有意思的是，在英格兰本土，男性识字率也基本维持在70%左右。历史学家认为，这是由于殖民者将英国本土的教育实践带到了他们所到之处。从这个意义上看，各个殖民地的学校教育与识字率之间的联系实质上折射出旧大陆的文化形态（Fisher，1989；Lockridge，1974）。

但从当时的情形来看，识字率是否与正规教育——尤其是学校教育——直接相关，这一点是不确定的。洛克里奇认为，识字率的提升归功于"社会的结构性要求"。他写道，到18世纪后半期，"土地购买需要通过土地公司，并且需要在法院登记造册"（Lockridge，1974，p.37）。换句话说，阅读和写作技巧逐渐成了极为重要的商业技能的基础，诸如不动产过户或者会计记账。因此，经济的发展再次促进了社会的变革，促进了社会法律的健全和公共档案制度的成熟。从这个意义上看，商业与政府的发展使得基本的读写能力成了必需。人们一旦意识到这个问题，便开始想方设法培养锻炼这项能力，而正规教学便是手段之一。

历史证明，在北美殖民地，提升识字率有多种方式。富裕的社会阶层往往通过聘请私人家庭教师来教子女读写，在南部殖民地尤其如此，而其他人则在家教自己的孩子，或者寻求艺徒制。毫无疑问，当时有许多“在职的”职业技能培训，例如一些聪明机灵的小男孩会在做工的时候学会必需的知识和技能［例如，年轻的本杰明·富兰克林（Benjamin Franklin）便是如此］。当然，对部分工作也有专门的技能培训。在大城市中，出现了“写作学校”（writing schools）和工商业主开办的商业课程来帮助男性获得职业所需的基本能力，他们的学习科目是当时从事商业贸易所必需的知识（Cremin，1970；Kaestle，1973a）。随着文字能力的重要性显著提高，人们也逐渐开发出培养文字能力的新方法。在殖民地绝大部分商业贸易快速发展的地区，尤其是在城市之中，男性与女性的识字率都在 18 世纪有了显著的提升。

从这点来看，识字率的统计数据是很有意思的，但很难获得合理解释。从整个殖民地的情况看，我们毫不意外地发现，那些最富裕的地区的识字率是最高的，而且男性的识字率一般来说要高于女性。但在新英格兰的清教徒中，贫困人口的识字率很高，这实际上指出了宗教与学校教育之间的重要关联。同时也有证据表明，在新英格兰的某些地区，女性的识字率也很高。这也许是因为个人受教育年限越长，她的文字素养也就越高；同理，她的读写能力也就越强。目前，关于殖民地时期人们的阅读能力，除了图书、报纸和其他出版物的发行流通外，我们缺少其他相应的历史证据。从数据上看，各个殖民地之间的差异性较小，其中涉及人口规模的因素。从整体上看，英属北美殖民地属于文明社会。即便如此，各地的学校发展状况仍存在较大差异（Moran & Vinovskis，2007）。

当然，文字素养的形成，对殖民地社会的发展而言至关重要。它有助于信息与知识的传递，在商业贸易和政治生活中扮演着极为重要的角色。

从整体上看，在殖民地，印刷品的流通范围很广，出版的数量也很大，尤其是在城镇中（Cremin，1970）。同时，报纸和杂志的发行量以及图书售卖量却相对少。这意味着，在殖民地，人们往往不保存文字材料，随意处置，这些材料会在不同社会群体之间传递，使得一些体量较小的印刷品有可能被更多的读者接触到。在 18 世纪的美国，文字能力有着极为重要的群体意义。只要有部分人具有较高的阅读能力就行，整体上的阅读能力实际上是不重要的。因为如果有人无法阅读的话，那些能读会写的人能为他们朗读或者描述文字内容（Brown，1989）。在独立战争之前，在殖民地社会中流传着各式各样的阅读材料，从《圣经》到布道书以及成百上千种政治宣传手册（Bailyn，1967；Hofstadter，1971）。因此，文字能力所带来的好处是显而易见的，人们在日常信息交流之中也有意无意地完成了非正式的阅读教学。

因此，在各个殖民地，文字能力的影响因素有很多，包括学校、宗教派别、阅读材料，以及各类贸易和信息传递文本。这使新大陆人口的识字率要远远高于旧大陆，其中在新英格兰，识字率最高，当地创办的学校也要远远多于其他地区（Bailyn，1960；Fischer，1989；Lockridge，1974）。识字率与学校教育之间的准确关联至今是一个历史谜团，但可以确定的是，在绝大部分北美殖民地，学校并不直接与高识字率相关联。

识字率的问题引发了我们对于殖民地教育问题的诸多思考。如果儿童都不上学的话，学校在教育过程中所扮演的角色实际上是微乎其微的，那么殖民地文化的代际传承又是如何实现的？这些技能是如何开发的？在新大陆，信息又是如何传递的？为了回答这些问题，我们必须考虑非正式教育的重要性，或者说，在殖民地时期人们在日常生活中是如何学习的。这些活动才是当时教育发展最重要的指针。

各类教育方式

如前所述，当时正处于前工业化阶段，绝大部分商品都是手工制造的，即便贸易日渐繁荣，人们也极少长距离旅行。从现代的标准来看，城市规模都很小，大部分人口聚集在乡村。一个典型的定居点的家庭数一般不过数十户，定居点中的流动人口数极少。即便是在人口密度较大的新英格兰，也弥漫着离群索居的气氛。在其他殖民地，人们的生活范围甚至到不了乡村或城镇。尽管农产品、木材和其他商品贸易日趋繁荣，但人们依然生活在由亲缘家庭和邻里构成的世界之中（Butler，2000；Main，1965）。

对于生活在殖民地的拓殖者而言，如果按照现代的标准，他们的生活是非常艰难的。他们的房子大多阴暗、狭窄，设施简陋。几乎每家每户都有干不完的活计，还需要用人力挑水喝。几乎没有大规模的制造业，经济发展主要集中在城镇。生活用品大多是就地取材、手工制造的。那些能够制造出便利设备工具的能工巧匠少之又少。尽管殖民地拥有广袤无边的土地，但要获得丰收，甚至仅是维持温饱，依然需要日复一日的艰辛劳作（Demos，1970）。

即便生活很艰难，殖民地在许多方面也要远胜于欧洲。虽然在殖民地存在着差异性，但至少新英格兰的人均寿命要长于旧大陆，社会的稳定性也要更胜一筹。唾手可得的广袤土地，使得殖民者有了足以为生的活计。这些都构成了新大陆的生活条件（Fisher，1989；Vinovskis，1979）。人们觉得只要辛勤劳作，就能得到加倍的回报。同时，在面对富足的自然资源时，贫困便成了懒惰或者无能的标签。诸如此类的观念，随着疆土的进一步拓殖以及丰饶的自然资源的开拓，便逐渐被塑造为美国的传统信念。

在殖民地的乡村，几乎没有任何教育机构。从整体上看，生活都是围绕着家庭展开，家庭也便成了生产的核心单位。这使得殖民地的家庭规模往往要大于英国，也反映了以家庭为单位的生产劳作方式。经济史学家指出，家庭规模的增长往往意味着儿童成为潜在的家庭劳动力。不过他们还指出，即使在某些人口已变得密集起来的殖民地，高出生率也是显而易见的。就如同科顿·马瑟一样，殖民者非常珍爱自己的孩子，也热衷于维持庞大的家庭规模，这部分是殖民地的环境使然（Demos，1986；Henretta，1973）。从人口意义上看，早期的北美社会仍处于扩张期，人们对未来持有乐观主义态度，这一点也与欧洲大不相同。

在当时，有 90% 的殖民者是自耕农，或者从事相似的职业。尽管他们种植的作物不尽相同，但大部分产出都被用于维持生计或换取其他物资和服务。这意味着，当时人们依然非常关注作物的种植、收获，照顾牲口，储备粮食，制造工具和其他物件。他们也造房子，修缮房屋、仓库或者其他设施，有些工作还需要和邻居们共同完成。除了这些数不胜数的家庭活计之外，他们还要打扫卫生，照顾孩子，缝缝补补。

对于家庭中的成年男性而言，他们人均需要照看 10—12 英亩（0.04—0.05 平方千米）的土地。大部分土地都需要依靠家中的劳动力来耕种和收获。当然他们也会驯养一些动物，造楼房或者完成其他工作。对于女性而言，她们的工作主要是做饭、打扫房屋、缝补衣物和养育子女。后者最为重要，这也是殖民地社会高生育率的原因。在殖民地，平均每位女性要养育 8 名子女，她们的生育年限长达 24 年。考虑到当时女性一般在 20 岁出头结婚，这意味着她们生命中绝大部分时间都用于生育和照顾子女（Henretta，1973；Mintz & Kellogg，1988；Norton，1980）。在这漫长的养育过程中，她们几乎得不到现代化的设施支持。因此对绝大部分家庭而言，这意味着艰辛和忍耐。这也成了一类非常特殊的教育模式。

受极为沉重的生产和生活压力所迫，儿童成了绝大部分殖民地家庭的劳动力来源。这直接刺激了殖民地家庭规模的不断扩张，同时也成了社会化的一种独特类型。养育儿童，也需要儿童分担家庭责任。劳作不仅是不可推卸的责任，还是一种美德。从农耕、木工活、家禽饲养、打猎，到粮食的存储、肥皂的制作、烹饪、缝补，相关的技能和知识都在劳作之中代代相传，因此儿童也在劳作中掌握了知识，获得今后足以维持自己家庭的基本能力。从整体上看，这些内容大多与学校教育无关。同时，因为家庭需要不停劳作才能得以维持，所以在大部分殖民地家庭中，进行教育和训练成了家庭生活的一个侧面。这也与殖民地生活的境况相吻合。的确，这是生存之必需（Demos，1970，1986；Morgan，1966）。而这也促成了美国教育史的后续发展。

有一种刻板印象是殖民地时期人们对待儿童很严厉，但事实是，在英属北美殖民地，父母都很珍爱自己的后代。就如同科顿·马瑟为了子女殚精竭虑一样，殖民地的其他父母也大多如此。历史学家杰伊·弗莱格尔曼（Jay Fliegelman）发现，这一时期的大部分受欢迎的书都与儿童相关，与如何将其养育成人相关。在殖民地时期，人们喜欢强调儿童的独立性，以及他们从父母、家庭中习得的知识。例如，受到约翰·洛克以及其他启蒙思想家影响的一些文学作品都指出，独立性与理性是家长必须培养子女形成的精神品质。在殖民地时期，父辈往往会主动与子女建构起平等、互助的伙伴关系，而非执着于父权制的威严。正如弗莱格尔曼所言，18 世纪的“美国独立战争就是一场反抗父权专制的战争”，这也塑造了美国独特的儿童观（Fliegelman，1982，p.5）。殖民地的父母热爱他们的子女，他们希望子女能够自由成长、精神独立。

研究殖民地家庭的历史学家注意到殖民地家庭的一种独特习俗，尤其是在新英格兰和其他北部殖民地，他们将年长的孩子寄养到其他人——一般是亲戚或者邻居——家中。历史学家认为，这便是一种养育方式，一类殖民地家庭生活中所特有的艺徒制。但自己家中还有繁重的工作，为什么要把孩子送到别人家呢？因为那些寄养在他人家中的孩子往往更加勤快。让他们和原生家庭分开，能帮助他们养成独立的习惯，塑造他们独立的人际关系网络（Norton，1980；Rury，1988a；Smith，1980）。

家长往往担心自己耽误了孩子，让他们变得懒惰、无所事事。同时，他们还担心孩子们过分依赖家庭。因此，他们将孩子寄养在别人家中，同时，他们也养育其他家庭的未成年子女。这一行为在很大程度上影响了女孩的成长，但男孩有时也会被寄养在他人家中。从这点来看，家庭成了正规教育的主要机构。传递知识与技能的重要任务成了维系家庭生活所必需的。

当然，对于那些想学做买卖的年轻人来说，还有一类传统的艺徒制模式。这直接源于欧洲传统，且在北美殖民地很普遍。从许多方面看，将儿童寄养到其他家庭成了一类特殊的艺徒制。但无论哪种形式的艺徒制，都需要签订契约，说明准确的年限以及需要学习的技能。一家之主或者艺徒制中的师傅要为徒弟提供吃穿住行，要按照契约教会他们特定的技能。随着殖民地社会的发展，人们开始越来越关注教育的质量以及艺徒制传授的技艺。例如，政治家、科学家本杰明·富兰克林早年就曾反抗师傅的苛待，批评师傅们没有很好地完成他们应履行的教育义务。与其他人一样，富兰克林自己就当过艺徒。诸如此类的磨炼使得殖民地社会的教育形式日益受到关注。

因此，虽然北美殖民地的欧洲殖民者自己几乎没有上过学，但他们都受过教育。他们从父辈以及教会生活中学习知识，从艺徒制和寄养经历中获得技能。在加利福尼亚和得克萨斯的西班牙殖民地，就是如此，在东海岸的英属殖民地也是如此。因此，在殖民地时期正规教育机构少而又少，也就不足为奇了。教育在很大程度上是非正式行为，它被嵌含在社会关系之中，并成为日常生活的必需。这种模式在接下来的历史阶段中发生了巨变。

焦点：教育与社会控制

在英属北美殖民地发生的最剧烈的社会变革，毫无疑问，当属独立战争。对绝大多数的政治斗争来说，社会变革往往如影随形，进而也深刻地影响了教育的发展。美国独立战争带来了人们对学校教育的新观点以及对教育在重塑政治秩序中重要作用的新认识，这塑造了崭新的教育机制与教育实践。其中的典型案例就发生在独立战争之后的纽约市。

1785 年，北美人民反抗英王乔治三世的战争刚刚结束。新成立的纽约解放奴隶协会（New York Manumission Society）的成员便再次召开集体会议。该协会汇集了纽约市的诸位头面人物，其中包括亚历山大·汉密尔顿（Alexander Hamilton）、约翰·杰伊（John Jay）等人，其主旨在于保护黑人自由民，使其免遭被贩卖成为奴隶的厄运。战争改变了纽约市的人口结构。城市在不断发展，并暂时代行首都职能，这也意味着社会变革的来临。在这一系列变化中，最突出的是纽约市奴隶数量的不断增加。由于战争的爆发，奴隶主们四处逃散，使奴隶们得以逃脱，纽约市便聚集了大量的出逃奴隶。残忍的奴隶贩子不断追查这些逃亡的奴隶。越来越多的无辜自由民（在逃奴隶）被抓获，这也使纽约市的社会秩序极度混乱。一场社会秩序的重组与改造呼之欲出（Rury，1985）。

纽约解放奴隶协会的成员深受洛克和其他启蒙思想家观点的影响。他们反对奴隶制，认为这是对基本人权的侵犯。当然作为当时的富裕阶层，他们也关注对现有奴隶的投资。这实际上也意味着启蒙运动的观念与殖民地经济中财富价值观的残酷现实之间的碰撞。最后的结局是，这些头面人物支持“逐渐解放”奴隶，即这些奴隶的子女在 21 岁后将直接获得人身自由。对于奴隶父母而言，这并非意味着直接解放，却预示着纽约和北部各州已将废除奴隶制提上了议事日程。纽约解放奴隶协会中的富裕头面人物大多主张社会改革，但他们并不主张直接废除奴隶制等剧烈的社会变动。他们并不希望立刻进行大刀阔斧的改革，尤其是在殖民地经历了多年战乱之后，他们更加强烈地感受到自由与共和民主的意义（Zilversmit，1967）。

但在这次会议上，纽约解放奴隶协会的成员却得到了更加糟糕的消息。被解放的奴隶在纽约市已经声名狼藉。尤其是有许多报道称，这些被解放的奴隶和水手以及其他声名不佳的人一起“在家中”大声喧哗、弹唱，直到深夜。这些报道带来了诸多负面影响，协会成员不得不快速协商如何规范这些被解放奴隶的言行举止。最后协商的结果是，协会将会高度关注这些事件，并对参与这些不当活动的奴隶们保留“逐渐解放”的权利。显而易见，纽约解放奴隶协会的成员并不认同纽约市自由黑人的某些行为方式。在后续的会议中，他们进一步考量如何预防这些不当行为的发生。他们通过投票，赞成在纽约市为黑人居民建立两所社会机构：教会和学校（Rury，1985）。

纽约市非裔美国人免费学校（The New York African Free School）是纽约解放奴隶协会专为自由的黑人儿童举办的免费学校，1787 年开始招生。同年，美国还召开了制宪会议，讨论了新生国家的宪法框架。学校主张对被解放奴隶的子女进行传统道德规范。其目的在于使儿童“免受父母在当奴隶时习得的不良风气的影响，并使其受教育，养成合宜的举止规范”。正如历史学家卡尔·卡斯特尔所言，从这个意义上看，教育的目标在于阻断父母对子女的影响，因为纽约解放奴隶协会的成员并不相信这些父母能教给孩子合宜的内容。在这里，教育的目标显然开始有别于新英格兰与殖民地其他城镇和学区中的学校——这些学校意在弥补家庭教育中的不足。慈善学校大多与城市相关联，意在改造和控制贫困人口，减少父母对子女的不良影响。因此，此举的关键在于如何教会儿童得当的言行举止（Kaestle，1983）。

新教精神与道德观主导了非裔美国人免费学校的课程内容，其他各地的类似机构也是如此。这些学校的规模一般不大，一开始只招收 100 名左右的学生。一开始，纽约市自由黑人社区的居民虽然有所保留，但依然对这些学校持欢迎态度。不久后，这些学校的目标变成了：在自由黑人社区中塑造一批具有领导性的核心家庭。纽约解放奴隶协会的成员希望这些家庭能够成为行为模范，进而引导非裔美国人的言行举止（Rury，1985）。纽约解放奴隶协会的成员深信，即便那些最声名狼藉的人也是可以被改造的。但这仅仅是他们的一厢情愿，他们认为这些课程所引发的变革是单向度的，即运用新教主义的正直清廉与商业资本主义的行为范式来塑造社会的一致性。对于他们而言，学校教育就是家长式的社会改造机制，是转变个人与群体并使其更具一致性、更易接受社会主流价值观的有效手段。

这便是18世纪的一种教育形态，它超越了特定儿童群体的家庭及其紧密社区的界限。美国独立战争的爆发意味着一套全新的社会观与教育观的成形。但改革家们所采用的方法手段却是陈旧的。纽约市非裔美国人免费学校就是这类根植于英属北美殖民地的学校类型的典型代表。正如历史学家加里·纳什（Gary Nash）所言，在18世纪中期，欧洲的殖民者塑造了形态各异的社会模式（Nash，1974/2000）。这些欧洲人的机制与方法意在培训、教育其他族群，尤其是美洲原住民和非裔美国人，这与他们教育自己子女的机制完全不同。这部分是种族主义的产物，因为他们认为这些群体的成员在智力与道德上具有劣根性。但同时，这也反映了一种坚定的认识，那就是贫困的生活剥夺了儿童获得优越的智力和良好道德感的机会，而教育可以帮助他们，并提供这样的机会。这是教育的意义所在——在新大陆完成文化传递的使命。同时，这对学校在殖民地时期结束后的进一步发展也会产生深远影响。

教育开化

纽约解放奴隶协会所面临的问题实际上是一个陈旧的社会问题。这一问题在殖民地时期就已经存在，只不过当时要处理的是欧洲的“旧大陆”与殖民地之间的矛盾，这在本质上反映出不同种族与群体究竟应该如何共处的问题。从整体上看，在新大陆，针对这一问题的回答是由白人新教主义的殖民地领袖所主导的。这对于如何教育欧洲之外的移民和美洲原住民有着重要的意义，这部分人口在 18 世纪已经成了北美人口的主流。

到 18 世纪中期为止，英属殖民地的人口大多来自三片广袤的大陆。如前所述，他们包括欧洲的殖民者和美洲原住民，以及非洲人——正是后者的到来，缓解了新大陆的劳动力危机，他们主要分布在南部殖民地，部分人前往其他殖民地。即使美洲原住民后来被驱赶至边疆地区，每个族群的人口也依然保持了相当的比例。在 18 世纪之后，随着奴隶贸易的变本加厉，非洲人在数量上显著增长。随后出现了一系列新法，用于确定他们的奴隶身份，而此类法条在早期的英国法律系统中是不存在的。到了 18 世纪下半期，黑人大约占殖民地总人口的 1/5，今天非裔美国人的人口比例大约翻了一番。在南部的某些地区，诸如南卡罗来纳，非裔美国人成了人数最多的族群（Wood，1974）。在宾夕法尼亚和纽约，黑人大约占居民总数的 1/4，这一人口比例与今天相仿。因此，我们可以说，在殖民地时期，新大陆是一个多族群社会。这使得文化适应与社会化成了各个族群都必须面对的问题。

来新大陆定居的欧洲人敏锐地意识到社会与文化的多样性。在 17 世纪的美国南部，他们设立了精密的法条以区隔白人与黑人，对白人和黑人施以不同程度的教育。奴隶制的成熟是一个较为漫长的过程，但在 18 世纪之前，人们大多想当然地认为非裔美国人属于社会底层（Morgan，1975）。为了证明种族身份的差异，各类解释理论便陆续出现。早期的种族主义意识形态认为，与欧洲白人，尤其是英国人相比，非白人群体存在着生理上的劣势。尽管后来黑人科学家本杰明·班纳克（Benjamin Banneker）和诗人菲利斯·惠特利（Phyllis Wheatley）陆续出版了著作，但大部分殖民地白人依然给非裔美国人在智力上打上“劣等民族”的标签。在某些地区，人们对北美印第安人则相对宽容。他们创办了诸多学校以期涵化印第安人，其中就包括达特茅斯学院，但这些机构都如昙花一现。在这一系列的改革试验之后，人们发现真正受过教育的非白人群体少之又少。在绝大多数情况下，由欧洲殖民者创办的学校只招收白人（Cremin，1970；Hofstadter，1971；Wright，2017）。

当殖民者忙于筹建自己学校的时候，传教士们承担起教育的使命。此类教育形式在西班牙统治的加利福尼亚显得尤为重要，到 18 世纪晚期，在那里已有 20 多个布道团。在这些前哨之地，教化印第安人成了重中之重，教学内容主要集中于教授西班牙语和天主教教义。西班牙当局认为，教化印第安人的目的在于培养归顺的印第安领袖，进而使其成为欧洲人和印第安部落之间沟通的纽带。那些被拣选进入学校的印第安儿童也要背井离乡，跟着传教士学习知识。这便是当时强迫教育的典型，后来这一形式在美国历史上产生了极为重要的影响（MacDonald，2004）。

塑造新民族

政治与社会变革往往伴随着教育的发展，这是亘古不变的真理。在美国宪法签署之前的十几年间所发生的独立战争，给殖民地的社会与政治机构带来了翻天覆地的变化。他们深受约翰·洛克和孟德斯鸠（Baron Charles Louis Montesquieu）等启蒙思想家的影响。正如《独立宣言》中所述，他们深信“人人生而平等”。尽管当时存在着性别与种族的不平等，更不用说奴隶制的问题，但由《独立宣言》所折射出的社会秩序观对这一新生的国家而言至关重要（Bailyn，1967；Morgan，1975）。这也使得殖民地社会原有的教育机构发生了诸多重要变化。

新生的美利坚合众国所面临的诸多重大挑战之一是，亟待建立一套教育系统帮助国民理解新的社会秩序与政治秩序。受平等与民主政治等启蒙观念影响的美国独立战争，试图建立起一套基于定期普选的政治体系。这在当时是全新的理念，尚未被其他国家和地区实践，新政府为此展开了长期的辩论。他们并不支持代议制民主，认为历史已经证明，此类共和国必将灭亡，古罗马就是深刻的历史教训，其失败的根源在于民众对选举制的操纵。如何使那些知识有限、容易被蛊惑的普通人恪守公正、诚实的基本理念，对于新生的共和国至关重要。当时主流的政治理论认为，贵族政治就是最佳的政治形式，当然在一定情况下它也需要议会的监督，就像英国那样。那些支持普选政治、摆脱有产贵族影响的诉求引发了诸多的冲突与争议（Brown，1996；Tyack，1967）。

由于这些争议，托马斯·杰斐逊（Thomas Jefferson）、詹姆斯·麦迪逊（James Madison）、富兰克林和其他美国建国领袖认定，新生的国家要想延续下去，就必须重视教育。毕竟在代议制民主政治中，选民必须具备一定的文化素质，必须能够参与当前的政治辩论与观点交锋。要想让民主政治生根发芽，那么普及教育就必须成为美国的社会机制。这成了形塑民主政府的普遍诉求，也是为了塑造人，进而塑造一种全新的政治文化（Cremin，1970）。但问题仍没有解决：对于美国这样一个地域广袤、文化多元的国家而言，究竟应该采用何种教育制度才是合适的呢？

在独立战争之后，出现了许许多多关于教育制度的讨论。教育与学校成了讨论、辩论、演讲、论文，甚至是宣传手册的主题。在各州立法中，有七个州提及教育问题，这也引发了广泛的争议。在独立战争之后，杰斐逊提出了关于在弗吉尼亚州境内建立由公共经费支持的学校的著名主张，即《关于进一步普及知识的法案》（Bill for the More General Diffusion of Knowledge）。该法案极具代表性，因为它指明开放的、免费的学校制度是孕育有天赋的、勤勉的“天然贵族”（natural aristocracy）之必需，必然成为将来国家精英的摇篮。杰斐逊的方案并没有付诸实施，但它依然反映出对“革命的那一代人”而言教育的重要意义（Brown，1989，1996；Justice，2013）。

在独立战争后，积极倡导建立新教育制度的著名领袖之一是本杰明·拉什（Benjamin Rush），他是费城的一位知名医生，同时还是《独立宣言》的签署人。拉什认为，宾夕法尼亚州境内的学校应该由税收和赠地共同扶持，这必然带来“更少的犯罪、更少的刑罚和更小的监狱”。在他的著名演讲中，他提出要通过改进学校教育，让美国儿童成为“共和国的机器”（republican machine）。美国第一部字典与拼音书的作者诺亚·韦伯斯特（Noah Webster）也倡导在美国境内建立普及的、免费的教育机构。韦伯斯特认为，“学校是国家不可或缺的机构”，要让父母“从孩子的摇篮期就开始教育他们，要让孩子开口说出的第一个词就是‘华盛顿’”（Kaestle，1983，pp.6 & 7；Rudolph，1965；Welter，1962）。

这些见解与主张的提出，标志着当时主流的教育观念与教育实践的激进变革。它们与一百年前伯克利主教反对普及教育的观点截然相反。它们让教育成了全国关注的焦点。这诸多倡导与提议让学校教育不再仅仅是地方事务，也不仅仅是教会事务，不局限于传递社区价值的功能，而是成为全国共同关注的事务。1787 年，美国通过了著名的《西北土地法》（Northwest Ordinance），要求联邦赠地以支持学校教育，宣称“宗教、道德与知识都是良善政府与人类幸福之必需，学校和一切教育机构都应该得到鼓励”（Tyack et al.，1987，p.32）。其中，教育应成为政府的重要职能这一看法成了全社会的共识。随着政治革命的结束，学校一夜之间成了塑造市民社会的重要机制。国家领导者们相信，受过教育的公民必然是将来的国家栋梁。美国被认为是世界上第一个“新生的民族国家”，学校教育也必然在塑造民族特性方面发挥重要的作用（Lipset，1979）。

不过，还有诸多社会精英与受过教育的知识分子就美国学校的功能与作用发表了不同的看法。事实上，在这个历史阶段，并未实施任何一项全国性的教育制度改革方案。《西北土地法》与其他联邦立法的确声明支持教育发展，但在实践阶段，教育依然是各州的事务。这使得学校教育在实践中发展得较为缓慢。这一时期绝大多数美国人正忙于更加紧迫的事情，例如养家糊口。塑造一套组织严密的、由政府管理的公共教育制度便留待下一代更有远见的国家领导人来完成。但关于学校教育的新认识则在独立战争之后不断拓展，其他在情感认知方面的转变给教育实践带来了不可磨灭的影响。

国民之母

美国独立战争改变了美国女性的生活，这是独立战争所带来的重要的、不可低估的影响之一。与诸多早期现代社会一样，英属北美殖民地仍处于父权制之中。女性几乎没有公共权利，她们几乎无法外出工作（除非未婚），受正规教育的程度也很低。如前所述，18 世纪关于识字率的统计结果显示，绝大部分女性都是文盲。新英格兰是例外，但人们也都认为女性不需要学习读书写字，因为在殖民地的教会并不接受女性成为正式教徒，身份地位只属于男性。无论在道德上还是在社会商业贸易活动中，她们都是丈夫的附属品（Brown，1989；Kerber，1980）。

但时移世易。这是由于在北美殖民地时期，家庭氛围较为自由。从殖民地整体人口规模与边疆社会的人口数上看，女性人数较少。稀缺性的确有助于女性社会地位的提升。这些因素在“大觉醒”的影响下，演化成宗教观的转变。乔治·怀特菲尔德（George Whitefield）以及其他宗教领袖就算不伸张女性权利，他们对传统教会的批评也会为女性的宗教生活拓展越来越大的空间。诸如此类的发展都是对父权制的渐进式斗争，并最终融入独立战争时期的自由精神之中。

在殖民地时期，女性的教育问题也部分得以解决。洛克里奇注意到从17世纪到独立战争时期女性识字率的显著提升。在新英格兰，能够签名的女性从不到1/3提升至50%。其他历史学家指出，此时女性的识字率相对高。而这一切都归功于女性受教育机会的出现，以及女性受正规教育程度的提升（Lockridge，1974；Perlmann et al.，1997）。

这一时期出现了"主妇学校"，由女性来教导儿童——既有男童也有女童，教会他们基本的读、写、算，以及基本道德行为规范。一些女童还在家中接受家政教育，诸如刺绣女红。在较大的镇和市中还有女性礼文教育。随着学校数量的增长，女性的受教育机会也越来越多。例如，在18世纪后半期，新英格兰的学校为女性提供短期的暑假课程。这对女性识字率的提升产生了较大的影响，也进一步提高了女性参与宗教生活的可能性（Perlmann & Margo，2001；Sklar，1993）。

历史学家指出，尽管在独立战争来临前，越来越多的因素促进了殖民地女性受教育程度的提升，但连年的战争打乱了殖民地的日常生活。受战乱的影响，男性战死沙场或下落不明，留在家中的女性不得不过着寡居生活。这使得女性必须承担维持家庭生活的重任。她们开始学做生意或者想办法维持生计。她们得学会签合同、还债（之前她们大多不知道家庭债务问题）、雇佣工人，还要写信联络（她们的书写能力差得可怜）。简言之，女性必须承担起诸多原来由男性承担的工作，这也在隐隐之中——当然，有时候是显而易见的——促进了女性能力的提升（Kerber，1980；Norton，1980）。

由战争所带来的性别角色的变化，也深受独立战争意识形态的影响，尤其是平等主义的政治修辞与启蒙思想的影响。所谓"男女平等"，毫无疑问提升了女性的社会地位。阿比盖尔·亚当斯（Abigail Adams）督促她的丈夫约翰·亚当斯（John Adams），"不要遗忘女性"，国家领袖开始重视女性在逐渐成形的社会秩序中的地位（Norton，1980）。虽然公众对性别角色的看法并没有发生大的变化，但女性要求更多社会权利与更高社会认可度的努力却引发了广泛的社会讨论。18世纪后期还见证了世界范围内女性权利运动的高涨。这是玛丽·沃斯通克拉夫特（Mary Wollstonecraft）的时代，她提出了基于性别平等的女性平等社会权利的诉求。这意味着对女性社会地位全新认识的出现（Rendall，1985）。

随之而来的是对女性受教育问题的讨论，虽然这一问题与当时的女性权利并没有直接关联。建国领袖们在面对新生国家的教育问题时，意识到女性是重要的资源。本杰明·拉什或许是倡导女性教育的知名人物之一，当然还有其他许多人物。其中的道理是不言自明的：如果儿童需要为新生的共和政府接受相应的道德教育的话，那么教育的重任毫无疑问应由母亲承担。因此，这必然要求美国女性受教育，至少能读会写，能够教授子女美国民主的基本原则。历史学家将这一女性观称为“国民之母”，这成了独立战争之后推动女子学校快速发展的理性逻辑（Brown，1989；Kerber，1980）。

本杰明·拉什在费城成立了女子学院（Female Academy），它是这一时期最著名的女性教育机构。尽管如此，与拉什的学校不同的是，这时的许多学校是男女合校。女子学院的规模一般较小，其办学时间也较短。但它们的成立都彰显着女性教育的新思路与新观点。这些机构往往不教授男性学院课程中占统治地位的古典语言，相反的是，它们主要教授文学、历史、现代语言和“家政艺术”等适合年轻女性的课程（Woody，1929）。这些内容将直接有利于女性将来在家中教育自己的孩子，尤其是男孩，将其培养成国家公民。因此，认为新女性应成为“国民之母”的观点实际上是相当保守的，它直接与国家的建构紧密联系，而非着眼于女性解放事业。不过，这也标志着女性身份地位的革命性进展，为美国教育史进入下一个历史阶段做好了准备（Nash，2001）。

在 18 世纪，女性学校的建立与发展至关重要，但这并没有对绝大多数美国人的生活产生影响。这些小规模的、短命的学院，虽然数量不少，但也仅仅覆盖了女性人口中的极少部分。正如前所述，就算在新英格兰，女性也仅仅在暑期上学，而其他地区的女性几乎无法接受任何形式的正规教育。在绝大部分农业社会中，财富的积累既缓慢又艰辛，因此女性的学校教育往往是不受重视的。那些关于女性必须受教育的观点，即便得到了较大的社会回应，也往往不能持久。在接下来的历史发展中，主要的任务在于塑造国家学校系统，而非女性教育（Nash，2005）。

殖民地时期北美的教育与社会变革

毫无疑问，17—18 世纪英属北美殖民地发生了翻天覆地的变化。如前所述，这部分归功于人口的增长：随着欧洲移民的成倍出现，到独立战争之前甚至出现了近 3 倍的人口增长，新的行为方式也随之而来。当然也有其他因素。土地价值的不断增长、贸易量的快速提升、资本主义道德行为方式的扩张使得早期殖民者所带来的宗教与文化保守主义情绪逐渐消散。这引发了渐进式的变革，尤其激发了“大觉醒”和独立战争，以及其他社会变革。英属北美殖民地依然是典型的前工业化社会和农业社会，但其变化是显而易见的。到 18 世纪末，民族文化的诸多特征已然出现，其中便包括个人主义与自我决定论，这些观念逐渐发育成熟。

这并非坦途。在百万人口跨越大西洋的迁徙中，印第安人被取而代之。迁徙者中有 1/5 来自非洲，其中绝大部分是奴隶。同时，许多欧洲人也成了“契约奴”，他们对现实中的自由几乎绝望。在北美殖民地的其他地区，西班牙殖民者依然保持着对西班牙国王和天主教会的忠诚，不断向贵族和教会献地，并对当地原住民实施独裁统治。随着财富的积累和增长，殖民地社会出现了显著的社会不平等现象。这也成了美国社会生活的显著特征。

在这段历史中，教育在殖民地社会变革中所发挥的作用微乎其微。学校规模较小，其功能也主要在于强化传统道德观念，它们仅仅影响了殖民地人口中相当少的一部分人。在这一时期，存在着大规模的非正式教育，从艺徒制到文献传阅，这些方式对人们基本文字能力提升的影响力要大于学校。

殖民地社会最大的变革当数独立战争。它切断了殖民地与英国的联系，并在《独立宣言》的签署与随后的战争中达到高潮，催生了一个崭新的国家，并在教育上产生了重要的影响力。它在民主政治与代议制政府的基础上建构了一个全新的国家，并将学校视为政治社会化的重要手段，不断强化其重要意义。同时，在女性和特定族群中普及教育的观念也不断发展，尽管这些变化程度较低、时间较短。市民社会的新观念正在出现，在其渐进发展中，孕育了形塑美国教育的重要社会运动。

02

第二章

现代学校制度的出现：19 世纪

1800 年曙光的来临，开启了新世纪的篇章，也开启了美国历史上极为重要的一段历程。新生的国家活力无限，积极进取的美国公民将视野转向了广袤无垠的西部。这是一片蕴藏着丰富自然宝藏的沃土，同时也带来了大自然的严峻挑战。在接下来的数十年间，美国社会与教育发生了巨大的变化。随着国家的扩张，全国性的交通运输网络逐渐成形。随着公立学校运动（主要是在初等教育领域）的发生，以及公立学校向中等教育以及高等教育领域的延伸，在公共教育中出现了国家监督。正规教育的大规模扩张，使得入学人数和学生在校时间都得以显著增长。

但最根本的变化依然发生在经济与社会领域，因为这是一个制造业飞速发展的时代，是一个城市化的时代。经济发展带来了教育的拓展与进步。随着收入的增长，经济生活的复杂程度大大提升，人们越来越认可教育的意义与价值。工业化的发生成了学校系统发展成熟最大的推动力。教育家们对工业化浪潮引领下蜂拥而至的移民群体的教育问题忧心忡忡，他们开始着手设计各种机制让移民儿童为各类工作岗位做好准备。受清教主义与共和主义的引领，改革家们主张将传统价值观植入每一位儿童的心灵。

当然，这也是美国文化的成形期。围绕着儿童培养问题的论战日趋激烈，如何在校内和校外更好地培养儿童也成了一个重要的社会话题。慢慢地，早先的传统观念与做法让位于更加自由的教育观与儿童权利观。但变革的进程往往是缓慢踟蹰的。新生的美利坚合众国不仅地域辽阔，而且正在发生着剧烈的社会经济变革。这是美国历史上最为独特的一个时期。古老的传统正渐渐逝去，新观念慢慢被人们接受。

焦点：变革时代的父母与子女

教育观不可避免地受到社会范式以及全社会对儿童的期待值的影响。毫无疑问，这是影响学校变革的重要意识形态因素。这些社会机制反映了父母以及其他成年人对养育下一代的认知，因此，关于养育儿童的论战也构成了教育变革的意识形态背景。

对于19世纪早期的父母而言，他们往往要面对这样一个两难境地：他们生活在一个推崇自由与民主的社会之中，但在养育子女时却往往不得不诉诸威权。在1849年，霍勒斯·布什内尔（Horace Bushnell）牧师宣称："将家庭变成牢狱，这是最糟糕、最粗野的暴行。"他进而补充道："只要管理得当，就不需要体罚。"布什内尔和其他持有类似观念的人们坚信，父母的职责是通过合宜的言行举止进行道德示范。喜欢与疼爱是幸福童年的基石，儿童精神世界的富足需要靠心灵的慰藉，而不是靠体罚与恐吓。人的心灵是无法推倒重建的，它需要引导与塑造，而理想中的童年期自然而然地具有可塑性（Fass & Mason，2000）。外在的体罚与规训只可能带来反抗与怨恨，而不会带来行为态度的改善。

另外，父母也担心儿童在面对过多选择的时候会茫然无措，更不用提童年期较脆弱的自控力与责任感。这些问题都使得父母更加注重引导孩子做出负责任的行为，以及塑造理想的个人责任感与自控力。

因此，有许多图书和小册子会指导父母培养亲子感情，解决可能存在的亲子矛盾，以及纠正由此引发的不当行为。“父母之爱与造物主的恩泽应成为亲子联系的纽带，”一位作者写道，“而彼此之间的珍惜与爱护也应成为保护对方远离邪恶的护法。”强制力是无法持久的，来自成年世界——尤其是父母——的温柔且坚定的爱护才是最好的引导。因此，提升父母亲的责任意识与成功养育子女的关键在于合宜的社会化过程中的亲子之情。总而言之，其核心逻辑在于，这能引导儿童自由地走上正确的道路（Block，2012）。

在诸如此类的观念引导之下，美国的父母在子女养育过程中将舐犊之情转换为一类亲子控制模式，便成了司空见惯的现象。许多关于子女养育的流行小说也常常描绘那些遭到批评或惩罚的孩子因自己的不当行为而陷入深渊的情节。在此类现象的诸多描写中，作家雅各布·阿尔伯特（Jacob Abbott）笔下的小罗洛（Rollo）就是这样一个人物，他因为“忤逆”而在晚餐时被罚坐在最后排并且只能吃面包。可怜的小罗洛挨罚，正在自我反省，而他的家人正在大快朵颐，这一经历并没有使他真正改变“干活时不负责任的行为”（Abbott，1855；Kaestle，1983）。对于罗洛而言，正是父母的责罚强化了他的固执己见，当然错过美食也让他更加伤心。而读者们也从中体会到了经验教训，“要让罗洛成为一位虔诚的、勤勉有效率的小伙计”，就需要让他从工作中得到成就感才行。

当然，这些作品仅仅代表着这一观念的某些方面，而实践这些观念又是另一回事。几乎没有家长能够像阿尔伯特或者布什内尔所说的那样借鉴别人的经验教训，改善自己的行为，因此，家长的言行大多自相矛盾。其中，布朗大学校长弗朗西斯·韦兰德（Francis Wayland）就是一个生动的案例。他曾撰写了发行甚广的民族政治学教科书。在 1831 年，他曾在当地的一份浸信会报纸上匿名发表了一封关于他儿子赫曼（Heman）的文章（McLoughin，1975/1985）。在文章中，韦兰德记叙了自己的行为，并从宗教立场出发试图证明自己行为的合法性。这是为数不多的能够帮助我们理解美国知识阶层父母养育观的重要史料。

如韦兰德自己所言，这一事件发生在赫曼15个月大的时候。韦兰德自己认为，他的儿子“极其任性”且脾气暴躁。一天早上，韦兰德刚从保姆手中接过小赫曼，他就开始“号啕大哭”。为了让孩子不再这样为所欲为，韦兰德一直抱着孩子，一把扔掉了小赫曼抓在手上的一小片面包，直到他停止哭泣，平静下来后，才把面包递给他，但小赫曼却转身扔掉了面包。韦兰德便决定不再给小赫曼任何吃食，直到他愿意顺从地从父亲那里接过食物为止。在这期间，小赫曼被关了禁闭。这场父子俩意志力的较量持续了近30个小时。

小赫曼被独自关在屋子里，他只能够从父亲手中得到食物。如果小赫曼接过了父亲手中的面包，却不愿意拥抱父亲的话，那么，得到的食物也将被剥夺。在禁闭的第一天，尽管每隔一两个小时韦兰德探视时会对他尽可能地“好言相劝”，但小赫曼非常固执倔强。韦兰德描述道，小伙子“把自己蒙在被子里”，哭得“非常伤心”，但他就是不肯接近或者拥抱父亲。在第二天的傍晚时分，小赫曼才放弃抵抗，这时他已经断食将近两天了。最终，小赫曼“不断亲吻”他的父亲，并“顺从父亲的每一项命令”。

韦兰德坚定地相信自己在这件事上的做法是正确的，也许他认为自己的行为堪称典范，因此他还将这件事记录下来，作为经验留存。在分析他自己的行为时，韦兰德认为，如果他这次放纵孩子，那么“将来全家都得由着他为所欲为”。他也发现，在这件事发生后，小赫曼对其他家庭成员的态度也发生了变化。韦兰德描述道，小赫曼现在变得“温和谦卑”，这让“我们全家的生活都回到了正常的轨道”。韦兰德从这件事中总结出的经验是，“让孩子完全不受拘束地成长才是对孩子最大的不负责”（McLoughlin，1975/1985）。韦兰德认为他的行为既是对小赫曼负责，也是对整个社会负责。他还认为在整个事件的处置过程中，自己并没有使用体罚，对孩子始终好言相劝。

这一事件也反映了清教徒对父母养育之责及儿童成长的一般认识。儿童的自由意志在他们眼中往往意味着一类特殊形态的人性之“恶”，这虽和与生俱来的“原罪”不同，但也不可小觑，因为战胜人性之“恶”事关顺从与礼敬权威等个人品格的形成。在那个年代，许许多多养育儿童的故事与劝诫书都警告家长不能纵容子女挑衅家长，不能纵容他们养成以自我为中心的行事习惯。这些道德规劝的目的是形成儿童的自我控制力以及顺从成年人期望的行为习惯。那些自以为是的儿童长大后往往就只能沉沦于社会底层，成为罔顾社会与宗教律令的危险分子。这样，让儿童养成服从的习惯便成了他们人生长远利益的护身符，成了未来美好社会的期许（Kaestle，1983；Mintz & Kellogg，1988）。而为了避免让“服从”蜕变为“惩罚”或者“胁迫”，关键在于让儿童主动选择“得体”的行为方式。

我们也必须认识到，弗朗西斯·韦兰德并不是一位“典型”的美国式家长。他笃信宗教，是一位习惯于向年轻人发号施令的教育家。他利用进餐的机会来磨炼小赫曼的脾性，当然他对于随之而来的磋磨并没有感同身受的体会。在关于韦兰德的记录发表后，并非所有人都认为这是“好家长”的榜样。在当地有另一份报纸刊载了两份对韦兰德不当行为的批评意见，其中一份指责韦兰德“让婴童挨饿……强制其服从”（McLoughlin，1975/1985）。即便是在 19 世纪，也存在着关于成年人是否应该主导儿童、向儿童灌输成年人意志的争论。如前所述，许多劝诫书都警告不要“磋磨儿童的精神”，要保护好他们的好动天性与好奇心，任其自然发展。但他们也认为让儿童尊重家长、服从家长的命令是正当的（Wishy，1968）。

毫无疑问，尽管小赫曼·韦兰德的父亲在他所描述的事件中行为有些过激，但这一案例代表了一类传统的育儿观。大部分美国人都认同，儿童必须服从成年人，必须在年幼时学会自我控制。正如布什内尔和其他作家所指出的那样，许多美国家长将诸如此类的经验直接转变为实践中的严厉体罚，而这是韦兰德所明确反对的。因此，让儿童学会服从、敬服权威的观念是美国式教育中的关键点。这一点我们也可以从韦兰德的批评者笔下看出，他们大多将韦兰德的行为与学校中教师体罚学生相提并论，这又引发了对另一个问题的争论。毫无疑问，韦兰德自己并不认同这一类比，他一再强调他对待小赫曼的态度是温和的。而且，他的目的也是让小赫曼感受到他的爱。大多教育家都认同这一观点。但批评者们认为，在大多数学校中，成年人的权威是迫使儿童服从的关键，无论这类权威的表现形式如何，它依然代表着权力胁迫（Finkelstein，1989；Hogan，1990）。

马克斯·韦伯等社会学家认为，自我控制力、自觉克制个人情感与欲念，是资本主义发展的关键要素。这也是像韦兰德一般的虔诚的新教徒所认定的现代社会发展之根本。毕竟，一位卓越的资本家不会大手大脚、铺张浪费；他们要不断积累资本，进行再投资，进而推进贸易与文明的繁荣发展。弗朗西斯·韦兰德除了在家中发号施令，还要教导小赫曼，让他学会自我克制，控制欲念，在他今后的人生中从正直的成年人那里获得良好影响。这就是19世纪美国中产阶级家长的育儿经验，也代表着这一时期美国制度化教育的理念。自我控制、自我改善、勤勉工作的道德感，在家庭生活中实现社会化，进而促进了美国教育及国家、社会的进一步发展（Graven，1977；Rodgers，1978）。

扩张的年代

对于美国而言，19世纪是变革的世纪。正是在这一时期，美利坚合众国实现了在北美大陆的疆域扩张。工业化的生根发芽与商品贸易的快速发展促使社会贫富差距急速扩大。单纯从数字上看，美国人口呈几何级数增长，从19世纪早期的530万人增长到20世纪早期的7500万人。说英语的移民在不断西进，建立了一个又一个新的镇和市，并逐渐扩大形成县、州。从政治上看，现代美利坚合众国的版图基本成形，美国成为世界上的大国之一。更重要的是，越来越多的新移民涌入美国，这不断推进着市场网络的发展，并最终促成商业贸易的繁荣。（Brownlee，1979）

在这诸多变革中，工业化的成形并非一蹴而就。工厂生产力的提升离不开成熟的消费者市场。同时，工厂制需要大批的劳动力，并最终形成劳动密集型行业。辽阔的疆域、四散的人口，往往使得劳动力成为稀缺资源。在工业化的早期，美国的城市规模往往很小，大多数人口聚居于乡村。全国范围内交通运输网络的发展就成了工业化必不可少的前提条件之一，它使大规模的货物与人口运输成为可能。铁路、运河与火车成为全国性市场发展的基本工具，这既让商品快速交换成为可能，也使人口快速流动成为可能（Cochran，1981；Taylor，1968）。

交通条件的改善也影响了社会与政治生活。信息随着人口与商品的流动而传播，传播效率也显著增长。政党开始筹谋全国性的政治竞选活动，公众人物也开启了更加广泛的宣传活动。随着公路、运河和铁路网络的快速发展，"美国的"共同利益与"美国的"观念也开始觉醒，而 1812 年的战争所带来的政治辩论与冲突进一步加速了美国凝聚力的形成。关于领土扩张的辩论与关于奴隶制的争论也促成了这一点。一系列共同观念的形成赋予"美国的"这个词语以新的内涵，使之成为清晰的身份认同与民族自豪感的来源。而交通网络的进一步发展加速了这一独特的民族价值观的演变（Sellers，1991）。

基础设施的快速发展为市场经济的起飞奠定了坚实的基础。早已在英国成形的工厂制与市场化，渐渐在美国生根发芽。随着商品运输成本的下降，商品价格也随之下调。从新英格兰的纺织业开始，工业化一路高歌凯进至下一个世纪。在 1820—1860 年，棉纺织业的年产量从不足 1.3 万米增长至 90 多万米。南北战争后，经济发展进一步加速。从 19 世纪 60 年代到 19 世纪末 20 世纪初，制造业的商品总产值迅猛增长，按不变价美元计算的话，从不足 9 亿美元增长至 60 亿美元。虽然纺织业一直是制造业的核心，但其他新产业也在飞速发展，尤其是钢铁制造业、造纸业、石油化工业以及农产品加工业等（Brownlee，1979）。

在整个 19 世纪，制造业在国民生产总值中的占比从不足 5%，发展到将近 50%。这意味着前所未有的经济腾飞。社会人均财富显著增长，这一指标考虑到了儿童的数量。这些变化发展的影响是空前的，它既影响了社会富裕阶层，也影响到了社会底层。同时，它也丰富了每一位美国人的生活，极大丰富了社会消费品的类别，增加了其数量（Dalzell，1987）。可以说，工业化大大提升了美国人的富裕程度和一般生活标准。

但财富的增长也是有代价的。工厂制的兴起意味着许许多多产业工人自主性和独立性的丧失。机器生产取代了手工劳动，也导致个人技术才能的下降。艺徒制——长期以来美国年轻人手艺培训的基本形式，在历史长河中逐渐消失。随着工业产品的大规模发展，成千上万的工人和他们的家庭开始聚居于肮脏的厂区或者工业化的城市之中，居住环境往往十分恶劣。

从19世纪40年代开始，一直到南北战争之后，上百万来自欧洲的移民涌入美国，在快速发展的制造业企业中寻找工作机会。工业化制造了一个新的社会阶层——他们没有任何技能，身无分文，同时也制造了巨大的文化差异性。市和镇的规模越来越大，环境越来越糟糕；即便是乡村，也逐渐为机械化的农场所取代。工业革命改变了美国的面貌，但它并非惠及每一位美国人（Laurie，1997）。

工业、城市和教育

19世纪的经济发展对教育产生了深远的影响，尽管当时的人尚未广泛意识到这一点。学校教育日益成为极为重要的社会事务。对教育的整体投入也在快速增长。据经济史学家阿尔伯特·菲什洛（Albert Fishlow）估计，在1800年前后，美国人一生的平均受教育时间只有210天；到19世纪50年代，这个数字翻了一番；到20世纪初，人均的受教育时间已提升至1050天，达到了2000年统计数据的一半。由于这些数据都是平均数，所以部分儿童的实际受教育年限更长，尤其是富裕家庭的子女，而其他儿童则有可能达不到平均数（Fishlow，1966a）。但不管怎样，这些变革都促使正规教育逐渐成为当下我们熟悉的模样。

除了单纯的教学，学校的职能也开始发生变化。对许多儿童而言，尤其是对城镇中的儿童而言，学校教育成了生活的必要准备，尤其是未来职业的准备。尽管在这一时期，为就业做准备的教育形态不断丰富，但这并不意味着这一时期的学校职能就是要为某一特定职业而培养学生。恰恰相反的是，这一时期的学校教育在培养学生基本的识字、计算能力和教授其他传统学科之外，重点在于培养他们勤勉、负责的观念与习惯。这不仅仅意在为社会培养合格公民，更重要的是要让学生为新兴的工业化社会做好准备，这样的社会有着不同于以前的身份观，且更注重效率。直到19世纪晚期，职业教育才成为社会关注的重点。而在此之前，工业化主要是为教育改革创造了大环境，并提供了一些组织模式。可以说，在工厂制的年代，学校就是要帮助学生为适应“城市—工业”社会秩序做好准备（Nasaw，1979）。

但我们并不由此认为，这一时期工厂制的出现与学校教育存在着直接联系。在许多历史实际情况中，工业化的推进往往导致儿童入学率的下降。企业家为了降低成本，往往会雇佣童工。这使得工厂莫名其妙地成了学校，但儿童在工厂中学习到的经验往往是粗糙的。尽管有些州通过立法要求工厂主为童工提供读、写、算等基本知识技能的教学，但大多数工厂主对此都置之不理。大多数工厂并不招收年幼的儿童，他们往往招收男女青少年。与成年工人相比，年轻人更有力气、更有耐力，而且要求的工资更低。而且对青少年而言，在那些对技术、技能没有要求的工厂里工作，往往比上学更有诱惑力。因此，工业化对学校教育的直接影响是降低了儿童的入学率，尤其对贫困的移民家庭而言，更是如此（Faler，1981；Thernstrom，1964）。

但工厂制的发展的确对学校的其他方面产生了影响。19 世纪的诸多领袖人物大多执迷于大力推进工业化的发展。人们大多认为，工厂就是这一时代的引擎，是“效率”的体现，彰显出“实际”“有用”的时代脉搏。甚至有些人认为，工厂因鼓励技术革新与盈利创造，其本身就代表了一种理想化的社会秩序。一些文明制造业的例子表明，工厂是清洁的，而不是肮脏的；工厂是有助于社会道德提升的，而不是道德败坏者的巢穴。马萨诸塞州的洛厄尔纺织厂就为我们提供了极好的案例，它的劳动力主体是女工，这似乎可以证明工业化本身可以是健康、清洁的。但随着制造业的扩张，随着对劳动力需求的增长，情况开始恶化。当大量贫穷的移民进入劳动力市场时，这些理想化的设想便化为乌有（Dawley，1976；Dublin，1979；Marx，1964）。

还有一些改革者从整体上反对工业化，他们尝试在与世隔绝的乡村社区建设理想化的农业社会。其中最著名的案例就是罗伯特·欧文（Robert Owen）在印第安纳州建立的社会主义公社新哈莫尼（New Harmony）。他们主张同工同酬，并尝试在任务制模式而非学科模式下建立起一套崭新的教育制度，新哈莫尼公社的出现成为对既有社会秩序的挑战。它们对于学校教育的认识是相当激进的。在欧洲教育学理论基础上，欧文和他的追随者们激烈地批评既有的教育机制。他们主张儿童应在贸易交往中得到训练，“做中学”“在发现中学”等进步主义的理念成为新哈莫尼公社的亮点。遗憾的是，欧文的理想主义情结并没有成为公社成功的保障，反而加速了它在尖锐的矛盾冲突中的破产。虽然其他的类似公社实验存续期更长一些，但他们对大规模的社会改革或教育制度变革几乎没有产生任何影响（Kaestle，1983；Tyler，1962；Wilson，1967）。

虽然欧文和其他批评家提出了许多尖锐的问题，但当时的大部分教育家依然相信工业化代表着未来发展的前景。正如历史学家戴维·泰亚克（David Tyack）所言："工厂中的劳动分工、铁路交通中的按时准点、现代商业中的供需链条与合作精神……都激起了人们对制度化学校的向往。"（Tyack，1974，p.28）对于许多改革家而言，他们与大多中产阶级和社会中上层观察家一样，认为制造业是理性、效率和速度的结晶，要求工人们尊重社会对产品的需求，去提升产量，遵守秩序，脚踏实地地在工厂中解决问题。换句话说，制造业要求的是自律与奉献，以及服从权威。这些要求正好迎合了早期学校改革中的保守主义价值观。他们为儿童设计了共同的目标，有些人甚至宣称学校的职责就是要让学生做好成为产业工人的准备。因此，即便是工厂主迫使儿童辍学工作，许多教育家仍将工业化视为学校教育的标杆。"工业化"成了未来社会秩序的代名词（Kasson，1999；Pollard，1965；Vinovskis，1970）。

如前所述，工业革命带来了飞速的城市化。历史学家理查德·霍夫施塔特（Richard Hofstadter，1955b）曾言，美国生于乡村，却背井离乡走向城市化。在许多时候，的确如此，尤其是19世纪。在1800年，只有不到2%的美国人生活在城镇中；到19世纪末，这个比例已经上升到40%。作为商业贸易要塞的城市虽然已在早些时候发展起来，但城市的快速繁荣则完全得益于工业化的发展。有些城市成了制造业的中心，而有些城市成了贸易与运输的枢纽。新型的城市工业经济从乡村和大西洋彼岸吸引来了上百万产业工人，这也进一步推动了前所未有的城市化。随着工业化对劳动力需求的快速增长，移民蜂拥而至（Pred，1966；Sharpless，1977）。

工业化的社会影响力在大城市中尤为突出。它们的人口规模急速扩张。在1800年的时候，纽约市的人口尚不足5万人，但到了1860年前后，纽约市的人口规模已经超过了100万人，一跃成为美国最大的城市。其他诸如波士顿、费城、匹兹堡、辛辛那提等城市，以及南部和西部沿岸的港口城市，也快速发展起来。随着移民浪潮的来临，这些地区的社会与文化差异性也显著增加（Blumin，1976；Chudacoff，1975；Ward，1975）。

随着城市的发展，社会问题催生了一系列崭新的社会机制。收容所、避难所、警察局、监狱等相继出现。穷困潦倒与食不果腹引发的犯罪与社会冲突，以及巨大的文化差异性，都要求城市制定新的应对策略。教育也因此被提上了议事日程。尽管学校并非一项崭新的社会制度安排，但此时的学校被赋予了新的社会功能。在 1828 年发生的一次市议会请愿活动中，纽约的城市领导者宣称，更好的学校必将降低犯罪率。在他们眼中，学校是维护社会稳定、降低犯罪率的关键因素。类似观点也在其他城市中涌现。对于这些人而言，学校教育被视为一类集体规训机制，它能有效防止青少年失范行为的发生。由于贫困加剧，犯罪频发，大城市也就越来越重视教育。这孕育了学校教育的变革，尤其是催生了新的教育职能：维持社会的有序与可控（Boyer，1978；Mohl，1971；Schultz，1973）。

在早期诸多得到公共支持的学校中，慈善学校是一类非教会的社会机构，它是专门为贫困儿童设置的，例如纽约非裔美国人免费学校（New York African Free School）等。这些机构的教学目标就是传授基本社会行为规范，识字扫盲，以及传授其他基本知识。在市政精英的推动下，诸如奴隶解放协会等机构也开始发展起来，它们一开始规模都比较小，后来逐渐成了当地的公共权力核心。到 19 世纪中期，绝大部分大城市中都已出现了公共学校系统的雏形，其中有许多公共学校最初都是私立的慈善教育机构。由于新英格兰式的传统，波士顿很早就出现了健全的公共学校，但纽约和费城直到 19 世纪早期才出现大规模的公共学校系统（Boyer，1978；Kaestle，1973a）。其他城市也纷纷效法。这些地区的教育家们往往互相借鉴，这便造就了公共学校同构的早期表现形式。教育制度以此模式发展起来，这便成了现代教育制度的起点（Kaestile，1973a）。

正是在这些大城市中发生了最早的教学机构制度化改革：兰卡斯特制。约瑟夫·兰卡斯特（Joseph Lancaster）是一位英国教师，他开发了这套高效且廉价的学校组织形式。通过任用高年级学生担任“导生”，即助教，由一位教师来教授大量的适龄儿童成为可能。由于这些“导生”所掌握的知识并不比他的同伴多，所以，这种教学模式绝大多数情况下是以听写的方式进行的：由“导生”来朗读单词、短语或者数字，要求其他学生依葫芦画瓢地书写或者模仿操作。同时，当其他学生在背诵时，“导生”也要负责监督核对（Kaestle，1973b）。

为了保证这些教学方法的实施，兰卡斯特制对纪律和秩序有着严格的要求。因此，“导生”往往仅扮演着默默无闻的传声机的角色，协助教师检查背诵和默写作业。当学生学业进步时，他们能收到奖牌或者其他小奖励，这带来了兰卡斯特制学校中的学习竞争，而同伴之间的互相检查也进一步提升了学习的内聚力，促进了错误的改正。在兰卡斯特制学校中，学生们被分成若干个班级，并由“导生”协助监督管理，这样，仅需要一位成年人就可以管理上百人的年龄差距较大的学生群体。因此，兰卡斯特制学校是适应快速城市化的教育制度，它也大大降低了慈善学校的办学成本。

兰卡斯特制很好地满足了工业化时代的需求。它高度有序、有效，日常的学习组织生活高度结构化，学习目标明确，这使其成为教育系统中工厂制的对照物。它深受当时改革家们的欢迎，被认为是适合社会底层的教育制度。它让学生非常适应日常学习中的背诵、复述和操作实习，让他们为将来工厂中的那些重复性劳动和劳动纪律管束做好准备。学校也教会了学生守时和敬畏权威，这些品质被认为是非常重要的，因为在他们中几乎没有人会成为具有独立思维能力的艺术家。如果说工厂制与工业化的城市开启了一个新的时代的话，那么，兰卡斯特制学校则是适应未来发展的学校（Hogan，1989，1992；Mohl，1971）。

兰卡斯特制在许多城市如雨后春笋般出现，其中包括纽约市、波士顿、费城、巴尔的摩、匹兹堡和辛辛那提。它还在欧洲和拉丁美洲有所发展。在美国，大部分兰卡斯特制学校是由慈善家开办的，其目的就在于教化贫困儿童，减少犯罪。纽约免费学校协会（The New York Free School Society）就是这样一个组织，它在1805年获得特许状，并接受纽约解放奴隶协会的领导。纽约解放奴隶协会从一开始就采用了兰卡斯特制，并借助这一组织形式开始了宣传活动。大约五年后，纽约解放奴隶协会聘请了一位英语教师——查尔斯·安德鲁（Charles Andrews），开始在非裔美国人免费学校中实施兰卡斯特教学法。这一举措促成了兰卡斯特制与各类型学校的互补与结合，促成了兰卡斯特制在全社会范围的体系化（Kaestle，1973b；Rury，1983）。它代表了早期的规范同构：在教育体系中采用某一类教学方式，并为其培养专职教师，积极促成新的社会背景下的适应与调整。兰卡斯特制学校成了城市教育的象征，为地方教育机构设定了标准。

兰卡斯特制学校在 19 世纪早期得以快速发展。当 1818 年约瑟夫·兰卡斯特来到美国的时候，他受到了热烈的欢迎，并应邀前往国会演讲。1838 年，当兰卡斯特本人再次应邀访问纽约时，他的马车受惊引发了交通事故，他本人不幸罹难，但也正是此时，兰卡斯特制发展到了巅峰状态。在 19 世纪中期，兰卡斯特制开始受到批评，并很快进入衰落期。新一代的教育家反对由“导生”制所带来的严格的纪律与学习竞争。即便如此，当兰卡斯特制已成明日黄花，对于大城市的学校而言，秩序与规范依然是至关重要的。当新一代的社会贫困人口的子女和难以管教的青少年涌入城市学校的课堂时，即便教学方法在不断变化，城市教育的目标依然如故（Boyer，1978；Kaestle，1983）。

慈善机构举办的学校往往是初等学校，而在 19 世纪，中等教育，即高中，也获得了大发展。它们在城市中纷纷出现，在这里有许多适龄学生需要接受更进一步的教育。在殖民地时期，波士顿拉丁学校是最早出现的中等教育机构，它的成立时间要早于哈佛学院近十年，尽管当时衔接初等学校和学院的“中等教育”这一概念尚不存在。公立高中也是晚近才出现的教育机构。由于家庭教师和学园的职能是为年轻人接受高等教育做准备，而在社会中的各项职业并不要求年轻人接受这些训练，所以直到独立战争之后，人们才开始关注中等教育的问题。而随着各类中等教育组织的出现，中等教育就超越了初等教育，成了人们重点关注的教育类型。波士顿第一所英语高中（这是一类不同于拉丁学校或学园的教育组织）成立于 1821 年。起初，公立中等教育机构的职能纷繁复杂。尽管一开始入学率很低，但这些机构在数十年的发展后成了美国重要的教育机构之一（Reese，1995）。中等教育的发展我们也将在后续章节中讨论。

在这一时期，最重要的教育改革领域当数公共学校。这是一类初等教育机构，是 19 世纪教育改革的标志物。城市化与经济发展促成了公共学校改革，并使其不断扩张。但工业化与城市化也催生了各类社会机制，从而进一步推动经济发展与社会分化。其中就包括设立一些公共机构，来负责修建与维护公共交通网络、自然资源管理与工业废弃物排放，以及管理监狱、救济所等。所有的这些社会机制都得到了当时对社会政治格局具有重要影响力的社会中产阶级改革家的支持（Boyer，1978）。

学校改革超越城际的扩张发展也得到了政党政治的支持，尤其是那些主张通过社会机构改革来促进国家发展的改革派的支持。19世纪早期见证了社会政治的快速繁荣。尽管当时仅有白人成年男性可以参与政治生活，但到19世纪30年代，普选权得以实现。这些社会变化使得政治成了日常生活的重要方面。因此，改革家们也往往通过政党政治来施加他们的社会影响力。一般而言，这些改革家往往属于辉格党，后来又属于共和党。这一群体也成了公共学校运动的重要推动者。他们得到了工人阶级政党和城市中早期劳联工会的支持，长期以来不断宣传免费公共学校的重要意义。在当时，绝大部分的改革家都属于中产阶级，他们更加认同、追求塑造一种完美的共和主义社会秩序。我们因此也可以将他们视为现代化的先锋，正是他们的努力，塑造了现在我们非常熟悉的诸多社会机制。但当他们在19世纪早期遭遇这些问题的时候，他们要面对的却是重重社会阻碍。尽管他们怀抱美好的社会理想，但要建构起一个同质化的、标准化的教育体系，仍有着巨大的不确定性（Kaestle，1983；Kaestle & Vinovskis，1980）。

迟缓的革命：乡村中的教育

并非所有人都认为学校应该改革，或者说，并非所有人都赞同必须设立新的教育机构。在整个19世纪，工业主义与改革家的努力也不断遭遇阻力。尽管城市快速发展起来，但绝大部分人口依然居住在乡村，过着农耕生活，他们基本上感受不到社会巨变所带来的冲击力。因此，许多人对工业化所带来变化是反感的。历史学家查尔斯·塞勒斯（Charles Sellers）将19世纪美国的这种大分裂称为“维持型社会”（subsistence society），认为它们往往游离于快速发展的国民经济体系之外（Sellers，1991）。

虽然小型的农耕社区难逃被庞大的工业化经济体吞并的厄运，但它们起初往往是自给自足的。农耕社区的居民对工业化所带来的城市化，以及国家“改良”的制度建构，往往持怀疑态度。他们更愿意维持一种低税收的传统生活方式。虽然他们不反对教育，但他们也不积极主张设立新的教育机构，这便成了社会矛盾的根源。从整体上看，这一矛盾实际上是一类社会控制问题：教育究竟是社会与经济发展的助推器，还是个体家庭与地方当局的权利？对于小型社区而言，学校往往折射出对扫盲和清教主义价值观的偏爱。而改革家们则试图进一步改进学校，要求学校承担更多的社会职能（Cremin，1951；Graham，1974；Sellers，1991）。

这一矛盾的解决必然带来巨大的不确定性，围绕这一冲突所展开的论争也往往非常焦灼。和今天相比，在当时，学校教育还不是人们生活成长的必经阶段，教育证书在那时尚不重要。当时美国对教育的经济投入在经济总量中的占比，尽管比其他国家要高，但远远低于今天的水平（Goldin，2001；Solomon，1970）。因此，可以说，在这个时期教育尚未成为公众关注的焦点。而随着改革家们不断主张扩大学校规模，强化学校教育的重要性，以及加大教育投入，学校便成了一个充满争议的社会话题。从整体上看，对于学校的批评意见主要集中于学校的扩张与改革，批评者往往认为，学校改革是不重要的，不是必需品。改革事项都是非常具体的，比如延长学制、扩建校舍、举办州一级的教学水平测验等。这些改革措施的整体实施并非一蹴而就。但在其不断推进的过程中，时不时就会遭遇严厉的批评。因此，学校的改革是缓慢的，它的每一步推进都会带来各式各样的争论。在社会上，还有一大批人对学校改革漠不关心，他们大多囿于琐碎的日常生活，不关心任何公共机构的改革（Larkin，1988；Lasch，1991）。

在围绕着学校改革的诸多辩论中，最富争议的话题毫无意外地围绕着征收地方财产税用于兴办学校。在许多地区，长期以来形成的习惯性做法是由家长来筹集学校基金用于子女的教育，也就是说，由那些志愿募集经费的家庭来共同维持当地的学校教育。贫困儿童往往可以免费入学，但会被贴上"受施舍"的标签。改革家们指出，财产税能够为儿童教育提供更加稳固的经济基础，也使得那些极贫困家庭的儿童能够安心上学，而不被"标签化"。诸如此类的主张在当时遭到了尖锐的批评。在 1849 年，纽约州的一项主张征收财产税的立法就曾被指责为"在不征求 A 的同意的情况下，将 A 的财产用于支付 B 的福利，这是违宪的行为，是权力的滥用，是社会的不公正"。在美国其他地区也有类似的发声。纽约州的立法草案在不到一年的时间内就遭到否决，这一事件也反映出当时教育改革的困境。社会批评家为乡村学区与学校教育中的不公平现象惋惜，他们认为积极努力地说服选民支持完善地方教育机构，应成为眼下最重要的事务（Binder，1974；Kaestle，1983，p.150）。

当然，在19世纪早期，在教育领域尚有太多需要改进的方面。自殖民地时期以来，许多乡村地区的学校并没有发生太大的变化。它们大多彼此隔绝，规模较小，学时较短，而其中的巡回教师也基本没有受过专业训练。但乡村学校在当时是非常普遍的，至少在南部以外的美国各地是这样。一所典型的乡村学区学校覆盖的范围一般是周边5—10平方千米，孩子们大多可以步行上学，它所服务的人口数一般为20—50户。到19世纪30年代，它们已经在全国各地星罗棋布，尤其是在东北部，承担了上百万儿童的教育任务。在19世纪20年代之前，乡村学校的入学率是很高的，9—13岁的适龄儿童中有70%在乡村学校上学。显而易见，美国人是非常重视正规教育的，美国的入学率也要远远高于其他国家。在1830年前后，只有德国的入学率稍高于美国；到19世纪80年代，美国的入学率已经遥遥领先于世界其他国家了。女童的入学率也与男童保持同步增长，尤其是在东北部，以及中西部的上部地区，这也是美国教育的另一个显著特征（Fishlow，1966b；Larkin，1988；Vinovskis，1972）。

但美国教育也存在着巨大的地区差异，在南部各州，入学率非常低，那里工业化的发展也相对缓慢。而公共学校在南部各州的发展也极其缓慢，尤其是在种植园经济盛行的各个地区。从整体上看，富裕的种植园主控制了美国南部各州，他们对教育并不感兴趣。他们要么在家聘请家庭教师教育自己的子女，要么将子女送到私立学校上学，并不认为教育其他人的子女是必须做的。相反，他们更希望维持低工资和低税收，维持传统的阶级特权。更重要的是，他们担心当奴隶们都受了教育、有了文化之后，会产生不安全的隐患。1831年奈特·特纳（Nat Turner）起义就证明了那些受过教育的奴隶有可能煽动各类奴隶起义，因此，美国南部所有的黑人都被禁止受教育。由于财富和社会等级上的尖锐矛盾与巨大差异，在南部围绕学校教育问题或者教育改革问题很难达成共识。尽管有一小部分改革先锋在不断努力，但南部对公共教育的投入依然是微乎其微。因此，在整个南部地区，社会整体识字率很低；当然，种植园主的子女除外，他们有时候受教育的程度甚至要高于北部社会上层的子女（Kaestle，1983；Rury，2006）。

在其他地区，学校教育越来越受欢迎，尤其是在北部各州，到 19 世纪 40 年代适龄儿童的入学率已经超过了 90%。即便有着高入学率，我们也不能判定大部分学生是在学区学校里受教育。正规教育的具体情况在各地有着显著的差异。有些地区的居民非常重视教育问题，而有些地区的居民则不以为然。学校学时的长短和校舍的环境也千差万别，甚至有些地区的学生都不能保证每天准时上学。这些差异性都是改革家们要面对的棘手问题。问题并不在于要说服人们送孩子上学，而是要改善教育环境，提升教育设施的质量（Rury，1988b）。

如果我们按照今天的标准来看的话，那么乡村公共学校的效率是很低的。它们更加关注的是让孩子在家受教育或者在教会受教育。家庭和学校是当地居民生活中另外两种重要的社会机构。尽管学校毫无疑问有助于提升识字率，但学校教育时时刻刻表露出清教主义家庭的价值观。阅读与写作对那些非常虔诚的家庭而言，是至关重要的，因为这是将来成为牧师或者过好一生所需要的最重要的素质。因此，大部分乡村地区的儿童在上学之前，在他们的家庭生活和教会活动中就已经开始学习阅读了。这便是早期教育中文化资本与社会资本的表达。阅读小技巧的获得也成为一类在家庭和当地社区生活中习得的行为规范，这一点在北部地区尤其突出。这一点也在教会这一核心社区机构的活动中得以强化。而学校不仅要教授算术和基本的计算法则，还要讲授历史、地理和“道德哲学”（Fuller，1982；Gilmore-Lehne，1989；Soltow & Stevens，1981）。

上述教育活动的收获完全取决于家长对子女教育的态度。他们采用的主要教学方式就是背诵，要求学生能够复述指定文本的段落。学校也会采用一些竞赛或者游戏来激发学习兴趣，例如拼字竞赛或者计算比赛，进而让学习不那么乏味，同时提供学习奖励。在社区每周的例行集会上也会有类似的知识竞赛，例如，故事会用于讲授历史地理故事与经验传承。但在这些地区，先进的教学方式是匮乏的，大部分教师本身也仅仅学过一些基础的学校科目。另外，教学的连贯性是很有限的，因为教师的流动性太大，一位教师基本不可能在一所学校待超过两年的时间。一般而言，学校也是不分年级的，这意味着同一间教室中有各个年龄段的学生。教室的通风情况差，学校住宿环境也相当简陋。除此之外，这一时期的学校教育非常重视纪律，规训的手段也往往伴随着体罚（Finkelstein，1989；Gulliford，1991；Kaestle，1983）。

简言之，当时的学校教育是枯燥的，教学内容不断重复，教学环境让人难以忍受，教室中充斥着各种矛盾，学校教学也缺乏持续性智力激发的意识。如果不是家长一再坚持支持这类教育机构，那么仅凭儿童是无法忍受这些的。家长对学校的关注也得到了其他那些在教堂活动或社区集会活动中关注儿童的成年人的普遍支持。这些人际关系网络的获得支撑了当地教育的发展。简言之，乡村学校的成功依靠的是学生所拥有的社会与文化资本，这在很大程度上取决于他们生活的家庭与社区。掌握基本的读、写、算能力的必要性在当地是有广泛共识的，而社会生活的方方面面也在不断强化学校的职责。学校被视为社会化的重要机制，尤其是移民儿童更需要学习基本行为规范，达到社会对他们的要求。但即便是这一目标，也有赖于家长和其他成年人的认可。考虑到当时社区居民决策的随意性，如果不是社区的坚定支持，那么 19 世纪的乡村学校也很难延续（Brown，1989；Cohen，1982；Gilmore-Lehne，1989；Rury，2006）。

在美国大部分地区，尤其是在北部，乡村学校的改革模式是非常相似的。那些代表着城市化和市场化的社会改革家主张建立起一套有稳定教学水平、讲授公共道德知识与规训的社会机制。一些历史学家认为，正是商业化的农民和地方商旅，即那些与国家经济体联系最紧密的人，领导了乡村地区的社会变革。这些改革措施与他们的行动纲领相一致，使得他们能够担得起改革的成本。他们也受到了一些持有相似观点的教育家的影响，希望改进教学方法，并且能够更加人性化地对待儿童。但这些观念的前提依然是教育能成就更多有教养、有道德的社会公民。这对于那些认定自己的子女不可能再当农民并希望他们快速适应工业化社会的家长而言，毫无疑问是有吸引力的。有些人甚至认为，加大对学校的投入能够使所在社区更具吸引力，使得社区地产增值。正如历史学家南希·毕迪（Nancy Beadie）所言，教育有时被视为促进经济发展的关键性要素。对于许多地方学区而言，诸如此类的观点为他们打开了改革的大门，社区居民也积极参与到这些改革之中，共同促进了社会资本的增长。通过这些方法，学校的领袖们积极致力于培育更加完善的教育体系。尽管当时的改革家往往太过理想主义，甚至怀抱救世主般的情结，但他们的改革措施带来了深刻的实践变革（Kaestle，1983；Parkerson & Parkerson，1998）。

对于这一时期的改革家而言，建构一套完整的、统一的教育制度并使其能够突破地方主义的局限，拓展至全国各地，是至关重要的。即便是在乡村，对于统一的学校教育的宣传也往往与工业生产相似。从这个意义上看，这些措施都在不断强化着同质性，在全国各地都出现了相似的改革措施，这使得各地的学校越来越雷同。从改善教育的角度来看，许多改革家的确受到了工业化的影响。毕竟，工厂制所要求的生产道德在于不断改进、提升产品质量。不仅产品的生产需要更高的效率，而且产品本身也需要更好的包装、功能和稳定性。这要求生产线多方面综合改进，也要求技术持续进步。这也成了教育改革家们用于改善、改造教育制度的基本逻辑（Hogan，1990）。

从这个意义上看，工业化本身成了影响教育制度的典范，成了教育制度类比的对象。制造业的影响随处可见，这远远突破了城市的范畴。它们将乡村整合进这一庞大的产品制造市场，也将人们的生活质量提升到了之前无法想象的程度。随着全国范围内交通运输网络的快速形成，工业化所向披靡。改革家对学校提出了同样的要求：它们要联合乡村，要塑造国民身份认同，更要持续不断地实现代际的传承与完善（Cowan，1997；Kaestle，1983）。

对于许多生活在乡村的家庭而言，将学校与家庭紧密联系起来，使得社会对于改革的抵制也变得微乎其微。当时的美国依然是农业型社会，许多人认为城市改革对于他们而言是遥远的星辰。从他们的角度来看，既有的学校制度已然足矣，不需要改革，更何况有些改革措施还有可能危及既有的学校制度。在许多地区，家庭为子女上学付学费的传统已然延续数十年（Beadie，2008）。但改革的逻辑却是不容置疑的。越来越多的人要求改革，例如减免学费等，这些诉求都呼应了改革家的意图。在他们的观念中，教育将不可避免地受到社会与制度变革的影响，免费学校也必然与教育普及直接联系起来。尽管当时尚存诸多关于这些观点的争论，但历史最终证明，抵制改革必将受挫。

公共学校改革

1830—1860 年是美国教育史上学校改革的第一个重要阶段。它标志着美国统一的、面向大众的公共教育的开端。公共教育大多由各州管辖，并在全国范围内快速铺开。美国花了近一个世纪才真正完成这一制度的建构，但 19 世纪上半期的历史意义在于培养了南北战争之后的一整代教育改革家。受到实现"山巅之城"的清教主义使命感与促进国家完善的共和主义精神的感召，这一代改革家将学校视为解决社会问题的灵丹妙药。虽然每一位改革家的具体观念不同，但他们都不约而同地书写着现代教育的神话。

要想理解这一代改革家的动机，我们需要了解他们所看到的问题。如前所述，他们为教育的地方主义带来的多样性所困。同时，他们还面临着师资培养的困境，乡村学校还有学时短以及书本、取暖设施等物资短缺的问题。他们希望建构起一套具备稳定的师资培养标准、统一的长学期、较充裕的书本纸张以及其他物资补给的学校制度。他们担心，如若不然，学校将无法满足工业化、城市化的时代需求。同时，他们还十分关注美国社会持续增长的多样性，以及由共同价值观与身份认同缺失所带来的社会冲突。为此，学校改革家们积极呼吁在全国范围内实现公共教育。基于此，历史学家也将南北战争之前的数十年称为"公共学校时代"（Binder，1974；Cremin，1951）。

最著名的公共学校改革家当数贺拉斯·曼（Horace Mann），他曾是一名极为敬业的律师和州议员。1837 年他就任新设立的马萨诸塞州教育委员会秘书一职。其他各州的改革家们也在积极努力，他们中大多数人都与贺拉斯·曼一样既有真知灼见，又积极活跃。俄亥俄州的卡尔文·斯托（Calvin Stowe）就是其中一位极有影响力的人物，他也是著名作家哈丽雅特·比彻·斯托（Harriet Beecher Stowe）的丈夫。这些改革家都以极大的工作热情完成他们的使命（Hagedorn，2013）。贺拉斯·曼的薪水极其微薄，他在没有任何资金支持的情况下在马萨诸塞州境内巡回演说，呼吁支持学校。他的演说涉及诸多主题，其中有许多议题至今尚存争议，这些问题也都成就了现代教育制度的基本要素。他所发表的年度报告在州内广泛发行，成了教育改革最具影响力的文件。全国各地其他改革家也都受到了贺拉斯·曼的影响，并以他为标杆（Curti，1959；Messerli，1972）。这也代表了一类改革的同质化、本质的相似性以及各州之间普遍的信息网络建构的过程。

在我们观察当时的这些改革措施的时候，可以发现，贺拉斯·曼所关注的问题是当时社会现实的缩影。在贺拉斯·曼职业生涯的早期，他曾目睹波士顿穷凶极恶的暴徒在反爱尔兰浪潮中对天主教孤儿的袭击。在他所生活的年代，社会中的偏执与不宽容随处可见。教派主义与文化冲突危及美国各类社会机制，当然也包括以民主选举为理想形态的共和政府。这也成就了公共学校理念的源头——要让来自不同社会背景、不同宗教派别的儿童共同学习，这对于他们的未来至关重要。贺拉斯·曼主张学校应采纳无教派的形式，这使他遭到了加尔文宗的诋毁，他们认为如果学校中没有宗教崇拜，那必然是有违道德律令的。天主教徒也反对学校的无宗教化，他们认为如果一所学校不为天主教所有，那它就必将为清教所有。这些问题引发了无休止的论战，而贺拉斯·曼最终成功地将公共学校与教会分隔开。此后，贺拉斯·曼提出应建立起由公共资金支持的学校，用于教育拥有不同宗教信仰和来自不同文化背景的儿童。而这也成了“公共学校”这一理念的核心原则（Binder，1974；Messerli，1972；Welter，1962）。

如前所述，这些关键的教育理念并没有带来入学人数的增加。而贺拉斯·曼与追随他的其他改革家也将工作的重心放在其他方面。除了无教派化外，他们还呼吁延长学期，认为在乡村地区应将学期延长至 8—9 个月，而不是仅仅 4—5 个月。他们强调师资培养的体系化与规范化，通过提升教学水平来帮助教育者建构自我的专业身份认同。尤其是，贺拉斯·曼成功说服了州议会于 1838 年建立起全国第一所教师培训学校，史称“师范学校”——借用了法语中的“师范”（normale）一词。在接下来的数年间，诸如此类的学校纷纷出现，为全国的各类学校培养了一大批受过专门训练的教师（Curti，1959；Herbst，1989；Kaestle，1983）。

这诸多改革措施都需要经费的支持。贺拉斯·曼的大部分精力用于游说不同的政治集团与社会团体，让他们意识到公共教育的重要性。由于当时的学校完全是由地方学区负责管辖与资助的，因此，贺拉斯·曼的改革战略并无施展之处。他与其他改革者绝大部分的贡献都在于教育观念的更新，这些观念也成了现代公共教育的核心概念。地方的学校领袖们接受了改革的观念，贺拉斯·曼也说服了州议会通过立法来延长学时，强化师资培训，但这些做法依然遭到了不同政党的抵制。在资金匮乏与奖惩措施缺位的情况下，这些教育主张的实际影响力微乎其微。贺拉斯·曼与其他改革者呼吁将税收用于资助学校。但这一主张同样遭到了抵制，如那些无子女家庭就反对学校税，他们认为自己并没有直接从学校教育中获利。但贺拉斯·曼指出，学校教育是一项公共事业，无论个人情况如何，支持公共事业是每一位社会成员的责任。改革者还成功地革除了教育不动产税和由学区学校临时征收的各种附加学费。公共教育必须对所有人免费，必须向所有人开放。这些都是值得珍视的——同时也是昂贵的——教育理念，长期以来引发了诸多讨论。如前所述，学校改革是一个缓慢而又艰难的历史过程（Cremin，1951；McCluskey，1958；Welter，1962）。

但贺拉斯·曼是一位机敏的改革家。他意识到改革的最大阻力，并且集中了所有的力量去应对这些问题。特别是，贺拉斯·曼意识到富裕阶层并不愿意将子女送入公共学校上学，在他们眼中公共学校与慈善机构无异。因此，贺拉斯·曼花了大量的精力去游说富裕阶层的市民，以及那些没有子女的市民，让他们意识到支持公共教育是符合他们既得利益的。他从城市慈善学校的办学中受到启发，指出道德教育是普及教育最重要的环节，并强调取缔教派主义教学的重要性。他坚持，公共教育能够培养良好的道德习惯，形成对尊重私人财产和勤勉工作的共识，还能够预防犯罪（Hogan，1990；Messerli，1972）。

除了道德教育，贺拉斯·曼还指出，受教育能够提高工人的工作效率，学校教育能够助力提升工业产品的价值。1842 年，在他的第五份年度报告中，贺拉斯·曼指出，企业家更青睐受过教育的工人，因为他们更加勤勉、更加守时。除此之外，贺拉斯·曼还指出，学校教育有助于弥合富裕阶层与劳工阶层之间的巨大鸿沟，能够促进社会既有身份认同中和谐关系的生成。贺拉斯·曼常常运用工业化的隐喻，指出教育就是社会机器中的“摆轮”（balance wheels），能够有效控制社会不公平现象，防止其走向自毁的深渊。而这一理念也成了公共学校传统的基石（Curti，1959；Vinovskis，1970）。

贺拉斯·曼在游说过程中，并没有简单地罗列他的政治诉求或者经费上的要求。他只是不厌其烦地向大家灌输教育是解决社会问题的良药、教育有助于文明的自我完善等观点。他的年度报告的发行量与阅读量都很大。这也是促成全国各地的教育制度发展同质化的另一个重要因素。在 19 世纪 40 年代中期，他访问欧洲并考察了当地的国民教育制度，回国后完成了相应的学校调查报告。在普鲁士，他意识到由国家管理的教育机构有着统一的教学标准，教师训练有素，教学材料与实践都更加贴合儿童的需求。贺拉斯·曼的描述引起了人们对于其他国家教育制度的关注，尤其是对普鲁士的学校。最终，这进一步促进了教育改革。教育的完善与民族自豪感息息相关，美国的学校也必须与其他国家比肩（Binder，1974；Kaestle，1983）。

贺拉斯·曼非常重视女性教育，他积极推崇“国民之母”式的教育理论。他在那个年代，并不认为女性应该接受与男性相同的教育，也不认为女性应该立志承担男性的角色。但贺拉斯·曼认为，女性在教育系统中扮演着非常特殊的角色——教师。贺拉斯·曼认为，女性天生就是教师，因为女性更有耐心，更加热情，这些都是教师所必备的品质，尤其对于幼儿教育来说。女教师的工资低于男教师，即便是那些受过专业训练的女性教师。这将有助于降低教育改革的成本。因此，聘用女教师不仅有助于提升教育质量，还可以节省教育开支（Bernard & Vinvoskis，1977；Brown，1996；Rury & Harper，1986）。

当贺拉斯·曼开始在马萨诸塞州游说时，女教师已经活跃于马萨诸塞州各地数十年了，因此对于当地而言，这些观念并非标新立异。当然，从这个意义上看，这也是贺拉斯·曼推行和宣传教育改革最成功的案例。他富有激情的演讲打动了其他地区的校长们，使他们愿意聘用女教师，这在城市尤为显著。在 19 世纪下半期，全国教师职业迅速女性化，尤其是在北部各州，那里公共学校快速发展。这便是社会变革的重要方面，它在重塑社会分工的同时，为女性开启了崭新的职业通道。一些历史学家甚至认为，教师职业就是女性的专属职业，这些观点也进一步推动了教师职业的女性化。因此，公共学校改革在美国教育中留下了浓墨重彩的一笔。到 20 世纪早期，美国绝大部分教师都由女性担任。这一现象维持了近一个世纪

（Perlmann & Margo，2001；Rury，1989；Vinovskis & Bernard，1978）。

亨利·巴纳德（Henry Barnard）是与贺拉斯·曼同时期的另一位著名改革家，他活跃于康涅狄格州和罗得岛州，与贺拉斯·曼持有相似的教育观，但他并没有像贺拉斯·曼那样建立起州教育系统。巴纳德从事编辑职业，也是一位学者，1867 年就任美利坚合众国首任教育署署长。但由于支持改革的政治势力此消彼长，巴纳德的事业也常常面临不确定性。其他的改革人物也有着相似的经历。例如，密歇根州的约翰·皮尔斯（John Pierce）与卡尔文·斯托，他们俩致力于提升中西部公共学校的质量。当然，还有其他许许多多的改革先锋，不断宣传和推进着他们的改革事业。他们既是社会机制的设计师，又广泛参与着社会机制的再创造，以期通过教育实现美国文化的完善（Curti，1959；Lannie，1974；Soltow & Stevens，1981；Warren，1974）。

公共学校运动的改革家大多持有相似的人生观与学习观，这些观念也持续不断地促进公共学校改革的坚定步伐。历史学家卡尔·卡斯特尔系统地总结了这些观念，并称之为公共学校改革的意识形态。这些观念大多与他们人生成长中的清教主义世界观以及基于其文化背景生成的道德优越感直接联系。弗朗西斯·韦兰德就是这样一位清教主义教育家，他的人性观清晰地反映出这一点。绝大多数的学校领袖都对美国共和主义政体有着相似的期待，他们认为这一定是前所未有的政治尝试。他们坚信个人的良好品格是推动社会进步的关键。他们中许多人认为，公民道德的沦丧必将带来社会的没落，因此适宜的道德教育是国家发展的核心要素。个人的勤勉与自律，与私有财产一样，是道德发展的关键。这便是与资本主义社会秩序相匹配的意识形态，公共学校也由此成了鼓吹私有制道德观的号手。人们大多认为，在社会劳动分工中，女性应该主要承担受尊重但又有限度的家庭角色，但有色人种的女性则被要求承担繁重的体力劳动。人们大多相信通过教育能够完成美国精神的统一（Hogan，1990；Kaestle，1983，Chapter 5）。

这些便是 19 世纪的社会观，而承载这些观念的社会主体是白人中产阶级清教徒，由此形成了美国文化的核心。那些不认同这些价值观的群体，例如天主教徒、移民、黑人或者其他有色人种，以及女性主义者，便被认为是不符合社会道德观的，他们也成了公共学校要面对的问题。这最终形成了不同的独立学校形式。而那些接受了公共学校理念的教育机构则成了白人的专属学校。它们有着受公共学校运动所影响的明确而独特的价值观与教育目标——以狭义上的意识形态方式来定义并统一美国文化，通过普及教育来完成这一理念的传递（Brown，1996；Lannie，1968；Welter，1962）。

但公共学校改革的成功并非基于改革家的不懈努力，也不是源于他们救世主般的道德理念。对学校教育的普遍支持源于美国文化的核心价值观。历史学家发现，对公共教育最热烈的支持大多源自各州的宪法条款，尤其是北方各州。这些关键性的法律文件为学校获得州资助与州监管奠定了基础，成为当时为数不多的受公众广泛关注的社会事项。因此，许多历史学家将学校标签化地称为 19 世纪的“第四部门”（Tyack et al.，1987）。

从某种程度上说，在独立战争后，美国人对教育的关注愈发热切。如前所述，我们可以在《西北土地法》以及与之相关的立法活动中观察到类似的情况。正是在这样一种对教育的渴望之中，公共学校运动的先锋领袖们开始了他们的宣传。这也是他们最终获得成功的关键要素。新生国家认定责任感与知识是塑造公民的关键，认定应当普及教育，或者说至少应该在公民群体中普及教育（Meyer et al.，1979）。这些观点都进一步推进了改革，并赋予它独特的社会文化取向，尽管在之后的数十年间，教育改革依然遭遇重重困境。

到南北战争之前，推进教育改革的观念已经通过各式各样的教育辩论征服了大众，在北部各州尤其如此。虽然教育改革的事业尚未完成，但关于应基于财产征税以资助学校、学校应该实现标准化管理、学校应该是无教派的、每年的学时应超过六个月、学校教师应接受专业训练等观点，已经被社会广泛接受。当然，这并不意味着这些目标均已实现。各个地区存在着普遍的差异，比起美国东北部，南部和西部的差异性更大些。但改革措施的制度化逐渐变成一个标准化的过程，这些标准是由政府机构所认定的。从这个意义上可以说，公共学校运动所折射出的同质化改革最终结出了累累硕果。这些观念与措施由共和党及其总统候选人林肯继承，他继续推进早期改革家们所启动的现代化进程，并最终在南北战争中完成了同一化。这些关键性的历史事件代表了东北部城市化所带来的改革趋势与社会机制建设理念至高无上的地位。而19世纪晚期美国第一部义务教育法的通过也标志着这一运动的高潮。到此为止，虽然各地尚存争议，但公共学校之争已获全面胜利。接下来，我们需要转向美国公共学校制度中产生的其他问题。

焦点：教学法改革

贺拉斯·曼是一位怀抱理想主义信念的、充满活力的改革家；当然，他也是一位复杂的历史人物。在他的诸多教育观中，他坚信人性本善，坚信儿童天然就具备在适宜的环境中学习和生长的能力。从这个意义上看，虽然他在其他方面与当时占主导地位的新教意识形态相同，但他与其他保守派教育家有着本质的差别。历史学家认为，在加尔文宗传统教育观笼罩下痛苦的童年经历使他在成年后本能地反抗片面服从权威的教育理论。他极有可能是我们前面所描述的弗朗西斯·韦兰德教育观的对立面。

如前所述，在19世纪的美国，虽然人们深信儿童应学会礼敬权威和顺从，但关于代际经验究竟应该如何传递、应该以何种方式对待儿童等问题的争论也越来越多。由弗朗西斯·韦兰德的育儿观所引发的争论加强了公众对这一问题的关注。在19世纪40年代，大量的讨论开始围绕着学校中体罚的问题展开。在其中就涉及教学的基本问题：儿童究竟是在威吓下才能更好地学习，还是说恐惧使学习变得更加困难（Hogan，1990；Wishy，1968）？

在贺拉斯·曼第一次旅欧途中，他为普鲁士学校的效率所吸引。尽管普鲁士的容克贵族强调权威与纪律，但贺拉斯·曼却发现他们的学校是极为人性化的。教师通过示范进行教学，而不是要求学生背诵课文。他们使用教具来激发儿童的兴趣从而促进认识。更重要的是，普鲁士的教师不使用任何形式的体罚措施，他们认为恐惧是学习的障碍，应该更多地鼓励学生学习。普鲁士的教师接受过专门学校的培训，接受了人文主义思想家诸如瑞士教育家约翰·亨里希·裴斯泰洛齐

（Johann Heinrich Pestalozzi）和德国哲学家、幼儿园的发明者弗里德里希·福禄贝尔（Friedrich Fröebel）的观念。贺拉斯·曼深深地为这些观念所吸引，在他的第七份年度报告中呼吁美国的教育家向欧洲同行学习。与马萨诸塞州以及美国其他地区不同，普鲁士的学校制度是高度集权制的，教育经费也是相当充裕的（Cremin，1980；Messerli，1972）。

贺拉斯·曼的报告发行甚广，但遭到了来自一些地区的著名教育家的批评，诸如波士顿文法学校的 32 位教师。他们都是城市公共文法学校的教师领袖，相当于今天的校长。他们培养的毕业生往往会继续进入高中或者文实学校就读。他们大多经验丰富，不仅知识渊博，而且极具社会影响力。他们认为贺拉斯·曼的报告是对他们既有权威的挑战，但正是这份年度报告为公众提供了难得的公开讨论教学原则和儿童观的机会（Binder，1974；Schultz，1973）。

在回复贺拉斯·曼的长篇报告时，这些校长在许多方面批评了贺拉斯·曼作为教育领袖的教育观，其中特别提及他对裴斯泰洛齐教学法的推崇和反对体罚的意见。校长们反对儿童天生就具备求知欲与好奇心的观念，认为体罚是帮助儿童"专注"和"守纪律"的必要措施。"责任心是第一位的，"他们写道，"而愉悦往往来自责任心的丧失。"作为学校中的"熟手"，他们认为，相信纪律能在管教之外自然习得的观点是愚蠢的。他们坚持"官能心理学"（faculty psychology），认为心灵与体力一样，需要通过训练来完备。而学习诸如拉丁语、希腊语这类"死"知识的意义就在于品质的训练，因为它们强化了专注力，训练了学生面对困难的意志力。从这个角度看，记忆和背诵被视为"塑造人格独立和个人奋斗品质"的关键。因此，训练学生礼敬权威，让他们通过观察和记忆来锻炼意志品质从而训练"官能"，是永恒的"天条"（Katz，1968；Messerli，1972）。

校长们的观念是保守的，与之相似的还有一些极富秩序意识的家长。但贺拉斯·曼抓住一切机会来宣传他的改革方案。他质疑校长们的利己主义，反对他们出于一己私利而阻碍儿童的成长。他反对校长们一心只想捍卫权威堡垒的做法，呼吁教育鼓励互相尊重、团结友爱和热爱知识的精神。贺拉斯·曼认为，在教室中，成人的权威是有价值的，但权威只能通过引导好奇心与求知热情来获得。为了推进他的改革事业，他设计出在各州普及更加有效的学校系统的实施步骤，要求建立师范学校，而这也是那些校长所反对的。另外，贺拉斯·曼尤其反对校长们所主张的体罚是学生取得成就之必需的观点（Hogan，1990；McCluskey，1958）。

诸如此类的争论持续了数年，争辩的双方也迟迟未能达成共识。校长们拒绝取缔各项围绕体罚所设计的预算，宣称“所有的权威均来自上帝，我辈必须服从”。但与此同时，贺拉斯·曼的几位追随者逐渐取得了波士顿学校委员会的席位，而波士顿学校委员会负责监管学校。虽然学校委员会的诸多职责是礼仪性质的，但贺拉斯·曼的盟友们将文法学校的年度测验转变为对学生学习有实质监督性质的考试。这是美国历史上第一次实施的标准化测验。学校委员会发现考试的结果对于校长们而言简直就是灾难。它证明在恐惧与背诵之中，学生并不能真正掌握知识，傲慢自大的校长们所有的教学手段仅仅是依赖教科书和重复性的练习。这使学生们的考试成绩极差，而在那些教师教学愈加严格的学校中，成绩更差（Messerli，1972；Reese，2013）。

一份相关的督学报告显示，一些教师每周实施的各类体罚超过了50次。公众舆论哗然。这也是贺拉斯·曼获得教学法胜利的关键性一搏。尽管当时还有许多波士顿市民为校长们辩护，但公众的观念已经转变，他们开始反抗威吓式的、尊崇权威的传统教学法（Katz，1968；Schultz，1973；Wishy，1968）。

后来有四名校长因此被解职，其他人也被调至学校系统中的其他职位上，他们的社会地位骤然下降。在这场论辩的尾声中，一群市政领袖开始为建立师范学校募集资金，这成了支持贺拉斯·曼教育观的实质性举措（Messerli，1972）。尽管传统的教学观依然保留了体罚、背诵，对权威的尊崇在接下来的数十年间依然是学校教学中的要素，但改革已然起步。虽然改革的步伐相对缓慢，但它在新的世纪来临之前获得了动力。

中等教育的兴起

有时候，人们会说，高中是美国人的创造。这样一类为接收初等学校或者文法学校的毕业生而设计的学校机构，在 19 世纪早期尚不存在。波士顿英语古典高中（Boston's English Classical High School）是美国第一所高中，成立于 1821 年，比起著名的波士顿拉丁学校，它更加方便、实用。它讲授高深知识而非古典课程（拉丁语、希腊语）。随后不久，在北部和西部的其他城市也出现了类似的机构，这成了另一类同质化的案例。为了从事商业或政府工作的便利，初等学校的毕业生开始追求更加完备和实用的教育，这使英语古典高中快速发展起来。它的普及性也日益提升。到 19 世纪晚期，各式各类的高中已遍及绝大部分城镇。虽然高中的出现对绝大部分美国人而言没有直接的影响力，它的入学率一直很低，但它却是教育系统中的重要环节（Brown，1902；Herbst，1996；Reese，1995）。

高中最早出现在城市学区之中，它面向大规模的适龄学生群体并拥有稳定的财政税收支持。大众要求高中讲授诸如历史、数学（代数与几何）、文学与写作、政治经济学、科学（自然哲学）以及地理学这样的知识，进而推动了它的发展。大部分高中讲授古典课程，尤其是拉丁学校。长期以来拉丁学校都是个人学业成就的象征。但起初，对绝大多数儿童而言，他们是没有机会接受中等教育的，他们大多从初等学校或者文法学校毕业后就直接进入社会。因此，早期的高中也被称为"人民的学院"，代表着与传统拉丁学校截然不同的事物。它们隶属于公共教育系统，但在当时仅有社会与知识精英能够享受。这也使它们受到了极大的关注，引发了诸多争论（Krug，1964；Reese，1995）。

许多早期的公共高中是通过考试来招生的，申请人的考试分数往往很低。当时的教师和学生都十分厌恶这类考试，因此分数低也是意料之中的事。从某种意义上看，这些考试代表了 19 世纪的标准化考试。当时在不同学校，甚至是同一个社区中不同的学校，都有着不同的评价方式。因此，高中入学考试就成了评估初等学校或者文法学校教学质量的重要依据，成了为监督机构提供便捷的可比性指标的重要来源。从这方面看，由于高中位于学生学习生涯中的制高点，所以它有助于在整个城市学校系统中形成统一的学业标准。而学校也回应了社会对学业评价的普遍需求，从而使其自身成了一种强制性同构的形式。因此，可以说，高中的发展更好地促进了教育的整合与统一（Beadie，1999；Labaree，1988）。

但高中依然是一个充满争议的话题。早先成立的文实学校需要与私立或者半公立的中等教育机构竞争。高中最终在这些社会机构中胜出，但这一过程却充满艰辛。文实学校的数量众多，尤其在东北部更是如此。这些文实学校的赞助人也形成了具有影响力的关系网络，他们并不愿意看见新机构的出现对文实学校所形成的冲击（Beadie，2010）。更重要的是，一些早期高中兴建成本高，它们的创立者不仅花大价钱修建了宫殿般的建筑，而且还举行了一系列热闹非凡的仪式。批评家们批评高中的奢靡花费，认为它们仅培养了极少数的学生，而收费的文实学校不仅能够提供相似的教学服务，而且还不占用公共经费。高中在招生中还拒绝招收他们认为不合适的学生，这使得它们被批评为公共资金支持下的精英“终结式的学校”（Beadie & Tolley，2002；Herbst，1996）。

这些争论在密歇根州卡拉马祖市达到高潮。1874 年批评家们抗议在当地用公共经费成立一所高中，并由此引发了关于公共经费是否适用于建立高中的诉讼案，该案在后来的一系列争论中被不断援引。最终，法院裁定公共资金不仅限于公共学校或者初等学校使用。但在立法范畴之外，还存在着更加广泛的大众观念。教育领袖们令人信服地指出，公共高中不仅教育质量要远远高于大部分私立的文实学校，而且有助于为整个教育系统设置学术标准。他们甚至还指出，高中有助于那些有天赋的学生获得经济资本与社会资本，它们通过颁发可靠的文凭，培养着未来的社会领袖。这种机构对于整个社区而言，毫无疑问是有价值的，也是值得付出成本的（Goldin & Katz，1999a；Reese，1995）。

这些观点都指出，高中是个人通往成功的关键。更重要的是，这一机构将有助于当前虽然规模较小但发展迅速的城市中产阶级的崛起。在 19 世纪中期，美国城市中产阶级占人口总数不到 10%，但这一阶层的父母已经开始关注将社会资本、文化资本与人力资本等各种社会优势通过各类形式传递给子女。他们是社会经济增长与城市发展的既得利益者，但不确定如何帮助子女继续在城市商业文化中保持优势地位。在当时，艺徒制或其他非正规的培训模式已经消亡。而严格的、具有排他性筛选机制的公共高中的建立为他们的子女继续保持社会地位提供了明晰且合法的路径。对于高中的修辞——免费的、向所有人开放——赋予其以学业成就为评价基础的绩优制度的表象，使人们相信，在这里施展聪明才智必然胜出。这对于城市中产阶级而言，毫无疑问是有吸引力的；而这一社会阶层也本能地对基于能力与成就的社会分层充满期待。这与勤勉工作、礼敬权威的意识形态相一致，同时使其规避了工业化所带来的风险。具有竞争性的高中，逐渐进入公共教育系统，并对城市中产阶级极具吸引力。这一教育机构大获成功，并在 19 世纪晚期得到了迅猛发展（Hogan，1996；Labaree，1988）。

然而，对于绝大部分工人阶级的子女而言，进入高中学习是不可能的，因为他们大多从十四五岁就开始工作。与中产阶级不同的是，越贫困的家庭就越不可能送年长的孩子上学，因为这么大的孩子已经可以为家庭带来收益了。因此，即便高中宣称社会各阶层拥有平等的入学渠道，它们招生的主体依然是社会中产阶级或者是社会中上层。即便有部分工人阶级的子女入学，那也仅仅是粉饰公平的装点而已。从这个角度看，批评家们的观点是正确的：它们将公共资金用于培养社会精英。但高中在有影响力的社会阶层中的普及，使这些不同意见在由社会精英阶层所控制政治环境中变得悄无声息（Katz，1968；Reese，1995）。

不同的高中在规模和特征上也有着巨大的差异性。在大城市，适龄学生的供给是稳定的，且拥有庞大的中产阶级的支持，因此高中的规模较大，学生的学习质量也是值得称道的。费城中心高中（Philadelphia's Central High School）的招生数甚至有数百人，这不仅在全国范围内首屈一指，而且它的毕业生也享有盛誉。先进的教学方法传递了文化资本，而毕业生所形成的地方人际关系网络也为他们的职业发展提供了丰富的社会资本。诸如此类的城市高中也促成了庞大的教师集团的成形，它们所提供的丰厚的报酬与专门领域的职业化机遇也吸引着高质量的教师团队。毫无疑问，这对于上升期的城市中产阶级有着极大的吸引力。即便如此，这类教育机构也仅占全国全部中等教育机构的 1/5（Labaree，1988）。

在小城镇，高中一般只有一个班级，由 1—2 名教师来教授年龄稍大的学生。在这样的背景下，教育质量堪忧，而它们所颁发的文凭也遭到了质疑。1873 年，美国教育委员会指出，许多此类学校的教学水平比初等学校高不到哪儿去。但这些不足往往成了更大规模、更具综合性的中等教育机构起飞的前奏。随着社区的发展，数年后美国迎来了中等教育的快速发展。在当时，高中的创办折射出地方当局的雄心壮志，许多中等教育的拥护者希望当地的高中在规模和声誉上都能以城市中的旗舰学校为范本。如果说高中成了社会中产阶级传递社会优势地位的工具，那么毫无疑问，每一个发展中的社区都希望能拥有这样一所高中（Goldin & Katz，1999a；Reese，1995；VanOverbeke，2008）。

19 世纪的高中的另一个显著特征是男女合校。传统的中等教育仅招收男生。但对于高中而言，从一开始，在全国各个地区它都是男女兼收的。对于那些野心勃勃的教育家而言，这成了招生策略，他们尽可能找到一切合适的生源填满这一新生的教育机构。招收女生意味着能使适龄入学人数翻倍，并能更加广泛地得到中产阶级家庭的支持。男女合校也更符合精英教育的逻辑：如果女生能够通过考试获得好成绩，那么为什么要拒绝她们入学呢？另外，高中毕业生中的女性群体往往成为快速发展起来的城市学校体系中教师的重要来源。如果女性不能接受高中教育的话，那么高质量教师的短缺是必然的。基于此，绝大部分美国高中都是男女兼收的，这一情况在当时其他国家并不多见。不过，在某些大城市和南部也有例外，在那里，主流的教育政策依然是两性分别教学。但在绝大部分地区，男女合校已然成为社会普遍现象。到 19 世纪末，在绝大部分高中里，女生的数量超过了男生，在乡村地区尤其如此。中等教育的发展与高中的出现开启了美国教育中性别平等的时代（Rury，1991a；Tyack & Hansot，1990）。关于这一点我们将在后续章节讨论。

到 19 世纪晚期，美国中等教育的入学总人数超过了 50 万人，其中绝大多数学生都在公共高中就读。这意味着即便高中招生在适龄人口中的占比不足 1/10，它依然成了普及教育的重要模式。尽管高中的拥护者一再强调高中的普及性，但高中依然是为特定人群设置的。即便大部分高中毕业生是女性，其中却几乎没有黑人或者印第安人。从本质上看，这毫无疑问具有精英主义特征，这也是高中招生中的权力策略。在接下来的数十年，高中的入学人数继续攀升。在多年的斗争与辩论后，高中最终成形（Herbst，1996；Krug，1964）。

大学的时代

19 世纪也是美国高等教育机构快速扩张的年代。事实上，对于南北战争前的这段历史时期，有时候我们也称之为“大学的时代”，尽管在这一时期真正上大学的人还很少。但正是在这一时期，建立了许多学院。虽然这时全社会都对学院寄予厚望，但能提供的资源却很匮乏。一般而言，这些机构的培养目标是让学生毕业后从事牧师或者教师职业。在这一时期，其他专门职业大多还不要求从业者接受高等教育，尽管部分学生上学院修习医学或者法学。例如，贺拉斯・曼从布朗大学毕业后成了律师，当时其他的社会领袖也是如此。直到 19 世纪晚期，在现代大学成形后这种情况才发生改变；此后，大学不断强化科学与研究，主张培养学生从事专门职业。但即便在那时，从全国的教育系统来看，大学的入学率依然是微乎其微，甚至不到全体适龄人口的 5%。尽管在 19 世纪大学快速发展起来，但它们对美国学生以及部分学术精英的吸引力却是非常有限的，甚至那些最好的或者最聪慧的学生都未必选择上大学（Ogren，2008）。

正如前文所言，在 18 世纪，美国已经拥有了一批学院。在接下来的 50 年间，涌现出 200 多所高等教育机构，绝大部分是由教派组织成立的。这些高等教育机构大多挣扎在生存线上，彼此之间需要抢夺生源和经费，部分失利的学院甚至不得不关闭。许多学院只招收小部分学生修习学院水平的课程，而其他人仅仅学习相当于中等教育层次的“预备”课程。即便是一些早期的州立大学，规模也很小，具有浓烈的宗教氛围，而且它们大多设有“预科”班。由于高等教育系统并没有与快速变化的职业机构产生直接联系，而且能够提供生源的中等教育机构较少，学院也就不得不挣扎于生存线上。他们的快速发展得益于宗教热情以及西进运动中先锋拓荒者的理想主义情结，但只有极少数的学院在南北战争之前得到了较好的发展。也正是从这一时期开始，高等教育的目标发生了变化（Burke，1982；Rudolph，1962）。

在19世纪的大部分时间里，大学的知识体系依然沿用了殖民地时期以来的古典课程。英国式的高等教育模式影响甚广，尤其是剑桥大学的影响力，它不断强调预科课程必须成为学习高深知识的基础与准备。拉丁语与希腊语的学习是其核心，绝大部分课程都以背诵为主要的学习方式。这些课程的学习成了一类社会资本，进而演化为大学的一种社会吸引力。其实从更早的时期开始，改革高等教育的观念就在不断发展。这些观念致力于提供更多科学、历史学和文学类的课程。例如，弗朗西斯·韦兰德就曾倡议对布朗大学进行改革，而其他大学与学院也有相应的改革措施。但1828年的《耶鲁报告》捍卫了古典课程的合理性，也阻碍了改革理念的广泛传播。简言之，传统观念认为古典课程是高等教育不可分割的重要部分；如果没有古典课程的支撑，任何一门课程的学习都不可能达到大学的水准。当然，在这一时期，大学中绝大部分的知识教学是与劳动力市场或者社会需求脱节的。大学的使命是传递“高深知识”，高等教育不应该是即用的或是实用的（Hofstadter，1955a；Rudolph，1978）。

但在19世纪晚期，这些观念发生了变化。1862年第一部《赠地学院法案》的通过吹响了改革的号角。该法案由佛蒙特州国会议员贾斯廷·史密斯·莫里尔（Justin Smith Morrill）提出，旨在敦促联邦赠地用于建立致力于实用学科和科学课程的新的高等教育机构，尤其是关于农学和机械工程学的。1890年，第二部《莫里尔法案》通过，给予农工州立大学额外的资助，其中也包括一些早期成立的州立大学。同时，部分有远见的教育领袖，诸如哈佛大学的查尔斯·艾略特（Charles Eliot），也开始打破传统学院课程的坚冰。艾略特引入了自由选修制，后来又调整为以必修课为核心的选修制。在艾略特改革之前，科学研究机构已经在哈佛大学、耶鲁大学以及其他高等教育机构中出现，后来随着康奈尔大学、约翰·霍普金斯大学以及芝加哥大学的成立，新的研究型大学便开始成形。高等教育中的德国模式成了美国大学的改革蓝图，它强调研究性学习，而这一理念也深深地影响了美国的大学校长们。一些州立大学，诸如密歇根大学、威斯康星大学和加利福尼亚大学也深受其影响，它们开始有意识地引进致力于知识前沿的教授。这一系列举措使得高等教育与社会产生了新的关联，大学入学率开始快速增长（Eddy，1957；Hawkins，1972；Veysey，1965）。

当然，不断增长的高中毕业生总数也为大学入学率的提升做好了人口准备，其中许多聪慧的学生选择进入新的高等教育机构。一些大学校长，诸如密歇根大学的詹姆斯·安吉尔（James Angell）校长和哈佛大学的艾略特校长开始主张改革高中课程，加强高中与大学的衔接。而高中与新型大学之间关联度的不断增强，事实上也强化了这两类教育机构的同质化。许多学院，尤其是那些教派学院，则变化较少，在接下来的数十年间，古典课程依然占据着课程体系的核心位置。传统要素不可能快速消亡，但改革的步伐已无法阻挡。大学开始获得新的支持，不断蓬勃发展。大学生活与更广泛的社会经济之间的关联度不断增强，这一改革逻辑成就了美国高等教育的未来（Goldin & Katz，1999b；Lucas，1994；Ogren，2008；VanOverbeke，2008）。

总结：国家教育系统的成形

19 世纪是变革的时代，是国家教育系统成形的关键期。工业化与市场变革促进了经济的增长，提升了人们的生活质量，也促成了人们工作方式的变化。城市化的快速推进与移民浪潮的到来，带来了一系列新问题。社会改革家酝酿各类改革方案，以有效应对社会问题。他们设计了一系列新的社会机制，其中就包括学校制度，它迎合了中产阶级的价值观和工作习惯，进而有助于塑造新的国民身份认同。尤其是公共学校运动，它使教育与社会、政治、经济发展有效关联起来，在美国社会的重组时期，有效地维系了共和主义价值观。

学校变革带来了教育系统的诸多变化，许多社会改革家将其描绘为“进步”。它改善了公共学校，建立了高中。南北战争之后，在南部之外的许多地区，学校的年入学时长达到了 160 天，甚至更长的时间，这已经接近了我们今天的标准，尤其在城市地区。随着这些国家教学机构的设立，新的教学专业要求开始出现，在高中和学院之中开始出现师资培训环节，进而促进了师范学校的成立。虽然这一时期只有极少数人能够进入大学，但仍有数百所大学和学院为学生入学做好了准备（Cremin，1980）。同质化的学校机构开始出现，这意味着大规模的社会同构化进程开始启动。

当然，这时的美国依然是以农业生活为主，绝大部分美国人是没有接受过中等教育的，只有极少数人从学院毕业或者完成了学院课程。但国家教育系统的基础要素已经成形。体罚、传统的儿童观与家长制的权威依然盛行，但反抗的呼声日益强烈，新的儿童观和教学法日益受到青睐。尽管在某些方面有着快速的改革，但整体来看，改革的步伐依然较为缓慢。此时美国的人口为7500万人，广袤的疆域与经济发展的极不平衡带来了巨大的文化差异性。19世纪变革的重要性也因此凸显，它开启了现代教育制度的发展进程。

那么，变革的方向又是什么？正如本书开篇所言，在19世纪，毫无疑问，工业化是经济与社会大规模变革的发动机。在教育上，也是如此。显而易见，工业发展与城市化促进了教育变革。学校制度的组织基础受到工厂制的影响，至少在普遍形式上是如此。它要求学校组织必须有效，要提升标准化产品的质量，要培养顺从、可靠的工人。兰开斯特学校就是例证，普通学校改革也能说明这一点。工业化还催生了商业中产阶级，这促进了中等教育机构的大发展，尤其是公共高中的出现。这些学校中的课程更加实用，将教育同经济以及不断发展的城市中对商业和专门化人才的需求紧密联系起来。高等教育也是如此，但这一目标的完全实现仍需时日。到19世纪晚期，教育文凭制度中的等级制已经出现，它使踌躇满志的年轻人努力在社会秩序中找到一个安全的位置。

总而言之，在整个19世纪，经济与社会的大发展驱动了教育的变革。与先前一样，学校回应着快速发展的社会与经济的需求。从这个意义上看，这形成了改革的铁律：学校要为不断变革的社会培养人才。从另一个侧面看，教育也促进了特定社会群体的发展。让我们想一想，学校究竟帮助了哪些社会群体，又让哪些社会群体一无所获呢？社会变革的其他影响因素，我们将在下一章讨论。

03

第三章 美国 19 世纪社会变革概览

毫无疑问，庞杂的社会力量塑造着我们的教育。那么反过来呢？学校教育又是如何影响社会变革的？正如历史告诉我们的那样，19 世纪为我们理解教育如何塑造社会提供了有益的参照。为了更好地说明这个问题，我们必须进一步审视这一历史时期，尤其是考虑民族、性别、种族等关键性的社会要素。

如前所述，教育与社会的密切联系体现在方方面面。从历史上看，有许多关联都是相当直接的。例如，识字率的提升至少部分应该归功于正规教育的发展，而又与经济发展直接联系。阅读与写作是人力资本的重要组成部分，而学校教育则直接提升了这些劳动力技能，进而促进了社会进步。但教育功能的其他方面就不那么明显了。例如，学校教育影响了社会结构，进而影响了不同群体的社会地位。显而易见，它帮助某些社会群体进步，但这一恩惠是遍及所有社会群体的吗？这便是社会变革的关键点：谁在历史上成功了，而谁没有？如果换种表述，它指明了关键性的问题：学校教育是有助于改变普遍存在的社会结构，还是仅仅强化了既有的社会不平等？

为了讨论该问题，我们需要理解不同社会群体的历史经验，尤其是关注他们社会生活中的教育问题。这意味着要去讨论历史上的不平等问题，要去关注那些遭到社会排斥和歧视的群体。从许多方面看，某些社会族群往往生活在整体社会的边缘地带。这包括移民（主要来自欧洲，当然也有其他地区）、白人女性（本土出生的）、非裔美国人（奴隶与自由民）和美洲原住民（即美洲印第安人）以及其他。无论从哪个方面看，这些人在社会整体中都处于依附或弱势地位。他们的社会不平等处境往往是由美国本土出生的白人男性群体所描绘并借由意识形态表达进行宣传，进而影响到每一个人的。这些社会群体在不同程度上都认同学校教育的重要性，都认为学校教育在改变自己被压迫状态的过程中有着不同的重要含义。他们所经历的成功或者失望也体现出教育之中权力的传递及其限度。

当然，还有许多事件可以用于描绘教育在社会变革中的重要意义。例如，工人阶级或者社会底层人士的子女从学校教育中受惠的程度显然低于那些有着中产阶级或者社会上层背景的子女，关于这一点我们在上一章已经提及。因此，教育强化了社会的阶级分层。这种差异性在全美国各个地区普遍存在，在女性中、在不同族群与少数族裔群体中普遍存在。许多儿童在教育中发现的问题令人心酸。对于部分儿童来说，学校教育是自我改善与社会流动的重要机制；而对于其他儿童来说，学校则成了不断强化他们的挫败感与失败人生体验的恶魔。他们的成长经历指向我们最津津乐道的教育框架，或者说教育的边界，即教育作为社会变革的工具机制。

焦点：教育中的文化

1840 年 10 月 29 日，纽约市公共委员会举行了午后会议，这是一个值得纪念的时刻。市政大厅中人头攒动，委员们汇集于此，共同讨论纽约市天主教徒以公共资金支持教会学校的请愿。围绕这一议题，论辩的双方情绪激昂。主教约翰·休斯（Bishop John Hughes）作为纽约市爱尔兰裔社区热情洋溢、能言善辩的领袖，代表了天主教徒的阵营。休斯主教的反方是公共学校协会，这是一个半私立性质的法人团体（也就是我们在第二章提及的纽约免费学校协会的继承者），数十年来管理运营着纽约市的慈善学校，这一阵营由两位律师负责出席。这场辩论持续了两个晚上，近 15 个小时，所有议题均围绕公共学校展开。当然，更重要的是，主教明确反对公共的、无教派的教育是必要且可能的观点。天主教徒的请愿意味着对贺拉斯·曼及其他公共学校运动领袖提出的公共教育基本原则的挑衅与反叛。这场辩论虽然最终以天主教徒的落败结束，却体现了美国社会中潜藏着的矛盾冲突。在该事件中，激烈的冲突从一开始就危及公共教育的稳定性。在各个民族之间，无论是文化上还是宗教上都存在着巨大的差异性，这使得如何面向他们定义公共教育变得异常困难。

休斯及其追随者们在各种场合公开反对公共学校协会。其中，最重要的就是宗教因素。在天主教眼中，无教派主义不过是另一种形式的宗教，城市公共学校通过阅读詹姆斯国王钦定版《圣经》达成了对精神世界理念与信条的灌输。因此，休斯主教宣称，这将天主教儿童置于背叛信仰的环境之中，他们将在学校和美国社会整体文化中被清教主义文化所俘虏。更糟糕的是，它还有可能使学生完全放弃一切信仰。“去塑造一个异教徒，真的值得这样做吗？”休斯主教说道，“把他们关在房间里，让他们从 5 岁到 21 岁都接受世俗教育，那么我要问问你，他不成为一个异教徒还能成为什么？”（Ravitch，1974）。对于休斯主教及其天主教追随者们而言，这是致命的一击。

除此之外，在当时的大众教科书与学校教师的言辞中，还有许多对天主教徒和爱尔兰裔人口的诋毁和污蔑。休斯主教认为，这就是天主教徒的子女入学率低的直接原因。这些学校对天主教移民的信仰与文化传承持鄙夷的态度，尤其是对爱尔兰裔人口。在教科书的相应章节中，有关于宗教审判骇人听闻的记载，他们将天主教徒蔑称为“教皇党人”；而在其他段落却一再称颂宗教改革的领袖马丁·路德（Martin Luther），认为他打击了“无知残暴”的天主教会（Lannie，1968）。还有一本书甚至宣称移民将把美国变成“爱尔兰人的公共粪池”（Kaestle，1983）。诸如此类的例子坚定了休斯主教和其他天主教徒的信念，即教会学校也必须由公共税收资助。既有的公共学校系统具有文化歧视和不宽容现象，天主教徒们要求公平，要求管理、运作属于他们自己的学校。

约翰·休斯主教是天主教和爱尔兰裔群体中极富热情活力的领袖，很快他便在全国范围内崭露头角。但他最终并未使教会学校得到公共支持。相反的是，这场纷争催生了1842年纽约市第一个由公共选举产生的教育委员会。在近十年的努力之后，城市中所有受公共资金支持的学校都被收入它的麾下。教科书中许多冒犯性的表达逐渐被删除，最终，修订后的教科书中涉及宗教与移民问题的表述也更加中肯。从休斯主教的立场上看，他毫无疑问是全国教会学校系统发展中的急先锋。这些机构在一些移民人口庞杂的大城市中尤其普遍。对于这些群体的成员而言，教会学校是他们维系宗教传统的方式，成了他们保存本民族语言与习惯的安全阀（Lannie，1968；Ravitch，1974）。

休斯的狂热情绪也代表着当时的移民氛围，尤其是在爱尔兰裔美国人聚居的选区。他们绝大部分人都挣扎在社会的底层，常常遭遇公然的歧视。就爱尔兰裔美国人而言，他们中大多数都来自极贫困的乡村，民风粗犷。在1845年之后，随着臭名昭著的土豆歉收所带来的大饥荒，有近两百万的爱尔兰人不得不背井离乡，每年都有数千名穷困潦倒的爱尔兰人来到纽约和其他大城市。这带来了犯罪率的显著上升，申请救济和其他公共补助（经济救济）的人数也连连攀升。爱尔兰裔社区拥挤肮脏，灾疫连连。许多本土出生的美国人对这些新移民的态度也充满厌恶，给他们直接贴上了“野蛮人”“小偷”“酒鬼”的标签。尤其是随着教会的快速发展，反天主教的情绪也日益高涨。许多本土出生的美国人（那些反对移民的群体）担心，移民人数的快速增长将导致他们所掌握的政治权力的攀升。意识到这些敌对情绪之后，当地的爱尔兰裔领袖开始严阵以待，尤其是牧师和教士群体（Archdeacon，

1983；Kenny，2000）。

有时候，威胁比文化与宗教身份的丢失更具破坏力。从 19 世纪 40 年代中期开始，波士顿、费城和其他城市中的许多本土主义暴徒开始袭击天主教机构。他们焚毁了教堂和其他宗教建筑，进而掀起了本土主义的狂潮。竞争就业机会、分割政治势力等一系列问题点燃了诸多社会情绪，这与犯罪以及社会失序等问题结合起来被一同归罪于移民。在费城，当天主教徒们反对在公立学校中宣讲清教主义版本的《圣经》时，直接斗争便开始了。这些冲突根植于长期以来美国文化中的反天主教情绪，他们认为教皇是来自境外的专横暴君，是对美国民主传统的威胁。随着天主教会数量的增长，教会学校和其他天主教机构也在增加，这一切都被视为对美国社会机制的直接挑衅。

当然，暴乱也带来了移民社区中的敌对情绪。事实上，这些事件进一步强化了他们发展各自的社会机制、抵御美国社会同一化战略的迫切诉求。对于许多移民而言，“同化”的观念并不受欢迎。美国对他们而言，尤其是对他们的子女而言，成了充满威胁的环境（Archdeacon，1983；Jacobson，1998）。

因此，爱尔兰裔儿童入学率低，尤其是那些来自极贫困家庭的儿童入学率更低，也就不足为奇了。休斯主教在他给纽约市公共委员会的信中指出，在纽约，有半数以上的天主教儿童辍学。他将此归罪于公共学校协会以及清教徒们的敌对情绪。即便休斯主教没能为天主教学校争取到税收支持，他也成功地表达了天主教徒对清教主义的抗议。最终，专横的公共学校协会解散，公共学校开始转变对爱尔兰人和其他移民的态度。休斯主教提出的增加教会学校的主张为天主教徒们提供了更多的受教育机会。但为数甚多的贫困移民儿童究竟该如何教育，依然是一个悬而未决的问题。这些学生给学校带来了新的挑战，尤其是对新成立的教育委员会而言更是如此。来自不同文化与社会背景中的儿童应该适应社会机制强加给他们的习惯与知识，进而被同化吗？抑或不同族群应有不同的教育制度，应该建立与他们的社会机制相匹配的、不同于美国整体社会的文化社区？

各移民群体的斗争及其凯歌

当然，绝大部分欧洲移民的最终命运是显而易见的。爱尔兰裔美国人和其他族群的后代最终也融入了美国主流文化，学校在他们的同化融入过程中扮演了极为重要的角色。但这一融入的过程却是艰辛的，经历了几代人的努力。对于天主教徒而言，这是一个充满冲突的时期，但最终促进了进步。即便是那些最贫困的欧洲移民，虽然在抵达新大陆后遭遇了种种困境，但他们也对未来充满希望，尤其是对他们的子女的未来充满希望（Olneck，2008）。

并非所有的移民都来自西北欧，对于来自其他地区的移民而言，斗争的过程更加艰难。移民的主体来自欧洲的东海岸，其他移民还包括西班牙裔（大部分成为墨西哥人）和亚裔，他们也有着应对主流文化的不同策略。在 19 世纪，他们人数不多，主要集中在西部地区，子女也被迫进入隔离学校，所受教育质量低下。与爱尔兰裔美国人一样，他们必须面对本土文化的敌对情绪，以及对其传统信仰的侮辱。他们也揭竿而起要求教育公平，却发现这场斗争前路漫漫。并非所有的族群都认为学校可以促进社会流动。能否通过学校实现向上流动，这取决于对美国文化的接受度（Gonzalez & Fernandez，2013）。亚裔（中国人和日本人）和墨西哥裔往往被贴上“有色人种”的标签，进而遭遇种族主义意识形态的歧视。这也成了他们各类遭遇的导火索。

对于欧洲移民而言，爱尔兰裔是最突出的群体。虽然他们迫于饥荒或是为了寻求新机会而移民，但他们反映的是全球经济一体化的早期进程。其中绝大多数人因 1845 年土豆歉收所导致的灾荒而被迫移民，聚居于东部的大城市中。他们的经营技能与文化资本都不足以让自己站稳脚跟。因此，他们大多面临着失业的问题。即便有人找到了工作，他们也仅能胜任不需要任何技能的苦力。他们中大多数人生活在赤贫之中，几乎没有社会流动的可能性，自身也毫无责任感。他们常常和非裔美国人竞争工作岗位，进而导致诸多社会矛盾。爱尔兰社区中的女性往往充当家政女仆，她们为城市中产阶级的家庭做清洁工作，进而也强化了爱尔兰裔作为仆从的身份标签。正如休斯主教所指出的那样，爱尔兰裔美国人的子女更容易辍学，他们在十几岁的时候就已经告别正规教育机构，开始工作，贴补家用。在纽约市，与其他主流社会群体相比，爱尔兰裔美国人更有可能进监狱，更有可能流离失所。他们的困境几乎是无可挽救的（Kenny，2000）。

但随着时间的推移和勤奋的工作，爱尔兰裔美国人的生活状况和社会地位也在逐渐改善。尽管因饥荒而来的移民大多无知、贫困，但他们的子女却获得了向上流动的机会。第二代移民进入了技术工人的行列，成了砖瓦匠、木匠、水管工和泥瓦匠。这些工作要求通过实践或者做学徒来获得一定的劳动技能，而非通过正规的培训与学校教育。对于工厂中的工头或熟练工而言，也是如此。这些工作带来了生活境况的改善，使他们进入中产阶级的最底层。对于那些积极进取的爱尔兰裔美国人而言，努力工作、积累经验，就有可能提升个人身份。这也是漫长的社会流动与适应的第一步（Archdeacon，1983；Thernstrom，1973）。

与其他移民群体一样，爱尔兰裔美国人也因离开了东北拥挤的大城市而获益。在19世纪中期，纽约的新闻记者霍勒斯·格里利（Horace Greeley）面向他的读者们宣传远离拥挤的大城市，这就是著名的宣言：“到西部去，年轻人！”这些警世恒言往往作用显著，很快便改变了在芝加哥、底特律和圣路易斯等地的爱尔兰裔的社会标签，使他们与本土出生的美国人更好地融合在一起。经济上的发展促进了社会与文化融合（Sanders，1977；Vinyard，1976）。

这种逐步发展最终提高了爱尔兰裔儿童的入学率，进而促进了他们的职业发展。越来越多的爱尔兰裔家庭上升为中产阶级，他们的受教育程度也在不断提升。到19世纪末，爱尔兰裔儿童的入学率已经和美国的清教徒持平。爱尔兰裔美国人的子女大多进入教会学校，其中就包括天主教高中，但此时这些机构与公立高中也相差无几。至此，爱尔兰裔美国人的第二代和第三代群体已经获得了和社会主流群体同等的职业报酬。随着公务员岗位的快速增加，他们也开始从事公职服务，例如当警察。到20世纪早期，在纽约公共学校系统中，有近30%的教师是爱尔兰人的后代，他们成了教育委员会雇员群体中的最大族群。其他大城市中的教师族群分布也大致如此。爱尔兰裔，一度是高辍学率群体，最终管理了绝大部分学校。这便是一个最为突出的变化（Kenny，2000；Perlmann，1988）。

毫无疑问，爱尔兰裔美国人所具有的优势帮助他们获得了持续不断的改善。他们一开始就说英语，这有助于他们迅速融入当地的政治系统。在19世纪80年代，纽约市有了第一位爱尔兰裔市长。同样的，爱尔兰裔政治家也在其他城市获得成功。他们是当时主要的移民群体，得益于快速的工业化和城市的发展。虽然他们依然效忠于天主教及其学校、医院和其他社会机构，但他们的成功也不断帮助他们改善自己的新家园（Archdeacon，1983；Kenny，2000）。

其他的移民也面对着同样的挑战，其中有些群体花费了更长的时间才获得成功。但最终，绝大部分欧洲移民群体都有着相似的成功路径。在详细分析了不同族群之后，历史学家乔尔·帕尔曼（Joel Perlmann）认为，部分族群更偏向于通过学校教育获得成就。正如导言中所述，俄罗斯裔犹太儿童的入学率往往较高，这使他们获得了较多通过职业向上流动的机会。而意大利人和波兰人则入学率较低，这也反映出他们母国的教育状况，进而导致他们社会境况的改善也相对缓慢。但随着时间的流逝，此类族群的学校教育境况逐渐改善，他们最终实现了同化。这一历史进程一直持续到20世纪早期。对于某些族群而言，这是一段痛苦的挣扎，但最终的进步却是不容忽视的（Hogan，1985；Perlmann，1988）。

对于那些来自欧洲以外地区的“外来者”而言，他们的境况既有相似之处，也有不同的地方。在美墨战争之后，得克萨斯州、加利福尼亚州、新墨西哥州和亚利桑那州等新领地的划定，使当地的居民成了所谓的墨西哥裔美国人。与之前所描绘的移民相似的是，这一群体相当贫困，拥有自己独特的文化、语言与宗教传统。虽然在某些地区他们占人口的绝大多数，而且他们早已世代居住于此，但墨西哥裔美国人依然被视为殖民的对象，遭遇诸多暴力统治。如前所述，种族主义意识形态荒谬地认为他们无论在社会性上还是在智力上都属于“劣等民族”。曾有数百名墨西哥裔美国人遭受种族主义白人的私刑，甚至是谋杀。他们的语言和宗教被诋毁。除了天主教会或者新教传教士提供的教育，他们没有自己的学校教育。他们获准进入公立学校，但又只能进入隔离学校，即那些专门为说西班牙语的儿童准备的教学质量低下的公立学校。得克萨斯州的情况更加糟糕，在那里，说西班牙语的人群需要服从那些控制着地方政治与经济资源的“盎格鲁人”（Anglos）。到 19 世纪末，只有不足 18% 的墨西哥裔美国儿童进入学校。虽然他们在坚持不懈地抵抗，但他们所遭遇的白人的暴政与掠夺，正是他们在学校之外所获得的社会教训。直到数十年前，他们的境况才有所改善（Carrigan & Webb，2013；San Miguel & Valencia，1998）。

在新墨西哥州，当地的原住民被称为“西班牙裔”（Hispanos），他们拥有相当大的政治影响力，人口超过 50 万人。但即便如此，他们依然需要努力去争取公平权利。他们的学校不仅是隔离的，而且缺少必要的经费支持。歧视与排斥扎根于围绕着土地与经济身份的斗争之中，形成当地冲突的主旋律。从结果上看，墨西哥裔美国人的经历与爱尔兰裔以及其他移民群体不同。对于他们而言，社会与经济融合更为困难。

在这一时期，来到美国西部的亚裔家庭也面临着同样的问题。对于这些美国人而言，争取平等的斗争直到下个世纪才真正结出胜利的果实（Donato，2007；Getz，1997；Tamura，2001）。

欧洲移民曲折但成就非凡的融入过程是美国的国家神话。这也就是众所周知的“美国梦”，被描述为一首战胜重重困难的凯歌（Samuel，2012）。当然，西南部墨西哥裔美国人的经历与爱尔兰人不同，但相似的是，绝大部分来自欧洲的移民最终融入了主流社会。他们最早都是作为苦力进入美国的，在工业经济凯歌前进的同时，创造了自己的神话，而他们子女的入学率也逐渐提升。在越来越多的人进入中产阶级后，他们的子女大多接受了高等教育。虽然在这一过程中有着显著的差异性，但入学率的提升必然影响下一代的职业境况。学校教育帮助这些孩童完成了新美国人的身份认同，塑造了他们社会价值观中的民族荣誉感和忠诚。这些社会机制为人力资本添砖加瓦，传递着新的技能与知识，同时再造了文化资本。从这个意义上看，我们可以说学校系统直接促进了社会变革。毕竟从各个方面来看，在这个时期，教育是社会、经济和文化整合的关键，虽然不是对所有移民群体都有用，但对绝大部分群体而言是适用的。教育的理念促进了社会成就与融合，这一神话延续至今。但这一点是否对每个人都是公平的，则是另一个话题。

性别与教育：重大的改革

正如前文所述，在独立战争之后，美国女性的教育经历是复杂的。在新生国家的大部分地区，女性都被排斥在正式的学校教育系统之外。即便是在新英格兰等女性受教育程度较高的地区，女性的识字率也要远远低于男性。随着女性受教育的呼声越来越高，也出现了一系列社会运动，但这究竟对女性受教育机会产生了多大的影响，尚未可知。虽然在 18 世纪已经出现了女子文实学校，但学院是不招收女性的。在 19 世纪，虽然公共学校中的男女合校现象已经相当普遍，但绝大部分美国女性的受教育程度是无法与男性相提并论的（Nash，2005；Sklar，1993；Vinovski & Bernard，1978）。

在接下来的 100 年间，这一状况发生了翻天覆地的变化。到 1900 年为止，女性识字率已经超过男性；在高中里，女生的数量也超过了男生，这为她们进入大学奠定了重要的基础。尽管这些女生仅限于白人群体，这依然是一个重大的变化。虽然先前女性被排除在高等教育系统之外，但很快地，女性大学生就在人数上占了主导地位，并在接下来的数十年中引发了男性入学的危机感。正如我们在之前的章节中所讨论的那样，到 19 世纪后期，女教师已成美国教师群体中的大多数，而其他需要高素质的工作岗位也迅速女性化。因此，可以说，在性别问题上，这是一场革命性的变化（Nash，2008；Tyack & Hansot，1990）。

性别比例的快速变化引发了一系列问题：这究竟是怎么发生的？这如何影响了女性的社会地位？女性受教育机会的增长又是如何改变美国社会中的性别意识形态结构的？为了回答这些问题，我们必须重新审视女性的教育问题。

在一些有远见的社会领袖——其中既有女性，也有男性——的引导下，女性受学校教育的情况时好时坏、时断时续。也许其中最著名的早期领袖人物要属艾玛·威拉德（Emma Willard），她创办了特洛伊女子文实学校（位于纽约），也就是今天著名的艾玛·威拉德学院。在 1819 年，威拉德曾就女性教育问题撰写条呈，尝试游说纽约市议会支持她举办女子学校的主张。虽然她没有成功，但她从其他地方获得了捐助。威拉德不断指出女性学校教育的缺失与不足，尤其是在中等教育层次上。她指出，就算受教育的内容可能有所差异，但女性应该和“年轻的绅士们”在受教育的质量上保持一致。她不断为女子学校游说募捐，使得女子学校的学费维持在一个较合理的水平，也使学校的经费能够不完全依赖学生的学费（Scott，1979）。

威拉德并不认为女性应该为家庭之外的工作或职业受训。恰恰相反，她认为，让女性接受高质量的教育，是因为她们将要成为母亲，而母亲的受教育情况是“成就下一代人品格的关键”。换句话说，威拉德塑造了“国民之母”的女性角色，这一认识在独立战争之后流行了很长一段时间。威拉德是很早就公开呼吁女性教育的社会人士之一，她在推动女性教育进步的过程中迈出了坚定的一步。历史学家安妮·菲尔·斯科特（Anne Firor Scott）认为这属于女性主义的早期表达，即女性在智力上的增进并不会威胁到男性的地位。其他的学者也将威拉德和其他教育家所表达的观点称为“家庭女性主义”（domestic feminism）。无论她们被贴上何种标签，她们的声音都成了 19 世纪呼吁白人女性受教育的核心观点（Scott，1978；Sklar，1973）。

家庭女性主义认为，受过教育的女性能够更好地承担起妻子和母亲的角色，因此有一整代的社会改革家在不断呼吁女性的受教育机会。同时，他们还认为，女性能够成为更好的教师。一些著名的教育家，诸如玛丽·莱昂（Mary Lyon）和凯瑟琳·比彻（Catharine Beecher），都因兴办女子学校、培养教师和撰写与女性教育问题相关的作品而声名远扬。公共学校的改革家们，诸如贺拉斯·曼，也倡导聘用女性教师，进而为女性教育的发展提供了助力。后来，在贺拉斯·曼任安条克学院首任院长时，他积极推动了该学院的男女合校。

所有的这些努力都促进了女性受教育程度的提升。在这方面，公共高中从兴办之初，就是男女合校的。在一些大城市中，还有专门为女性设立的学校，主要是教授礼仪举止的。这种情况在南部尤其突出。即便是在最保守的社会环境中，也没有人质疑家庭女性主义的合理性。1854 年，随着城市女子高中的创办，波士顿学校委员会宣称：“女性承担着人类社会最重要的使命：塑造与引导人的道德品质。”换言之，这所学校的目标就是要让年轻的女性成为“优秀的母亲和教师”，“让她们配得上那些品格高贵且充满智慧的男性”（转引自 Rury，1991a，p.16）。根据这样的一种逻辑推理，要促进美国文明的繁荣，就要让美国的女性全身心地投入对婚姻和母职的准备之中（Clinton，1984；Rury，1991a；Welter，1966）。

一旦允许女性入学的大门开启，女生便占到了美国高中生的大多数。到 19 世纪 70 年代，女性占了公立高中内学生的多数；到了 19 世纪末，女生的总数已是男生的两倍。女生人数的增加，一方面是由于男性较低的入学率，另一方面也由于女性更喜欢学校。同年龄的男生或者年岁更小的男生都能轻而易举地找到工作，这导致他们的辍学率较高。而上高中让女生走出家庭，走进可以广泛交友和学习的更广阔的世界之中。她们在很多学科的学习中都有优异的表现——其中也包括代数和科学这些传统上被认为男性更具优势的学科。这也为她们将来成为教师、成为文职人员或者继续上大学做好了准备。到 20 世纪早期，大约有 1/5 的大学生是女性。从这个意义上看，高中对青少年女性是有吸引力的，尤其对于那些来自中产阶级家庭的女生而言，更是如此。这极大地改变了美国文化的样貌。随着高中入学率的提升，到 19 世纪 90 年代，本土出生的白人女性在受教育程度上往往要高于相应的男性群体（Tolley，2002；Tyack & Hansot，1990）。

但并非所有人都平等地参与其中。显而易见，有着特定社会背景的女性，必然受到优待。从整体上看，来自白领家庭——这一刚刚出现的中产阶级家庭——的女生更有可能被学校录取。那些父母都出生在美国本土的女生享有更高的入学率。对于那些来自工人阶级家庭的女性而言，她们大多需要劳作，进而影响了她们的受教育机会。从这个意义上看，我们再次看到了社会与文化资本的影响力。受益者群体是那些来自稳定的传统社区中的白人女性。那些父母受过教育的女性也毫无疑问有着优势。其他女性当然也会被高中录取，包括来自移民家庭和工人阶级家庭的，但她们往往会遭遇各种障碍。例如，来自贫困家庭的女性需要工作贴补家用，而且往往很早就结婚了。因此，她们的入学率无法和来自富裕家庭的女性相提并论。家庭女性主义呼吁女性应该受教育，应该逐步接受更好的教育，这是为了更好地向下一代美国人传递文化传统。受过良好教育的女性也是更好的伴侣，她们能够帮助自己的孩子在今后的学习、生活中获得成就。从这个角度看，女性教育的发展具有强烈的文化资本属性，它有助于传递维持社会身份的技能与知识，有助于提升不同家庭的期望值（Hunter，2002；Rury，1988a，1991）。

因此，女性教育的扩张是一场静悄悄的革命。家庭女性主义意识形态认为新技能和新知识并没有危及传统的性别角色，提升女性的受教育程度并非为了和男性竞争。女性教育的变革并未对传统的父权制形成挑战。因为女性上高中和上大学的比例是很低的，不足 10%，所以女性入学并不会威胁男性的受教育机会。尽管在当时存在诸多争议，但绝大部分美国人并不认为教育能够改变美国女性的社会身份。因此，女性学校教育的成就源于教育家们无意通过学校教育改变或者挑战社会既有的两性关系。

焦点：爱德华·克拉克与女性教育的风险

如前所述，围绕女性是否应当接受中等和高等教育的问题，曾有过不同意见。一些保守派反对男女合校，他们认为这意味着男女青年将接受同样的教育。而另一些人则担心男学生和女学生在同一间教室或者同一座建筑里上课将带来道德行为风险，担心败坏风纪。例如，天主教领袖们就曾以此为借口反对男女合校。但围绕男女合校问题所引发的最激烈的论战当数由 1873 年物理学家爱德华·克拉克（Edward Clarke）出版的《教育中的性别：给女孩一个公平的机会》（*Sex in Education or，A Fair Chance for Girls*）所引发的讨论。这本小册子在短短六年的时间里印刷了 11 个版本。在书中，作者宣称，对于年轻女性而言，智力和体力上的付出是危险的，青少年时期的学校教育经历将危及她们的健康和未来的母职角色。这些讨论体现了维多利亚时期的信仰，以及大众对性别与教育的普遍观念，也强调了女性教育的巨变（Zcschoche，1989）。

克拉克曾经是哈佛医学院的教师，这一学术“血统”也使该书更加臭名昭著。他来自波士顿，长期以来持保守派的道德观，这也是引发论战的重要原因。但克拉克并没有从传统做法或道德观的角度提出自己的观点，而是出示了所谓的科学证据，尝试证明在学校中的努力将导致年轻女性不孕不育。他认为，青春期是女性身体发育的关键期，也是她们生殖器官的成熟期。对于这个时期，他写道，年轻的女性“在这几年中，生理机能与身体细胞数量的变化是同时期男性的两倍，甚至更多”（转引自 Rury，1991a，p.25）。克拉克宣称他在书中的举例都是最新的证据，并以所谓医学的方式进行讨论，甚至描述了在大量研究之后发现的女性贫血问题。这些论断对维多利亚时期的诸多父母而言是震撼的，而且克拉克的科学权威地位也进一步增强了该书的可信度。对于大多数家庭而言，如果年轻的女性丧失生育的能力，那简直就是灾难。这种观点使该书受到了大众的追捧（Rosenberg，1982）。

对不孕不育的担忧成了桎梏女性教育的关键，而这也进一步塑造了家庭女性主义的意识形态。如果学校教育威胁到女性的生育能力，那么谁还会让女孩去受教育呢？女性教育的目标是更好地承担母职，如果教育本身成了承担母职的障碍，那么按照家庭女性主义的逻辑，女性就没有必要受教育了。克拉克的观点给女子学校教育的推进带来了严酷的打击（Rothman，1978）。

以克拉克的作品为代表的关于女性教育的诸多观点，随后都被证明是错误的。这些观点也遭到了快速有效的反击。在该书出版一年之后，社会上陆续出版了至少三本著作来反对学校教育有损女性健康的观点。教育家们呼吁反对克拉克关于女性不应接受高等教育的观念。许多人指出，女性的健康问题源于缺乏体力锻炼和长时间足不出户。他们坚信，年轻的女性需要走出家庭，积极参与身心锻炼。他们列举了许多女性在校期间健壮成长的例子，这些例证成了反对克拉克观点的直接证据。早前师范学校校长安娜·布拉克特（Anna Brackett）也回应支持了这些教育家的观点，她认为男孩和女孩在认知能力和理解力上“几乎没有差异”。她指出，剥夺女性的受教育机会，只能让她们变成“侏儒和残废”，身体在生长但“心智却如同婴孩一般”（转引自 Rury，1991a，p.30）。这些主张都得到了教育家们毋庸置疑的支持。尽管还有一些保守派赞同克拉克的观点，但他们的意见已无法得到大众的支持。尽管克拉克的书再版多次，也引发了诸多社会抗议，但它最终没有对女性教育产生实质性的影响（Rury，1991；Tyack & Hansot，1990）。

但这一插曲在当时也的确掀起了波澜。克拉克的著作之所以引发争论，是因为它触及维多利亚时期人们对女性不孕不育的焦虑情绪。同时，家庭女性主义为女性教育打开了大门，它以道德与母职之名来塑造女性。正如前文所言，诸如此类对女性社会角色既重要又不乏局限性的认识是 19 世纪意识形态中的重要一环。美国中产阶级对女性教育的此类矛盾观念往往持有宽容的态度。一方面，他们积极呼吁中等教育和高等教育中的男女合校；另一方面，他们也认可传统的女性社会角色。可能正是因为如此，克拉克的作品引起了人们的关注。此外，19 世纪的医学理论也特别强调生殖器官在女性健康中的作用，这也反映出维多利亚时期人们对性别与母职的期待。这些都使得克拉克关于学校教育与不孕不育之间关联性的认识引起了普遍关注（Degler，1980；Hunter，2002）。

尽管如此，最终在大众和教育专家对女性教育的普遍支持下，诸如克拉克之类的批评家的意见逐渐销声匿迹。在诸多观点中，对克拉克最有力的批评来自圣路易斯公共学校督学威廉·托里·哈里斯（William Torrey Harris）。他指出，男女合校教育是一种自然而然的安排，就像男性与女性在家庭与教会中和谐相处一样。他宣称："这是一种符合教育精神的制度安排，让女性能够摆脱过往加之于她的各种外在的、人为的束缚，成为自立自决的人。"此外，哈里斯还指出，女学生往往能够对男学生产生正面的影响力，她们的规范行为和榜样作用常常使男学生们更容易服从管理。他写道："男学生在同性群体中往往粗鲁莽撞，但他们在女学生面前则立刻能够自我约束。"（Rury，1991a，p.31）当然，哈里斯也强调了女教师的价值，以及高素质母职的重要意义，这些都是家庭女性主义的核心信条。但哈里斯是一位校长，他的动机往往是实用的，甚至可以说是极其功利的。哈里斯深知，如果不招收女生，那么中等教育将无以为继。女性的入学使这些学校的设立成为可能。此时的男生太少了，他们的毕业率也较低。女子高中的毕业生往往成为初等学校的教师。考虑到这些，为什么教育家们激烈反对克拉克的观点也就一目了然了。女性教育成了公共学校制度成形期的关键要素，尤其是在快速发展的城市地区（Reese，1995；

Rury，1991a）。

但在诸多争议中，最重要的因素是年轻女性的在校经历。对于绝大部分送女儿上高中或大学的美国人而言，孩子上学并没有带来更多的病痛。事实上，我们也没有系统性证据证明女性在这方面与男性不同。例如，在圣路易斯州，在一项长达 15 年的观察中，女生的日常出勤率仅低于男生 2 个百分点，即 94%∶96%。显而易见，女生并没有因为病痛而大规模缺勤，她们的辍学率也要低于男生。如果克拉克的作品让父母对女性受教育产生怀疑的话，那么他们女儿的在校经历则消解了这些疑虑。绝大部分的美国高中生身体健康。与男学生相比，女学生并没有表现出更多的病痛（Rury，1991a）。

但维多利亚时代的焦虑情绪并没有那么容易消失。大众依然相信男性与女性生而不同，这些观点也得到了牧师、医生，甚至是一些权威领袖的赞同。因此，即便教育家们深信男女合校的重要性，他们依然付出了巨大的努力确保女学生们不会体力透支，不会遭到诸多隐形的压力。因此，很多学校都会为男女学生安排不同的门廊和楼梯。一些教育家甚至警告不能在高楼层为女学生安排过多课程，让她们爬楼梯看起来增加了在校的风险。其他教育家还指出，应为女学生安排日常的活动项目，来提升她们的耐力，缓解贫血问题。即便是那些最积极呼吁男女合校的社会改革家也认为女性更加脆弱一些，需要特别关注她们的健康。家庭女性主义的意识形态是如此之流行，它将学校教育同女性的家庭角色、母职使命紧密地联系起来。这些观点在拓展女性教育的同时，也限制了它的公平程度（Tyack & Hansot，1990）。

合校教育与女性受高等教育机会的问题在美国引发了数十年的争论，它们至今依然是人们关注的话题。在世纪之交，西奥多·罗斯福（Teddy Roosevelt）等国家领导者共同表达了对受过高等教育的女性的低结婚率的关注。还有些人注意到了道德问题，尤其是当大学校园中女学生越来越多时，“时髦女郎”的刻板印象以及由此引发的争论在 20 世纪 20 年代风靡一时。诸如克拉克之流的批评家们的意见反映了父权制与家庭女性主义意识形态对女性角色的刻板认识。这一传统成为一类文化表达，延续了数十年（Gordon，1990；Solomon，1985）。

教育与女性身份

显而易见，前面的所有陈述都指向该问题：这些变革究竟产生了怎样的影响？如果女性教育中静悄悄的革命并没有改变传统的社会性别分工的话，那么女性受教育又是如何影响社会变革的？而女性社会生活的其他方面，诸如工作、社会或政治活动，又发生了怎样的变化？这一系列的疑问都可以总结为另一个问题，即女性教育的变革如何影响了女性在家庭之外的社会身份的变化。

历史学家们认为，在 19 世纪晚期，社会性别分工发生了巨大的变化。这一时代以早期的女性权利运动为起点，其代表人物包括苏珊·B. 安东尼（Susan B. Anthony）和伊丽莎白·卡迪·斯坦顿（Elizabeth Cady Stanton），她们在当时声名远扬，当然也引发了极大的争议。这些女性群体引起了极大的社会关注，尤其是她们在争取女性普选权（投票权）方面的努力。毫无疑问，学校教育促进了这些运动的发展，这些积极的女性活动家自身都受过良好的教育。女性权利运动的规模很小，还饱受非议。但重要的是它让成千上万的女性，尤其是中产阶级女性参与到社会改革之中。她们涉及的主题广泛，从禁酒到世界和平，再到禁止使用童工。这些女性广泛地参与到“社会改良”的诸多活动之中。在大城市中，她们成为社会安置（Social Settlement）运动的急先锋，致力于扶助贫困和权利被剥夺者群体。简·亚当斯（Jane Addams）在芝加哥设立的赫尔会所（Hull House）也许是最著名的案例，而当时还有许多女性改革家也开办了类似的安置会所。她们积极参与地方政治，在西部那些允许女性投票、参与政治活动的州，有些人甚至当选为学校委员会成员和各级官员。在全国范围内，女子俱乐部风靡一时，成了各地推进社会改革的发动机。在女性读者群体的支持下，第一份讨论社会问题的大众读物发行，在 19 世纪 90 年代它对黑幕揭发（Muckraking）运动有着极为重要的潜在影响力。从各个方面看，虽然在这一时期，女性还没有在全国范围内正式获得选举权，但她们已俨然成为国家精神道德领袖中的重要成员。这是美国历史上的新进展。从整体上看，正是女性所受教育为她们打开了成为社会领袖并参与诸多引导社会变革的政治活动的大门（Rendall，1985；Rosenberg，1982；Sklar，1995）。

历史学家安·道格拉斯（Ann Douglas）曾指出，这些影响力的累积导致了“美国文化的女性化”。随着中产阶级女性越来越多地参与到社会改革之中，她们的道德权利也从之前作为母亲与妻子的社会身份中发展起来。因为如果她们承担了生育、抚养孩子的道德责任，那么女性在社会公共事务中也就站在了道德制高点上。所以，在大众文化中，女性参与的改革活动也往往与革除社会弊病直接关联。但她们实际的道德感，无论是真实的，还是想象的，都仅仅是女性主义历史发展中的一小部分。要想成为卓有成效的改革家，这些女性需要良好的组织能力、文化修养与思辨力，需要对历史与社会变革有着敏锐的认知力。因此，毫无疑问，受过教育的女性在社会改革的各个方面能够发挥先锋作用。学校教给她们的技能，成了她们推动社会改良的有效手段。她们成了富有激情的演说家，成了多产的作家，成了敏锐的社会批评家，挖掘出一系列社会问题并积极推进改革。同时，她们也摆脱了传统职业，她们中许多人成了外向型的社会改革领袖，以及一些非正式组织的领导人物。从这个意义上看，即便女子学校所教授的知识是有限的，也是致力于支持女性传统社会职责的，但教育却在实质上推进了社会变革（Douglas，1977；Harris，1978；Sklar，1995）。

社会活动仅仅是白人女性生活变化的一个侧面，而另一方面静悄悄的革命发生在女性工作岗位中。如前所述，从 19 世纪早期开始，女童和年轻的女性往往在工厂中充当劳力，在新英格兰和其他地区，还有女性教师的身影。但从 19 世纪 80 年代开始，女性在文职岗位和百货商场中就业。19 世纪 80 年代打字机的发明推进了这一进程，人们将打字和弹钢琴类比，认为这是女性的天赋，是更适合女性的技能。更重要的是，随着大规模工业与零售商业的发展，以及政府监管部门的相应设立，办公文职岗位快速增加。这些新成立的、规模较大的公司需要准备更多的各类信笺文书、记录文档，也需要更多有相应技能的技术工人。接受过中等教育的女性便成了承担这类工作的主力军。而且比起男性，她们所要求的工资更低。同样的现象也出现在当时兴起的大百货公司和邮购零售公司，诸如西尔斯·罗巴克公司和蒙哥马利·沃德百货公司等。聪颖、靓丽、思维活跃的年轻女性成了优秀的接待员、售货员，以及电话接线员。这为受过教育的女性创造了一类新型的工作岗位：商店或办公室文职人员。这比在工厂工作更有尊严，工作环境清洁、优雅，往往还和社会大众有着密切的联系。在这些岗位上工作的女性往往年轻、未婚。她们在结婚后也就离开了劳动力市场。事实证明，新的女性化工作环境也为年轻女性寻找人生伴侣提供了适宜的机会。这使得这些工作变得更有吸引力。而她们之所以能够轻而易举地得到这些工作，也都要归功于女性教育的变革（Davies，1982；Kessler-Harris，1982；Powers，1992；Rotella，1981）。

到 19 世纪末，女性已经开始从事各式各样的专门职业，其中许多职业都需要高等教育背景。一些新成立的研究型大学和专门学校也开始招收女性，使得她们后来成了教授、医生和律师。尽管一开始，从事这些职业的女性数量很少，但这依然标志着女性职业的缓慢变革。如前所述，教师职业被女性化，成千上万的女性在全国各地的学校中成为教师。有许多学区偏爱未婚的女教师，人们认为，已婚的女性需要将更多的精力投入家庭，她们也会在结婚之后迅速离开工作岗位。而这又产生了对新教师持续不断的需求，越来越多的年轻女性渴望从事这些职业。虽然她们的教育背景千差万别，但她们大多接受过中等教育，并且越来越多的女性进入了学院和师范学校。因此，到 19 世纪末，女性开始在我们现在所说的专门职业中崭露头角，这也是美国历史上的新进展。当然，这一过程中的关键性步骤是女性接受中等教育、进入学院和专门学校。这意味着女性教育的变革成了女性职业变迁的前奏（Goldin，1990；MacDonald，1999；Rothman，1978；Solomon，1985）。

从这个意义上看，女性学校教育的变化带来了女性身份角色的一系列细微且重要的变迁。然而，仅有一小部分女性参与其中，绝大部分女性依然承担着传统身份角色和性别意识所赋予她们的使命。那些从教育中受惠的女性往往是白人，来自中产阶级或者社会中上层家庭。对于这些受过学校教育的女性而言，变化是显著的。女性在公共事务中越来越活跃，她们也越来越多地从事新的、更高级别的专门领域的工作。教育让这一切成为可能，改革仍在进行，尤其是工作岗位的变化。可以说，教育直接促进了社会变革，至少在性别角色方面是这样。那些拥有重要技能、知识和文凭的白人中产阶级女性是受惠的主体。虽然她们中许多人在结婚生子后回归了家庭，但教育使她们摆脱了由母职所带来的诸多束缚。当然，这也不意味着父权制的终结，这仅仅是反抗性别歧视的漫长斗争中的一小步，却也是极为重要的一步。道路依然很漫长，但这一变革的重要意义不仅仅在于自身，更在于促进了其他社会群体的持续变化（Blackwelder，1997）。

非裔美国人的教育：希望与绝望

如果说特定的女性群体从教育中获益的话，那么其他的一些社会群体则没有那么幸运。例如，非裔美国人就曾在历史上遭受歧视与剥削。正如我们在第一章提及的那样，第一批黑人学校的主要教学目标就是道德与行为规范的传授，这些都是白人精英群体认为黑人缺乏的品质。当然，诸如此类的学校仅覆盖非裔美国人群体中极少的一部分。在 18 世纪和 19 世纪早期，他们中绝大部分人是奴隶。这意味着，他们接受正规教育的机会是极其有限的。当然在奴隶聚居区也有值得注意的学习现象。这刺激了非裔美国人对知识的极大渴望，使得为黑人创办学校成了一项极为重要的任务。

长期以来，在非裔美国人文化中，教育一直是重中之重。从 19 世纪早期开始，黑人领袖们就在强调学校的重要性，就在强调学校在促进社会流动中的重要作用。即便是在奴隶中，虽然他们被剥夺了接受正规教育的机会，但他们依然积极学习读写和其他技能。非裔美国人群体意识到，教育的匮乏是他们社会劣势处境的标志，是造成他们社会从属地位合法化的手段。种族主义意识形态认为，他们在智力上是有缺陷的，而不平等的受教育机会为这种观点提供了证据。因此，毫无疑问，当奴隶制在南北战争中被废止后，非裔美国人十分积极地将他们的子女送进战后开办的学校。教育成了他们的自我救赎之路。

在黑人教育史上，抵抗与解放是永恒的主题。在奴隶制存续期间及其废止后，黑人在面对种族压迫时始终挣扎着维系统一的文化身份认同。正规教育不接受奴隶，他们只能通过艺徒制受训成为技术工人。他们偶尔有机会在教会或者友善的白人家中，或者有时候在小伙伴群体中，学习一些知识。但在 1831 年由奴隶牧师特纳领导的暴乱发生之后，废奴运动兴起，南部各州开始禁止奴隶接受各种形式的教育。当时仅仅是有一本书，都会带来严厉的，甚至是残酷的体罚（Bond，1966；Bullock，1967）。

但法律和残酷的高压并不能阻止奴隶社区中的文化传递。一代又一代非裔美国人的经验积累，形成了丰厚的文化遗产。叙事成了一种极为重要的文化手段。奴隶的子女学会了礼敬和尊重他们的先辈，学会了保存家庭和社区的传统。他们还学会了躲避白人预设的剥削他们、压迫他们的陷阱。这意味着差异性，意味着不成文的种族关系秩序。他们中许多人偷偷学会了一些基本知识，并把它们教给同伴。在白人不断的贬损诋毁中，他们挣扎着捍卫自己的人权尊严。为此，他们深信自己的道德感是要优于白人压迫者的，他们创制了一首又一首歌谣吟诵他们的智慧与勇气。总之，他们渴望自由，他们渴望主宰自己的命运。教育成了其中的核心要素，成了非裔美国人文化的主题（Blassingame，1972；Mintz，2004；Webber，1978）。

在北部各州，由于奴隶制已经被废止，自由黑人勤勉工作，在他们的社区中创办了学校，或者改进了白人为他们创建的学校，如纽约解放奴隶协会就是这样做的。他们时常得到废奴运动者、有远见的白人群体以及渴望终结奴隶制的自由黑人的支持。在大城市中，这类学校成了黑人社区的核心社会机制。在社会慈善家的支持下，这些学校大多面向贫困人群，因为即使是受过教育的自由黑人，也在持续不断的社会歧视下挣扎。有整整一代的黑人领袖是通过这种方式接受教育的，这也启发了白人慈善家们去为其他社会群体创办同类学校。到 19 世纪中期为止，尽管黑人学校不时会遭到白人种族主义者的袭击，但在北部各州，非裔美国人是有受教育机会的。这部分受过教育的自由黑人虽然只占人口总数的一小部分，但他们的数量在持续增长，而这一群体也对南部各州在重建时期创办非裔美国人学校做出了贡献（Curry，1981；Litwack，1961；Moss，2009）。

但在这些积极的发展因素之外，19 世纪的黑人教育依然与其他社会群体不同。这方面折射出根深蒂固的种族主义意识形态。首先，这些学校都是隔离学校，遭到了一些白人的顽固抵制。尽管学校改革的领袖们宣称男孩和女孩都可以入学，但绝大部分改革家在面对黑人和白人合校教育的时候都退缩了。即便是贺拉斯·曼，他作为公共学校运动的领袖，曾公开反对奴隶制，但他也没有提及黑人与白人的合校教育。在社会上还有一些激烈的反抗。黑人学校曾遭到破坏焚毁，教师被迫逃往城外。这些社会反应都不同于女性教育，虽然女性教育也引发了激烈的社会讨论，但并没有招致暴力对抗。另外，黑人学校往往扮演着道德规训或者职业技能传授的职能。在18世纪之后的纽约市，这是显而易见的趋势。这也反映出种族主义者对黑人能力与行为的态度，几乎没有白人相信黑人能够接受更高一级的知识。相反，他们设计的课程都重在行为规范和手工劳作。从一开始，黑人学校就是不平等的隔离学校（Horsman，1981；Moss，2006；Rury，1983，1985；Schultz，1973）。

南北战争于1865年结束，作为战胜方的北部开始改造南部的社会与政治秩序，这一时期也被称为"重建时代"。这是一项艰巨的任务，充斥着激烈的辩论。在战争结束之前，国会里的废奴主义者就创办了自由民管理局，用于协助奴隶们转变身份——从奴隶转变为新公民。该机构还有一项附加职能，就是创办学校，教会自由黑人基本的读、写、算，以及进行公民教育。它创办了成百上千所学校，从北部各州吸纳了许多教师，其中就包括许多受过教育的黑人，以及南部的黑人与白人教师。教会组织也发挥着作用。非裔美国人地方社区出钱出力来创办更多的学校，从而扩大了北部的支持与影响。成千上万的黑人家庭将子女送进学校，接受正规教育。他们对社区的高度认同感代表着一类潜在的社会资本，代表着对学校教育的重视。在南部大部分地区，非裔美国学生的入学率赶上甚至超过了白人，总人数达25万之多。尽管这些学校的环境并不稳定，出勤率也时有波动，但黑人群体的识字率却在显著提升。在1860年，在奴隶群体中只有极少一部分人识字；但到了1890年前后，将近一半的非裔美国人识字。重建时代的确标志着自由民生活方式的革命性变革，教育是其中最重要的助推器（Butchart，1980，2010；Fairclough，2007；Foner，1988；Morris，1981；Span，2009）。

黑人学校的发展伴随着黑人政治权力斗争和社会活动的发展。随着美国宪法第十四、第十五修正案的出台，以及南部各州新宪法的修订，非裔美国人获得了投票权和担任公职的权利。这是非裔美国人争取政治权利的重要时刻，有能力的自由民甚至可以担任社会公职。非裔美国人通过各类社会运动，推动实现了新型、自由的州政府。教育条款被写入新宪法，对公共学校的补充支持也得到了法律条款的认可。这些变化遭到了许多南部白人的抵抗，但这是南部各州获得联邦重新接纳的必要条件。许多顽固的种族主义者开始公开反抗改革，甚至威胁要颠覆重建主义政府（DuBois，1935；Foner，1988；Franklin，1961）。

但不幸的是，重建时代所取得的进步并不持久。在 1873 年经济危机之后，北部的白人逐渐丧失了改革南部的热情。联邦军队的占领期结束，白人至上主义再次抬头。这些变化并非突发现象，南部“三 K 党”和其他种族主义组织持续不断地对非裔美国人和支持解放黑人的白人群体进行恐吓威胁，还经常袭击他们的学校。到 19 世纪 70 年代晚期，已发生了许多事件，暗示着旧秩序的回潮。在 1877 年大妥协之后，当时的总统候选人拉瑟福德 · B. 海斯（Rutherford B. Hayes）同意从南部撤回联邦军队，进而在总统竞选中赢得南部的支持，重建时代最终落幕。这带来了许多变化，其中最显著的当数黑人学校扩张时代的终结（Foner & Mahoney，1995）。

失去了联邦军队的保护，之前非裔美国人艰难斗争得来的基本人权和诸多政治权利也付之东流。截至重建时代结束，约有超过 300 名非裔美国人被选举成为州议员或国会议员。还有一位非裔美国人成为参议员，一位当选为州长。正是这些非裔美国人领袖积极推进了南部各州学校系统的扩展，无论是白人学校还是黑人学校。但到 19 世纪 80 年代，这些学校的数量下降为原来的 2/3，之后规模还在继续萎缩。这使地方政治文化发生了巨大的变化，自由的理念逐渐凋亡。非裔美国人领袖以及支持他们的北部白人集团遭到了复辟的南部白人分子的围追堵截。在重建时代之初，这些北方人被称为“投机客”（carpetbaggers），而有同情心的南方人则被称为“无赖”（scallywags）。白人政治家们还与群氓政治做斗争，尝试联合穷困的白人和黑人（Mitchell，1987）。在一系列斗争之后，到 19 世纪 90 年代，南部各州开始施行人头税，或者用其他措施限制黑人的投票权，非裔美国人回到依附状态。黑人权利再次受损，学校系统也随之凋零（Ayers，1992；Williamson，1984；Woodward，1974）。

几乎没有南部白人支持黑人受教育，他们几乎不会为黑人学校提供资源。在种族主义意识形态笼罩下，属于“盎格鲁 – 撒克逊”的南方人被视为最有“素质”的种族，因此他们认为学校经费也应该向他们倾斜（VanOverbeke，2008）。在重建时代之后的数十年间，在整个南部地区，种族之间的教育鸿沟在不断加深。尽管有证据表明黑人学校教育曾在特定时间内获得繁荣发展，但随着白人开始重视教育，黑人与白人之间教育的差异性也越来越大。在整个南部地区，正规教育中的隔离根深蒂固，在“吉姆·克劳”这一蔑称之下，种族壁垒成形了。在一个著名的案件中，美国联邦最高法院采用了与1896年普莱西诉弗格森案（Plessy v. Ferguson）一样的做法，宣称种族隔离只要是平等的就是可行的。普莱西诉弗格森案处置隔离车厢的做法，也就被运用到学校之中。但结果证明，在任何情况下，隔离都不可能意味着平等。到19世纪90年代，黑人学校中的学时不再延长，而同时期白人学校的学时数却在不断攀升。在一些地区，白人学校的学时已经和北部各州的标准持平，每年150天左右。黑人教师的收入要少于白人教师，更不用说教科书和其他教学设备的费用了。如果说在过去还有一些平等的配额措施的话，那么，在这一时期，学区给白人学生的生均投入是黑人学生的5倍（Anderson，1988；Harlan，1958；Luxenberg，2019）。

在南部，非裔美国人几乎不可能接受中等教育，而这时在其他地区，中等教育正处于蓬勃发展期，南部白人学生接受中等教育的人数也在节节攀升。黑人学校教育大多局限于最初级的启蒙教学，学期短，教学辅助设施不足。除了极少部分黑人学生可以进入私立的黑人高中或学院，绝大多数黑人学生学习的内容仅限于基本的读、写、算。这就是美国历史上臭名昭著的机会阻隔。绝大部分非裔美国人被制度化地排斥在教育系统之外，他们的受教育经历极其有限。即便学校依然致力于提升整体人口的识字率，这依然受限于非裔美国人的政治经济处境（Anderson，1988）。

正如历史学家詹姆斯·安德森（James Anderson）所言，非裔美国人所面对的问题是他们长期遭受的奴役。在极度依赖经济作物的农商经济体中，南部黑人劳动力是白人种植园主财富的根源。激进主义者提出的为自由民分配土地——所谓“四十亩地一头骡”——的口号从未实现过，这使得非裔美国人不得不重返种植园劳作。随着黑人“心智能力不足”的伪科学理论的流行，种族主义意识形态再次抬头。这些谬论被用于佐证教育不平等的合法性，进而使得非裔美国人更不可能通过随意武断设置的投票资格测试。教育的匮乏、政治权利的削弱，使得他们进一步丧失了居住和工作的选择权。当然，糟糕的教育、毫无尊严的劳作，使得许多非裔美国人看起来更加无知，这也进一步刺激了白人种族主义的谬论。他们对黑人学校的贬损被整合成一套新理论，正如一位历史学家所言，就是"'奴隶制'的一个代名词"（Anderson，1988；Blackmon，2008）。

各式各样的新型依附关系出现后，有时还披上了"分成制"（sharecropping）的伪装。而那些逃往城市的非裔美国人，则面临着工作岗位中的新型隔离制，往往只能从事工资极低的苦力劳动。而对城镇中的女性而言，家政服务就成了她们主要的就业形式——给白人家庭当保洁。总而言之，旧秩序以一种新形式复辟了。在重建时代之后，南部的等级制在各种伪装之下再次抬头，黑人再次沦落到社会的最底层，而富裕的种植园主和白人处于社会上层（Margo，1990；Royce，2010）。

如前所述，种族主义使非裔美国人的依附身份合法化，它借助推动白人集团的向上流动来实现旧秩序的重建。在经历了重建时代之后，许多白人也决心阻止这些变革的重演。因此，即便是南方穷苦的白人也不再支持黑人学校。事实上，他们是非裔美国人依附地位的受惠者，他们要确保种植园中棉花和烟草采集的劳动力储备。他们认为，学校只会让能干的农民和仆役不再从事生产。大部分的南部白人集团需要顺从、可靠的黑人劳动力，因此他们激烈地反对改进非裔美国人的教育状况（Fredrickson，1971；Higgs，1977）。

总体而言，在整个南部地区，教育始终处于未开化状态。各类学校都未获支持，种植园主也不再相信应在各个族群中普及教育的神话。他们认定普遍民主是有害的，认定学校系统将妨碍既有社会经济秩序的稳定。在公共学校运动时期，改革家们积极倡导学校系统的基本完善。但到了重建时代结束后，南部各州都大规模地削减了教育支出，非裔美国人的教育停滞。直到进入20世纪，他们的状况才得以改变（Bullock，1967；Harlan，1958；Leloudis，1996）。

焦点：关于黑人教育的大讨论

在19世纪晚期，围绕着非裔美国人教育的方向与角色问题，存在着激烈的讨论与分歧。如前所述，黑人学校根深蒂固的传统是进行道德规范和职业教育。虽然这也是白人学校的主旨，但白人学校还关注发展儿童智力，进行公民教育，培养儿童的领导力。而这些方面却没有在黑人学校中得到体现，因为白人集团要么认为让黑人儿童学习这些内容是危险的，要么接受了种族主义意识形态，认为黑人儿童不需要学习这些内容。无论何种理由，对于黑人儿童而言，学习的机会是极其匮乏的。尽管如此，依然出现了许多关于创办新学校的提议，其中有许多提议是由非裔美国人社区提出并予以支持的。通过这些努力奋斗，在全国范围内出现了一个嘉言善行的黑人阶层，他们自身受过良好的教育并积极主动地为黑人的教育谋求新的路径。由此，在美国历史上出现了一场围绕教育的轰轰烈烈的大辩论。

在这场大辩论中，出现了两位著名的非裔美国人领袖：布克·华盛顿（Booker Washington）和杜波依斯（W. E. B. DuBois）。布克·华盛顿要年长一些，毫无疑问，一开始他的名气也要远远超过杜波依斯。布克·华盛顿出生于弗吉尼亚，曾经是一名奴隶。19世纪70年代他曾在汉普顿学院上学。他的第一任导师是塞缪尔·阿姆斯特朗（Samuel Armstrong）牧师。受到他的影响，布克·华盛顿也非常热衷于提倡手工劳作训练。在汉普顿，布克·华盛顿受到了严格的体力训练，学会了遵规守纪，坚定了不断自我改进的信念。他在1881年成为亚拉巴马州塔斯基吉学院的首任院长时，便形成了自己的教育理念，也拥有了一个可以充分施展教育理念的平台。在接下来的十几年间，他成了全国非裔美国人工业教育的先锋领袖。虽然对非裔美国人进行工业教育并不是一个全新的理念，但它却在布克·华盛顿的影响下焕发出全新的活力（Harlan，1972，1983）。

杜波依斯的成长经历与布克·华盛顿很不一样。杜波依斯出生在北方，生来就是自由民。他曾在马萨诸塞州大巴灵顿地区的公共学校上学，后来在田纳西州纳什维尔市的费斯克大学学习，之后又去欧洲接受研究生教育。他曾在哈佛大学学习，获学士学位，在 1885 年成为第一位获得博士学位的非裔美国人。由于杜波依斯自己受惠于高等教育，他也积极鼓励非裔美国人上大学。他认为，非裔美国人需要思维缜密、清晰的领袖人物，带领大家反抗长期以来的不公正待遇，并通过明确的战略设计改善自身处境。在他看来，非裔美国人所接受的传统意义上的手工劳作训练是鼠目寸光的，成了非裔美国人达成自我认知的阻碍。因此，杜波依斯主张培养“有天赋的青少年”，启发他们的心智与社会领导意识。这些人终将成为知识先锋，用民主理想抵抗种族主义压迫，形成公平与正义的法律原则，促进整个国家的道德觉醒。这是有远见的，同时又太过理想化，但杜波依斯坚信这才是非裔美国人必须面对的未来之路（Lewis，1993；Meier，1963）。

从这两个人物的情况来看，在当时，布克·华盛顿的公众认可度更高些，名声也更大。由于他十分善于公开演讲，他在白人精英集团中也声名大噪。1895 年在亚特兰大博览会上，布克·华盛顿发表了最著名的一场公开演讲，在其中他使用了“水可载舟”的隐喻。他呼吁非裔美国人“打破桎梏——扔掉枷锁，与身边各种族的朋友积极交往”。他主张黑人要去南部白人集团中寻求经济机会，接受自己在社会中的位置，通过辛勤劳作实现自我提升。他强调非裔美国人比其他移民劳动者更加忠诚、更加熟练，他呼吁接受“吉姆·克劳”，宣称“社会上所有的一切都是自然存在的，就像我们手上的手指一样，它既可以分开，又是一个共同体，每一个部分对于整体而言都至关重要，都是为了共同进步”。关键是，布克·华盛顿并不认可非裔美国人都应该去追求高等教育。他在亚特兰大博览会上宣称：“没有任何一个种族可以不需要学习就实现繁荣，各种族的尊严最终都要通过文学艺术的繁荣来实现。”他又说：“但我们需要脚踏实地地从基础开始努力，而不是好高骛远般期待一步登天。”（转引自 Brotz，1966，p.357）在其他场合，他还指出很多懒惰的黑人将学习看作躲避繁重体力劳动的捷径，讽刺受过教育的非裔美国人缺乏由劳作带来的重要品质。他的自传《假如给我学习的机会》（*Up from Slavery*）发行甚广。在这本书中，布克·华盛顿提到了非裔美国人对学校教育的高度重视，同时暗示这会带来一个问题。他写道："普遍的观念大多认为，一个人只要抓住任何一点受教育的机会，他就自然而然地从荆棘丛生的世界中超然而出，但遗憾的是，我们不可能摆脱劳作而生活。"（转引自 Brotz，1966，p.357；Harlan，1972；Luker，1991）诸如此类的言论当然无法促使非裔美国人获取更大的学识。

布克·华盛顿并不反对让一些非裔美国人接受高等教育，他也不否认学校教育的重要性，因为他自己就管理着一所学校，也是一位著名的教育家。但他的教育观代表着某一类特定的教育形态。在描绘他的学校时，布克·华盛顿强调通过手工劳作来获得实践技能，宣称："我们需要教会他们实际操作某物，而不仅仅是书本中的空洞知识。"（转引自 Brotz，1966，p.357）从这方面看，黑人教育中的塔斯基吉模式迎合了白人集团数十年来的需求——他们希望通过学校教育来培养工作习惯与良好的道德准则。他对受过教育的黑人的批评也暗合着许多白人的观点——他们认为学校教育将让非裔美国人不再愿意从事体力劳动。也许是为了避免这些误解，他总是谨慎地讨论自己教育观中的劳作在方方面面的核心含义。毫无疑问，从这个意义上看，布克·华盛顿是受白人精英领袖欢迎的，但他在非裔美国人中的处境则是另外一回事（Anderson，1988；Kliebard，1999；Litwack，1999）。

当布克·华盛顿在亚特兰大发表著名演说时，杜波依斯刚刚结束他在哈佛大学的学业。在接下来的数十年间，杜波依斯在南部的各所黑人学院任教，扎根非裔美国人的生活境况进行研究。在 1903 年，他出版了《黑人的灵魂》（*The Souls of Black Folk*）一书，从某种程度上看，这部作品是对布克·华盛顿两年前出版自传的回应。杜波依斯直接反对布克·华盛顿的观点，他认为，追求高等教育应是非裔美国人最迫切的需求。他质疑，如果没有广博而智慧的学术准备，黑人领袖如何能完成他们的使命？如果不去学院、不上大学，黑人中等教育的师资——包括布克·华盛顿的塔斯基吉学校——又从哪里来？杜波依斯宣称："所有的教育制度的建构都需要一个坚固的高等教育基础。"（DuBois，2007，p.43）换句话说，如果没有高等教育，就不可能有高层次的学习，也就无法带来非裔美国人群体整体状况的改善

（Lewis，1993）。

在杜波依斯心中，在塔斯基吉学院实践的手工劳作培训模式早已过时。他严厉地批评布克·华盛顿，认为他是“工作和金钱的傀儡，他眼中的工作和金钱早已蒙蔽更远大的人生目标”。如果非裔美国人想要改变他们的身份地位，那就必须有一种新型的教育。“对于我们这个种族而言，知识的根基必须渗入学院和大学之中，这样我们才有可能建立起一个坚固、稳定的社会结构，这对于其他族群同样适用。”杜波依斯写道（DuBois，2007，p.43）当然，这一观点与布克·华盛顿的认识大相径庭。布克·华盛顿认为，接受高等教育对于黑人而言就是时间和资源的浪费。但杜波依斯坚信，只有那些接受过高等教育的黑人领袖才有可能带领非裔美国人实现真正的进步（Meier，1963）。虽然杜波依斯后来改变了他的观点——后来他发现在争取社会公平的进程中，受过高等教育的非裔美国人和其他人一样无助——但到了世纪之交，杜波依斯已经是全美国支持非裔美国人接受高等教育最著名的先锋领袖（Alridge，2008）。

正如杜波依斯在《黑人的灵魂》中所言，对布克·华盛顿最尖锐的批评往往来自非裔美国人群体内部，尤其是那些上过大学、接受过高等教育的人。布克·华盛顿的追随者是那些富裕的白人，尤其是那些在南部积极办学的种植园主。这使得塔斯基吉学院和其他致力于工业教育的院校得到了北部财团的积极支持，它们的经费总额甚至达到数百万美元。其他的非裔美国人学校虽然也得到了资助，但被要求模仿塔斯基吉模式。这使得布克·华盛顿遭到了一些非裔教育家的怨恨。有人甚至认为他就是黑人领袖中的投降派，已经背弃了他自己设计的教育机制的初衷。当布克·华盛顿在白人媒体上日渐受到追捧的时候，虽然有许多非裔美国人自然而然地产生了自豪感，但其他一些人则认为他的教育言论意味着他已经接受了种族隔离制。即便布克·华盛顿被称赞为模范，他也并没有得到普遍的拥戴（Anderson，1988；Anderson & Moss，1999；Hawkins，1962；Moss，1981）。

从今天的教育系统布局来看，谁是这场辩论的赢家是不言而喻的。塔斯基吉模式是当时非裔美国人教育机制中最普及、最有影响力的模式。直到1915年布克·华盛顿去世，他依然是美国最有影响力的黑人领袖。塔斯基吉学院所培养出来的教师遍布全国各地，他们通过黑人高中和师范学校不断宣传工业教育模式。杜波依斯指责这些人是“塔斯基吉机器”，但这种现象并不持久。很快，另一个传奇人物再次改变了非裔美国人的未来，塑造了他们的社会与政治观。可以说，从一开始，许多非裔教育家和教育机构就排斥塔斯基吉学院的职业教育模式，他们希望注重学术科目的传授，让学生将来可以当牧师或者从事其他专门职业。到了20世纪，塔斯基吉学院也开始改革自己的课程。受到布克·华盛顿和他的追随者们的政治影响力的排挤，杜波依斯和其他非裔改革家们在1909年掀起了尼亚加拉运动（Niagara Movement），举行了一系列集会来讨论种族与不平等问题。在短短几年内，这些集会孕育了一个崭新的民权运动组织——全国有色人种促进会（National Association for the Advancement of Colored People，NAACP）。杜波依斯成了这一组织的杂志《危机》（*The Crisis*）的首任主编。虽然这一组织并没有像华盛顿的“塔斯基吉机器”一样声名远扬，但它却最终真正实现了非裔美国人的进步。那么，究竟是谁真正“赢得”了这场关于非裔美国人的教育大辩论呢？不言而喻，它的答案会随着局势与政治的变化而变化（Fairclough，2007；Harlan，1983；Lewis，1993）。

黑人教育的降级

到19世纪末，在南部的绝大部分非裔美国人的生活状况降至最低点。他们在重建时期所获得的权利大多消失殆尽。大多数穷困潦倒的农业工人的生活境况与农奴无异。在19世纪60—70年代所获得的教育进步也都逐渐倒退。更重要的是，非裔美国人被剥夺了许多最基本的公民权利。19世纪90年代是南部政治局势的动荡期，由穷困的农民与佃户组织的平民党运动（Populist Movement）不断挑战着既有权力当局。在平民党运动兴起之初，有成千上万的非裔美国人被谋杀——多数是被公开处以私刑——杀戮的借口从日常琐事到亵渎神明，不一而足。这种公开处以私刑的方式可以追溯到重建时代之前，在20世纪之初达到极点。如前所述，这一方式也同样用于对待墨西哥裔美国人，而非裔美国人所遭受的情况更加严酷，范围更加广泛。这对他们的日常生活产生了极为严重的干扰，甚至损害了他们的日常行为能力。著名小说家理查德·怀特（Richard Wright）与其他同时期的作家共同指出，“我在南部的人身安全完全取决于我该如何在白人面前隐藏自己的想法”（转引自 Shapiro，1988，p.293）。无论环境如何，这些变化都成了政治教育中的经验教训，尤其是它不断强化了当地白人至上主义的信条。它所暴露出的意识形态严重阻碍了非裔美国人学校教育的发展（Ayers，1992；Mintz，2004；Williamson，1984）。

正如历史学家路易斯·哈兰（Louis Harlan）所言，在 1900 年前后，在南部各地出现了白人教育的急速扩张，他们所获得的成就是建立在牺牲黑人权利的基础之上的。学校中的种族主义歧视达到了历史性的高潮，白人儿童的生均教育经费是黑人儿童的十倍之多。在所谓的“黑带”（Black-belt）区——大种植园和以棉花经济为主的地区，白人教育在非裔纳税人的资助下发展起来了。虽然高中的数量在不断增加，但截至 1910 年，1000 万非裔人口仅仅拥有 65 所高中，而且其中多数规模较小。除了教师和牧师，年轻的非裔美国人几乎找不到其他合适的专门职业。在之前的数十年间，南部黑人的教育系统是为了强化他们的依附地位，进而强化他们在政治和经济上的弱势地位。亚拉巴马州的督学在 1900 年宣称，要维持“有色人种在乡村地区的大众身份”，进而为种植园提供劳动力（转引自 Darby and Rury，2018，p.54）。除了一小部分由北部慈善家创办的私立学校，黑人学校的教育质量大多逐渐恶化（Anderson，1988；Anderson & Moss，1999；Harlan，1958）。

在北部也有一些非裔美国人，大约占非裔美国人总数的 1/10，他们则有较多接受更高质量教育的机会。研究显示，北部非裔美国人的入学率与大多数白人相当，要高于其他移民群体。他们的在校学时也与白人相当，要高于平均数，这是因为他们大多生活在城市，城市学校的学时要更长些。在越来越多的地方，公共学校虽然在形式上是种族融合的，但非裔美国人聚居区的隔离状态使得城市公共学校中很少出现多种族融合状态。尽管非裔美国人的受教育质量较高，但他们发现很难找到与自己的学历相匹配的工作。在历史学家帕尔曼针对北部城市社会流动性的深入调查中，他发现，尽管与欧洲移民相比，非裔美国人群体的入学率很高，但他们从教育系统中得到的实惠却很少。在劳动力市场中，种族主义盛行，这在很大程度上抵消了学校教育的成果。在许多城市中，非裔美国人要与爱尔兰裔和其他移民竞争，有时候甚至会出现暴力对抗，这使得他们无法和白人一样进步。在北部的大城市中尚且如此，更不用提南部种族歧视之地，在那里，白人至上主义是根深蒂固的（Franklin，1979；Ignatiev，1995；Mohraz，1979；Perlmann，1988）。

在多种因素的作用下，非裔美国人的受教育经历充斥着挫折与失望。在南北战争之后，他们积极寻求教育，却发现在重建时代过后他们的教育依然困难重重。非裔美国人希望在南部建立起现代教育制度，但他们却见证了白人至上主义的顽疾毁灭了他们的学校。种族主义随处可见，尤其是在劳动力市场中，他们的受教育经历不仅被无视，甚至有人认为是无关紧要的。即便是在黑人教育坚持得比较好的地区，教学目标也是培养体力劳动者，或者仅仅培养一小部分专门职业者。总之，这是一个悲剧。19 世纪晚期非裔美国人的学校教育境况提示我们，努力学习和增加对教育的投入并不总能带来有意义的社会变革。种族主义的毒株否定了一切正规教育所带来的文化资本与人力资本的进步，在非裔美国人群体中严厉桎梏着他们的社会资本，蚕食着他们仅有的资源。最终，学校无法实现改变非裔美国人的生活境况的目标。为了实现这一目标，还有赖于更加漫长的、更加系统的社会与政治改革。

美国印第安人的学校教育

如果说非裔美国人处于依附地位的话，那么，美国印第安人（美洲原住民）则遭遇暴力屠杀，被驱逐出自己的家园，被迫接受新环境中的文化与传统。也许对他们而言，最重要的教育事件就是学校系统落入白人之手，白人强制驱逐他们，将他们圈进原住民保留地；同时，还要求他们改变生活方式、改变信仰，消灭他们的传统文化，让他们皈依基督教并接受资本主义价值观。而实现这一切的核心手段就是学校。19 世纪美洲印第安人的教育叙事就是一部被人处心积虑地从根本上剥夺原有生活方式的悲歌。他人借助教育教学以前所未有的规模向他们植入新的价值观与行为方式。历史学家大卫·华莱士·亚当斯（David Wallace Adams）一针见血地指出，这就是一种“种族灭绝式的教育”（Adams，1995）。

在 1900 年前后，对美洲印第安人进行的公开暴力战斗已经落幕。随着持续不断的战斗和长时期以来土地与资源的丢失，美洲印第安人的人口总数从 1800 年前后的数百万人降至 25 万人，这是现代史上印第安人人口数的最低值。在这一时期，广袤的乡村已被白人占据，白人与印第安人的人口比例达到了 100 : 1。随着暴力冲突的结束，大部分印第安人被圈进保留地，富有“同情心”的白人就开始讨论“印第安人的问题”。依他们所见，印第安人很难适应环境成为未来的公民、成为正直的父母、成为有担当的子女。白人认为印第安人生活在“混乱肮脏”之中，他们不尊重私有财产、个人权利，个人卫生意识也很差。为了解决这些问题，一项野心勃勃的教育计划开启了，他们要教会印第安人接受现代文化中的“好处”（Hoxie，1984；Prucha，1976）。

当然，美国印第安人一直有着自己的教育形式。他们的文化传承方式存在着部落之间的差异。就传统的方式而言，儿童一般通过跟随成年人一起劳作，学会种植，学会狩猎，学会承担更多的社会责任。在他们之中也有着明确的劳动性别分工，因此，男性与女性的教育也存在差异。孩童们跟随着部落长老们的足迹成长，传承着部落的历史。长老们是智慧的化身，他们不仅负责解释复杂的自然现象，还会就各种困境给出建设性的解决方案。当然，除了少数例外，比如彻罗基人，印第安人几乎不举办制度化的学校来教育年轻人，目不识丁是一种常态。教育对他们而言，是一个非正式的过程，潜藏在日常点滴之中，其目标并非传递传统意义上的学术知识（Axtell，1985；Fuchs & Havighurst，1972）。

新教徒和天主教徒为了传教，同时为了传递基本的知识，为美国印第安人建立了最早的学校。正如第二章所言，在 18 世纪出现了一系列美洲原住民教育实验，这些实验的有效性很有限。但在 19 世纪，越来越多的教育实验再次出现。1824 年，国防部设立了一个分支机构印第安事务局（Bureau of Indian Affairs，BIA），其职能就是监管印第安人的教育，它所监督的机构大多是教会组织。到 19 世纪中期，已创办数十所教会学校，但它们的招生对象却仅限于适龄儿童中的极少部分。直到南北战争之后，美国印第安人和联邦政府之间的敌对状态达到了极限，这使得人们再次对印第安人学校教育产生了浓厚的兴趣（Berkhofer，1965；Szasz，1988）。

从19世纪80年代开始，印第安事务局从教会组织手中接管了所有的教育项目，将其作为联邦政府对美国印第安人的"怀柔政策"之一。因此，教育拨款也随之剧增，从1870年前后的2万美元，增长到1900年前后的300万美元。学校的数量和入学率也随之快速增长。到19世纪70年代中期，大约有150所学校，招收了数千名印第安学生；到19世纪末，学校的数量再次翻番，而招生数也超过了2万人。这大概覆盖了将近一半的适龄人口。联邦政府的大幅度调整带来了对美国印第安儿童生活方式的大规模介入干预（Coleman，1993；Hoxie，1984）。

但学校数量的增加仅仅是故事的一个侧面。比起之前的教育策略，这些教育项目的目标更加远大，其中也包括了重建时代的非裔美国人学校。绝大部分的美国印第安儿童——超过了80%——进入这些寄宿制的专门学校学习，远离了家庭和部落文化，其余的孩子也进入了常规日校。第一所也是最著名的一所寄宿制学校，是位于宾夕法尼亚州的卡莱尔学校。它创办于1879年，是由参加过"印第安战役"的退伍军官理查德·亨利·普拉特（Richard Henry Pratt）在军营中建立的。卡莱尔学校后来就成了这类学校的范本。与许多为非裔美国人创办的学校相似，卡莱尔学校的教学目标也是培养学生良好的劳作习惯和行为规范。它的足球队特别有名，还曾在与顶尖大学的比赛中获胜（Adams，1995；Coleman，1993）。

普拉特深信现代文明是比原住民文化更加高级的文明形式，因此要为美国印第安儿童创设一个适宜的环境，改造他们。"要让在野蛮中出生的婴孩适应周边文明的环境，"他宣称，"这样他长大后就能掌握文明的语言和习惯。"因此，寄宿制学校的目的就是消除学生身上所有印第安人的文化传统与身份认同，让他们接受国家主义价值观与基督教信仰。用普拉特的话来说，就是要"扼杀印第安人的种子，拯救一个新人"（转引自Adams，1995，p.52）。

显而易见，联邦政策的目标就是和平化解原住民群体中的对立不满情绪。但他们要解决的最重要的问题是如何让孩子们上学。正如早期的入学率所显示的，并非所有的原住民家庭都愿意送孩子去卡莱尔学校或者类似的学校。但他们中绝大部分人最终被迫接受了政策。他们中有些人愿意孩子接受白人的生活方式，但大多数人认为他们其实别无选择。通过强迫高压、积极招募和个人劝说等一系列方式，在短短数年内，上千名印第安儿童进入学校。尽管关于美国印第安人寄宿制学校的相关联邦政策适用面相对有限，但它却是美国历史上最大规模的、人为的文化改造实验（Szasz，1977）。

在校园中，美国印第安学生往往遭到军事化的对待。他们被迫从事手工劳作训练和道德规训，其课程体系与塔斯基吉模式相似。普拉特还会将卡莱尔学校的学生送到白人家庭中寄居一段时间，从而使其了解白人的生活方式，获得劳动经验。学生们对此反应不一，但绝大部分的感受都是负面的。许多人学会了读、写、算，接受了美国人的习惯和价值观。有些人甚至还能很愉快地回忆起这段经历。但其余许多不服从管教的人则被送回了印第安人保留地，有时候还有学生半夜逃跑。无论他们是否毕业，也无论他们的感受如何，只有极少数的原住民儿童最终融入欧美主流社会中。强制隔离的政策是残酷的，他们的课程带有侵略性和强迫性，仅仅依靠教育的方式进行融合必将遭遇重重困境（Adams，1995）。

印第安事务局文化同化主义政策的失败仅仅是一系列短视政策的一部分。除了质量低劣的职业培训、强制性的道德行为规范，白人的态度也是同化主义政策遭遇的障碍之一。尤其是当学校尝试将印第安学生送往白人家庭寄宿时，这一点表现得尤为明显。尽管他们有时候能受到热情的接待，但大多印第安儿童都被当成外来者和大家好奇的玩物。他们中大多人没有公民身份，因此也遭到了白人无礼的或者种族主义般的对待，往往被强迫参与长时间、高强度的劳动，还没有任何报酬。绝大部分印第安儿童知道自己不受欢迎，因此他们便返回保留地，延续着他们家族与种族的生活方式。从这个意义上看，寄宿制学校实验失败了，普拉特的同化主义目标并未最终实现。印第安儿童的文化身份认同要比普拉特和其他教育家们预计的更加坚定。而大多数美国人也不在乎这些孩子过得是否舒心。事实上，种族主义意识形态十分普遍，尽管印第安人并未遭遇奴隶制或经济压迫，这种意识形态依然成了他们融合的有形障碍。要实现社会如此大规模的改进，仅靠几年学校教育中的强制性同化是不可能的（Coleman，1993；

Gould，1981；Horsman，1981）。

最终，寄宿制学校运动落幕。很快地，普拉特与他这一代教育家也退出了历史舞台。最终，一套更具综合性与文化针对性的政策体系出台。1928 年，著名的《梅里安姆报告》（Merriam Report）发表，这标志着美国印第安人政策的重要转变。显而易见，寄宿制学校无法使印第安儿童放弃他们的文化认同。印第安事务局的教育开销并未真正改变美国印第安人的社会与政治地位。但因受到诸如普拉特等人的压迫与误导，以及联邦政府政治势力与经费资源的支持，学校教育依然被视为改变原住民价值观与行为方式的重要手段。

当然，许多诸如此类的措施都是善意的，实施者相信同化对大多数印第安人而言意味着改变与进步。但与重建时代对待非裔美国人的方式不同的是，改革家们并未在教育改革中尊重教育对象主体的意愿。除了极少数人，大多印第安人对学校教育不感兴趣，他们对制度化的教育教学没有期盼。因此，教育对这一社会群体的价值观及其社会身份的影响力微乎其微（Szasz，1974，1977）。

美国印第安人的案例是学校教育被有意识地运用于引导社会变革的例证。事实上，学校教育的确可以带来巨大的文化改变。但在印第安人的身上，以改变社会角色或社会边缘群体身份为目标的正规教育的作用很小，他们依然是少数族裔。在原住民的教育问题上，改革家们过高地估计了学校教育促进社会变革的力量。他们既没有预计到失败的可能性，也没有真正理解教育在促进社会变革中的限度。在种族主义和国家主义挟持下的文化沙文主义蒙蔽了这些“拯救者”们，使他们低估了任务的艰巨性，并由同化政策引发了更严重的社会问题。总而言之，在这个问题上，社会变革不能仅仅依靠学校教育发挥作用，不能仅仅依靠联邦权威去强制。在印第安事务局监管下，学校中的父权制与不宽容，加速了这些教育实验的失败。

学校教育与社会变革概览

19 世纪后半期是社会加速变革的时代。受到公共学校运动时期价值观的引领，教育改革家们主张将教育作为社会改良与同化的重要手段。在东北部地区，这也的确在安置移民的过程中发挥了重要的作用。在重建时代，同样的做法被用于安置、教育刚刚获得人身解放的奴隶，引导非裔美国人重视学校教育，后来又用于同化美国印第安人。与此同时，欧洲移民的子女大规模地进入学校，追寻他们的"美国梦"。白人女性进入公立高中，受到包容，并为养育未来公民的特定社会角色做准备。这个时代的每一段插曲都传递着学校教育与社会变革的特定经历。它们也共同展示了教育作为社会变革机制的限度与效度。

这些案例很好地展示了学校教育对不同社会群体的不同作用。例如，欧洲移民和白人女性持续受惠于不断增长的教育机会，而其他社会群体则不然。尽管进步的步伐相当缓慢，学校教育更容易惠及来自富裕家庭的儿童，但移民子女的入学率在逐步攀升，越来越多的白人女性开始接受中等教育。不久之后，这两大群体中有越来越多的人可以进入大学。特定女性群体的受教育层次显著提升，这些人大多来自中产阶级。学校教育为她们提供了一定的文化资本。随之而来的社会地位与文凭认证却没有惠及其他群体。即便白人女性缺乏明确的经济与政治权利，她们从学校教育中取得的实惠也是清晰可见的，而这些实惠进一步为她们生活的方方面面提供了便利（尤其是提升了婚姻的满意度）。对于那些欧洲移民主流群体的子女而言，学校教育也成为促进他们参与社会与经济融合的机制。这是"美国梦"重要组成部分，向上流动的可能性再次在美国实现（Rank，2014）。

但对于其他社会群体而言，则有着不同的结局。非裔美国人在南北战争后蜂拥进入学校，他们用辛苦积攒的积蓄、各方捐助的物资与设备支持他们的学校。他们表现出对学校教育的热烈期待，这不断提升着他们的识字率。在极为短暂的"蜜月期"之后，非裔美国人进入了教育的挣扎与迷茫期。从联邦的层面上看，南部各州都缩减了黑人学校的经费支持，严格限制非裔美国人在各方面的权利。由于南部精英集团依赖于依附性劳动力，大部分白人并不想让黑人的教育危及既有的社会秩序。这造成了学校教育的匮乏和学习资源的贫瘠，无法实现社会进步。

由此可见，种族与社会身份的问题超越了学校教育的边界。非裔美国人在面对严酷的种族歧视时依然取得了教育的进步。但就算是诸如杜波依斯之类在美国历史上堪称杰出知识分子的人物，也无法在白人的大学之中获得教职。事实上，他甚至无法在南部的高中任教。直接歧视仅仅是历史进程中的一部分。到 19 世纪末，南部的黑人教育危在旦夕。非裔美国人的学业成绩逐年下降，进一步提升的可能性微乎其微。即便在北部，受过教育的非裔美国人也基本不可能找到和他们的文凭相称的工作。尽管非裔美国人非常重视教育，教育却无法改变他们的身份地位。除了极少数人，非裔美国人基本无法从学校教育中受惠。在这种情况下，教育变革社会的理想基本无法实现。

美国印第安人的处境与非裔美国人相似，至少从学校教育的功能上看是这样。虽然联邦发起了面向每一位印第安人的教育改革运动，却无法改变他们的社会地位，也无法实现同化。美国印第安人并不渴望学校教育，那些送孩子去政府办的学校上学的家长也往往是不情愿的，还有人坚决抵制。但就算印第安人愿意通过学校教育实现社会进步，他们也是不可能成功的。针对他们的学校设置就不是为了实现社会流动的，绝大部分美国人并不愿意接受与他们平起平坐。对于这些族群而言，融入社会并实现进步不能只依靠学校教育的力量。

这些历史事实说明，种族是美国社会生活中的重要因素之一。种族主义意识形态认为，非白人群体在智力和道德上都是"次等族群"，这使得大多数白人不愿意接受非裔美国人以及印第安人与自己平等的社会地位。对欧洲移民的歧视，虽然一开始也是通过种族主义观念表达的，但其结局却大相径庭。虽然爱尔兰裔美国人在一开始遭到驱逐，但因为他们是白皮肤，所以他们最终实现了与主流社会的融合。欧洲移民的子女大多在经济上最终获得了成就，学会了说英语，融入了白人主流社会，旧有的族群标签也就逐渐褪色。事实上，正如一些历史学家所言，爱尔兰人和其他外来人口最终"成了白人"，部分原因是他们也表现出了反对黑人的行为（Ignatiev，1995；Jacobson，1998；Roediger，1999）。对欧洲移民而言，他们在生理和文化特质上与绝大部分白人相似，这限制了种族主义对他们社会融合的制约。

而对于来自欧洲之外的少数族裔——包括西南部的墨西哥裔和西部的亚裔——而言，故事的结局则不尽然。由于他们有着显著的生理区隔，社会歧视无处不在，对于这些族群而言是不可能实现同化的。尽管出现了南北战争以及随之而来的废奴运动，但种族主义依然是当时美国文化中的一股强大力量。因此，出现那些认为职业教育才适合这些族群的观念，也就不足为奇了。这一观念也往往成了为南北教育经费不平等辩护的证据。大部分美国人接受了这样一种由种族差异性所引发的想象中的不平等，并使其与现实的不平等关联起来。直到数十年之后，才有相当数量的美国白人开始质疑这一点（Takaki，1979）。

当然，性别也是美国社会生活中的重要因素。性别歧视当时较为普遍，这使得女性处于依附地位。性别主义使得绝大部分美国人，当然也包括部分女性，在面对女性争取平等地位或者争取超越母职的权利的时候，表现得十分震惊。社会劳动中的性别分工相当普遍，这也将女性的社会角色圈进极为有限的范畴中。尽管如此，美国人大多接受了白人女性应该上学、应该和男性学习同样科目的观点。这些观念根植于“国民之母”的理念。当然，也有例外，诸如爱德华·克拉克的作品所引发的争论便是例证。大多数美国学校都是男女合校的，男孩与女孩在适当的监督之下一起上课也是应有之道。尽管性别主义在社会生活的其他方面有着限制，但它为女性受教育，尤其是为白人女性受教育，打开了大门。

然而，即便女性能够上学，性别歧视依然是社会生活的重要方面，并逐渐改变了女性社会地位的方方面面。女性能够受教育并不意味着她们能够与男性平等竞争，或者变得更加独立。保守派社会观念依然认为女性的社会角色是有禁区的。但如前所述，女性的就业机会的确开始增多，这在很大程度上归功于大规模的受过教育的女性人口的准备。这些职业角色，需要正规教育所提供的文化资本与人力资本。除了就业之外，受过教育的白人女性也运用她们在学校学到的知识教育自己的子女，并在城市中产阶级中寻找自己满意的伴侣。尽管她们的社会角色有限，但女性的确成了教育成果的拾穗者。学校教育对于她们而言，似乎是起到了推动社会变革的作用——尽管这一变革是缓慢的。

因此，性别与种族在教育中的映射是不同的。种族主义对于非裔美国人和印第安人而言是桎梏。它成了社会进步的绊脚石，成为一系列社会变革的枷锁。另外，性别主义在很大程度上限制了女性的机会，却为特定群体的女性打开了自我实现的大门。性别表现出另一种形态，它既坚固又具可塑性，使得女性能够在抗争中胜利，能够以极为重要的方式为全社会贡献力量。

诸如此类的差异性，都是意识形态领域中历史变迁多样性的结果，也从不同的侧面形塑着教育。有一些群体认为，学校教育是社会进步的推动剂；而另一些群体，如非裔美国人和印第安人、墨西哥裔和亚裔美国人，则认为这是社会歧视的放大器。因此，对于部分群体而言，学校意味着改善与机会，是希望的源泉；而对另一部分群体而言，这就是纯粹的幻想，是海市蜃楼。种族主义与性别主义意识形态，塑造了学校改变特定群体社会地位的能力。教育需要时间，去证明自己最终能够促进每一个人实现更有效的自我改善。

04

第四章

发展、变革与分化：进步主义时代

1901 年 1 月 1 日，激动的美国人面对新的世纪，宣称这将是一个充满无限可能性的新时代。虽然有很多的设想都遥不可及，但对于新世纪的渴望与期盼却是普遍的。从社会变革的角度看，新世纪所开启的是美国历史上最著名的一个时期。在这个时期，经济快速发展，社会变革如火如荼。现代城市文明成形，进而引发了一系列新的社会问题。今天我们熟知的许多社会机制与公共政策，从那时开始日渐完善，其中就包括学校制度。

1890—1920 年被称为“进步主义时期”。这一称谓本身就意味着改善与进步，尤其是社会变革。它深受西奥多·罗斯福和伍德罗·威尔逊（Woodrow Wilson）等政治领袖以及埃达·塔贝尔（Ida Tarbell）、雅各布·里斯（Jacob Riis）等揭发黑幕的记者的影响。学校也关涉其中。在这个时期出现了许多新的教育观念与实践。实际上，从那时候起，现代教学理念中最重要的一个流派——进步主义教育便成形了。这引发了诸多争议与辩论，至今依然启发着教育工作者们。因此，理解进步主义教育是理解这个时代的关键（Goldman，1952；Hofstadter，1955b；May，1964）。

但教育与社会变革并不能决定时代的走向。工业化与城市化的快速发展才是决定一切的要素。虽然它们在早前的历史时期中就已经引发了社会巨变，但在这一时期不同的是它们影响的范畴与变革的速度。到 20 世纪，工业化和城市化已经达到了前所未有的高度。公司已然成为庞然大物，大规模生产所需的新技术的出现使得服务远端市场成为可能。工业化不断加速，国际贸易与移民热潮相继出现。在全球化的黎明期，美国原有的田园主义风格逐渐消散（O'Rourke & Williamson，2001）。数百万移民涌入城市，迫切地寻找着工作机会。文化差异性愈发显著，哪怕在同一条街道上都充斥着数十种语言。美国社会的变化越来越显著，变得越来越复杂（Hays，1957/1995；Higgs，1971；Rodgers，1998）。这变成了社会焦虑的来源，并最终引发了社会变革。正如历史学家罗伯特·维贝（Robert Wiebe）所言，"寻求秩序化"成了这一时期美国历史的主旋律（Wiebe，1967）。

简言之，进步主义就代表着对工业化和城市化快速发展的回应。用克雷明的话说，就是"将人道主义普遍地用于美国生活的方方面面……用于解决 19 世纪后半期出现的由城市工业化所引发的社会矛盾"（Cremin，1961）。无论这些改革措施是否算得上是人道的，至少教育是这一时期社会变革的重要组成部分。正是在这一时期，学校教育被赋予各种社会使命。社会变得越来越复杂多样，教育制度也是如此。在分析这些问题之前，让我们先思考一下这一时期所面对的挑战。

焦点：美国城市化时代的来临

毫无疑问，大城市中的社会环境深深地影响着儿童。这种影响力是多方面的，但许多人认为其中最重要的方面是长期以来约束着儿童行为的传统权威影响的弱化。城市的发展带来了自由与开放，年轻人行为的自由度也越来越大。这些变化并非突如其来，而是受社会普遍流行的文化范式的影响。新事物成了时尚，成了城市中年轻人最关注的事情。

安琪亚·叶捷尔斯卡（Anzia Yezierska）在20世纪早期移民到美国，成了当时全球化人口流动中的一分子。她是犹太人，她和家人都来自波兰，住在曼哈顿繁华的下东区。与其他移民一样，她挣扎着理解、适应这个陌生的、充斥着矛盾冲突的环境。后来，她成了一位关注移民问题的作家；同时，她还是一位社会活动家，与教育哲学家杜威还有过一段柏拉图式的友情。在1925年，她出版了半自传体小说《养家糊口的人：旧大陆的父亲与新大陆的女儿的斗争史》（*Bread Givers, A Struggle between a Father of the Old World and a Daughter of the New World*），在其中她描绘了自己的种种遭遇。这是一个关于全新的城市空间中移民女性所遭遇的工作转换以及两难困境的故事（Henriksen，1988；Westbrook，1994；Yezierska，1925）。

叶捷尔斯卡笔下的主人公名叫萨拉·斯莫林斯基（Sarah Smolinsky），是一位犹太教拉比的小女儿。与其他虔诚的犹太人一样，她的父亲将自己毕生的精力都奉献给犹太教的经典"摩西五经"。虽然她的父亲有微薄的收入，但他们全家都过得很拮据，萨拉和她的姐姐们也时常需要忍受父亲的威权。她的父亲是个传统派，希望儿女们敬畏他，全家的生计也需要由他来管理。这就是那个时代的女性所遭受的父权制。正如叶捷尔斯卡所嘲讽的那样：

> 她们只需要在家给男人做饭，给男人洗衣，不要唠叨、咒骂或把男人们赶出家门。只要她们能让男人安静地研习"摩西五经"，那么，她们就可以和男人一起来到天堂，在天堂里等待。

在叶捷尔斯卡的书中，她描绘了出租屋中悲惨、拥挤的居住环境。全家人挤在一间狭小的公寓中，房间里光线昏暗，通风不佳，下水排放设备不足。他们几乎从未离开那个充斥着拥挤的公寓和肮脏街道的"下曼哈顿"地区。他们艰难度日，对未来不抱任何希望。萨拉是个聪颖的学生，但在她正统固执的父亲看来，女人是不可能成为学者的。她需要做的就是帮忙贴补家庭，服从双亲，尤其是她的父亲。但随着萨拉渐渐长大，她发现越来越难以服从父亲的要求。

他们之间冲突的导火索是萨拉目睹三位姐姐的包办婚姻。她们按照父亲的安排嫁给了毫无感情基础的对象。她们的父亲在这几场联姻中拿到了钱，也就是传统意义上的“彩礼”。而她们的夫家也并不富裕，挣扎在温饱线上，希望妻子能够循规蹈矩地生活。事实上，萨拉看着姐姐们陷入绝望的生活之中、遭遇伴侣的冷遇，心中充满了恐惧。“我开始想着，不能再重蹈姐姐们的覆辙。”她说，“如果说她们都没有时间和精力去恨父亲，她们太害怕了而不愿意承认……那么，我能自救吗？即便我将面对绝境，我也要勇敢地面对。”她决心不再走姐姐们的老路，必须逃离父亲的威权。

在全书的最后，萨拉逃离了家庭的掌控，离开了贫民窟。受够了父亲的威压和对婚姻的恐惧，萨拉毅然离家出走。她在洗衣店找到了一份工作，自己租了房子单过。尽管她自己的小天地也是家徒四壁，但她感受到了独立和自我价值。在查看她自己的出租屋时，她注意到房间里有一扇门，这是她原来家庭所住的公寓中不曾有过的。“这扇门就是生命，”她说，“这是自由的空气。这是成为一个人的起点。我只要有一间能够关着门的屋子就可以了。”萨拉·斯莫林斯基因此开启了全新的自我定义之路，她告别了长久以来她不认可的外部世界，日益获得掌控自我命运的能力。

在叶捷尔斯卡的书中，教育是这一系列变化的源头。独立的萨拉聪明而勤奋，很快就发现自己能够申请学院的奖学金。因此，她决心去学习进修，这在她父亲的父权制观念中简直是天方夜谭。她发现，虽然她需要继续挣扎于自己的社会身份与文化认同之中，但学院的生活依然令人振奋。随着自身阅历的不断丰富，萨拉决心学习教育学，立志成为一名教师。最终，她毕业了，成了一名受过教育的独立女性，拥有自己的专业，并且最终能够冷静地面对她的家庭。这是一个成功逆袭的故事，她战胜了传统的权威，找到了属于自己的人生道路。这个故事也融合了这个时代移民群体通过奋斗获得成功的诸多主题。从这个意义上看，它代表着爱尔兰裔和其他欧洲移民向上流动与融合的社会道路。

叶捷尔斯卡是一位敏锐的观察家，她的写作扣人心弦。她不仅亲身经历了许多她在《养家糊口的人》中描述的事件，而且还描绘了许多其他女性的生活。在纽约和其他北方城市的贫民窟中，有数百万移民儿童在挣扎生活。尽管他们的家长往往持有传统的价值观，但年轻一代人必然接受快速发展的城市化节奏和日新月异的年轻时尚观。他们的居住环境拥挤，但城市之中不断变革的氛围为他们描绘了美好的前景。只要城市工业经济不断发展，那么他们就必然拥有不断改进的机会（Binder & Reimers，1995；Kessner，1977）。

作为一部历史类小说,《养家糊口的人》捕捉到两代人之间的矛盾斗争，同时强调了移民群体中女性所面对的困境。她们深爱自己的家庭，但往往也受到传统的桎梏，从而被限制了选择的机会。当然，她们中绝大部分人都愿意服从，在本族内部通婚，并继续用传统的价值观来养育她们自己的孩子。但有部分人，就像萨拉一样，则起来反抗她们的命运。大部分女性并没有经历与传统的激烈对抗，但快速发展的城市文化使服从权威变得越来越困难。在贫民窟之外有着广阔闪耀的天地，孩子们终将发现它。而对于年轻的女性而言，这些闪耀则更有活力（Gabaccia，1994；Harzig，1997；Olneck，2008）。

教育是这个故事的重要组成部分。毫不意外的是，叶捷尔斯卡发现上大学是逃离传统家庭的最佳机会。对于数千名移民和他们的子女而言，正规教育是在社会上得以提升的途径。尤其对于犹太移民而言，更是如此。这一群体的子女大多接受了学校教育。学校教育为他们提供了在劳动力市场上所需要的技能，培养了他们更好地说英语和接受美国文化其他方面的能力（Brumberg，1986）。对于有能力的年轻女性，就像萨拉和叶捷尔斯卡自己，各式各类的高等教育形式——无论是师范学校、学院，还是专业化的培训机构——都为她们提供了获得专业身份和独立人格的机会。到20世纪20年代为止，移民群体中的女性成了纽约市教师群体最庞大的组成部分。渐渐地，在其他城市也出现了类似的现象。受教育就意味着潜移默化地融入，它还意味着更大程度的独立，对许多女性而言，意味着摆脱依附于婚姻的强制劳作。从这个意义上看，学校教育有助于帮助她们挣脱传统的锁链（Markowitz，1993；Rousmaniere，1997）。

庞杂的城市文化的出现塑造了儿童的新时代。交通快速发展，日益便捷，各种各样的机会令人眼花缭乱，这也让年轻人迫切地向往独立。就算父母们依然想管束孩子，他们也会觉得管孩子变得越来越难。其他变化也影响了家庭生活。家庭规模变得越来越小，宽容与同情越来越多地成了家庭生活的主旋律（Mintz，2004；Mintz & Kellogg，1988）。正如我们在下一章所讨论的那样，这些变革带来了越来越多的独立性与儿童的自由表达。正如一位历史学家所言，青少年成了“时代的鼓手”，开启了青春期的文化时代（Graff，1995）。教育机会的增加与教育形式的更新成了关键。这是一个快速变革的时代，这是一个充满机遇的时代，这是 20 世纪。

成长与分化：不确定的时代

正如第三章所言，19 世纪的最后 10 年见证了罕见的经济快速增长。这是工业革命的高潮期，制造业的产能、城市的发展与移民人数的增加都达到了前所未有的高度。这也是社会的动荡期，快速的社会变革引发了诸多社会矛盾。科学的进步改变了人们的生活方式，关于自然与社会的理论变革挑战了传统的宗教信仰。国际交往增多，来自国外的观念以新的方式影响着美国的社会思潮。即便从今天的角度看，革新的速度不断加快，也使得我们难以评估当时变革的频次（Crunden，1982；Hays，1957/1995；Rodgers，1998）。

我们可以从社会与经济的基本指数中窥见一斑。例如，从 19 世纪 70 年代到 20 世纪初，国家铁路网增长为原来的 4 倍，从原先的 8 万千米增长到 32 万千米，这极大程度地缩短了旅行时间。非农业劳动力占比已接近 60%，这与过去形成鲜明反差。同时，随着工业产能的增长，一些城市也获得前所未有的扩张。在 1870—1910 年，芝加哥的人口规模每十年翻一番，最终逼近 200 万人。其他大城市的人口也以类似的速度增长，有时仅仅是程度稍逊而已。从整体上看，到 1900 年为止，居住在城市地区的人口占比已达 40%；1920 年，城市居民已占全国总人口的绝大多数。毫无疑问，20 世纪的社会环境是绝对意义上的城市化，这一时期是美国国家发展历程中的新阶段（Brownlee，1979；Chudacoff，1975；Higgs，1971）。

随着城市的发展，社会秩序也出现了微妙且极为重要的系统变化。贸易的繁荣、劳动分工的进一步细化，带来了更加精细的专业化。这些分化带来了一系列新的职业角色与社会分层。在较大的城市中，新的经济职能不断发育，一系列社会文化组织成形。对于年轻的女性而言，她们越来越有可能根据自己的喜好在洗衣房、鞋帽店、歌舞厅以及其他各类商业实体中找到工作。对于男性而言，新的职业也在不断出现，从各式各样的工程机械类工作到有轨电车司机、警察、侦探，不计其数。社会与经济职能的出现并不局限于特定的小范围。整体来看，1870—1910 年，从事专门职业的人数增长了近 5 倍。雨后春笋般崭新的就业机会使得雇佣市场出现了前几代人无法想象的自由与选择权（Hershberg，1981；Schnore，1974；VanOverbeke，2008；Zunz，1982）。

在城市生活光鲜亮丽的背后还隐藏着它的另一面。飞速发展与社会分化松开了社会凝聚力的束缚，给社会团结留下的空间便越来越小。芝加哥社会学家路易斯·沃斯（Louis Wirth）意识到大城市的生活见证了社区的消亡。人们不再了解自己的邻居，社会关系越来越原子化。在许多方面，社会资本逐渐消散。在高度城市化的地区，人们以社会或职业角色被识别，而不再作为个体。城市的发展带来了更大程度的自由与更多的机会，但也带来了更多令人感到陌生的分离与隔绝。这也是社会变革的重要方面：城市的扩张，带来了人文主义汪洋的退潮（Hogan，1985；Reiss，1964）。

社会变革的其他特征也使得这一时代变得与众不同。对产业工人的需求助推了移民浪潮，在 1907 年，年度移民总数近 100 万人，达到峰值。这是全球化在人数方面最显著的例证。大量新移民的到来促进了城市的繁荣，他们形成了不同的聚居区，并在社会文化上与他们的家乡保持着千丝万缕的联系。城市成了各个差异化极强的社区所组成的拼盘。不同的宗教或民族传统使它们各具特色。到第一次世界大战时期，移民浪潮开始退潮，此时，移民及其子女已占全国人口的 1/4。在城市化的东北部和中西部的上部地区，他们成了人口的绝大多数（Archdeacon，1983；Bulmer，1984）。

第一批移民来自西欧各国，诸如德国、爱尔兰、英国。在20世纪前后，大规模的移民大多来自更加贫困的南欧和东欧地区，尤其是意大利、波兰和俄罗斯。大多新移民是罗马天主教徒，还有一部分很重要的少数派是犹太教徒，这两大宗教在历史上被美国人视为眼中钉。在大城市中，移民家庭大约占全体居民的2/3，这带来了巨大的文化差异。本土出生的清教徒发现他们尽管依然享受威望与特权，但在城市中竟成了少数派。在崭新的城市化和多样性出现数十年后，传统的社会身份区隔一去不复返（Barton，1975；Gleason，1992）。

除了文化的差异性，在这一时期，不平等的鸿沟不断扩大。工业化与工厂制使得数千名工人聚集在恶劣的环境之中。他们收入微薄，职业安全性差。每周工作60小时成了家常便饭，在遭遇工伤或解雇时工人毫无保障可言。因此，这些因素也共同促成了反抗情绪以及随之而来的大规模罢工。这也使得阶级斗争成了必然的结果。工人遭到了奴隶般的待遇，迫使他们站起来革命，暴力反抗资本家和政府当局。在经济的低谷期，大批工人被解雇，劳资矛盾所带来的冲突有时甚至需要数千人的警力甚至军队的镇压（Stowell，1999）。

1886年芝加哥干草市场广场的罢工导致10人身亡，这使得劳资冲突引发了全国的关注。在1894年，联邦当局为了阻止全国铁路工人的大罢工，逮捕了劳工领袖尤金·德布斯（Eugene Debs）。在这一时期还有许多此类斗争。这些公开事件带来了公众对社会变革的速度与方向的忧虑。即便是相对小规模的暴乱，也带来了人们对劳工冲突所引发的全国社会治安的焦虑。对于许多中产阶级美国人而言，这些焦虑很难平复（Babson，1999；von Waltershausen，1999）。

与此同时，社会财富越来越集中在少数企业主和银行家手中。这就是“强盗大亨”（robber barons）的时代，涌现出诸如安德鲁·卡内基（Andrew Carnegie）、亨利·摩根（Henry Morgan）和约翰·洛克菲勒（John Rockefeller）这样的人。在今天，这些名字往往和慈善或文化联系起来。但在世纪之交，他们名声不佳，通过垄断不顾一切地积累巨额财富，从而限制竞争，抵制市场规范，反对改善工作环境（Wiebe，1967）。他们的经济成就反映出社会财富集中过程中托拉斯的显著优势。因此，在大多数人眼中，他们的公司成了贪婪放肆的霸权的化身。对于同时代的同行而言，他们对权力的把控更甚于政府当局。不道德的企业大亨的社会理念不断泛化，进一步加剧了公众对未来的焦虑（Crunden，1982；Goldman，1952；Hofstadter，1955b）。

这是一个普遍焦虑的时代，政治上的斗争、冲突也随处可见。农民受到农产品价格剧烈变动的影响，受到工业化经济和商品监管的限制。逐渐地，他们在面对铁路大发展、经纪人、包装公司和一系列中间商时不堪一击。随着19世纪80年代工业萧条期的来临，商品价格剧烈下跌，农民也被迫组织起来，形成了一个激进的新组织——农民联盟（Farmers Alliance）。在随后的数十年间，这一组织发展迅猛。最终，他们所代表的平民党在1896年推举了他们的总统候选人威廉·詹宁斯·布莱恩（William Jennings Bryan）。尽管布莱恩最终落选，但这意味着农民并不能免遭城市化工业所带来的社会秩序混乱的影响。对于大多数美国人而言，这些事件的持续发酵孕育了社会政治变革的契机（Goodwyn，1978）。

19世纪末还是一个科学技术飞速进步的时代。各类发明和科学发现日新月异，诸如电灯、电话、燃气灶、内燃机等设备不断涌现。亚历山大·格雷厄姆·贝尔（Alexander Graham Bell）和爱迪生（Thomas Edison）成了家喻户晓的英雄人物，他们的实验室也不断生产出新的产品。最终，汽车和大规模生产技术塑造了交通运输和大众文化的新时代。亨利·福特（Henry Ford）成了另一位民族偶像。所有的这些技术成就都至关重要，它们共同促成了对过去的告别。技术不再仅仅限于工厂，也不仅是为了使产品更好、价格更低。新发明开始对人们的日常生活产生显著的影响，也促使公众改变了对不断加速的社会变革的认识（Cowan，1997）。

但科学的进步也带来了另一股变革的浪潮。许多著名的社会思潮都受到了查尔斯·达尔文（Charles Darwin）提出的进化论的影响。从表面上看，达尔文的自然选择理论挑战了传统的宗教生活观与人生观，但它更深层的结果是改变了许多人看待世界的方式，对科学与技术产生了更加深刻的影响（Moore，197；Russett，1976）。

达尔文的影响超越了自然科学与宗教。他的学说被广泛地用于解释许多其他现象，诸如人类行为。其中最著名的就是社会达尔文主义的出现，它日渐成为社会主流意识形态，用于证明改变贫困是毫无意义的，也是违反自然界规律的。社会达尔文主义认为，穷人受贫困折磨，这是他们个人能力不足和工作态度不佳的自然结果。因此，自然选择逻辑便用于证明财富与文化资本的优势。富人的高级身份地位就是自然而然的结果。尽管达尔文挑战了许多正统意识形态，例如宗教，但它也强化或夸大了物竞天择在其他方面的作用。从各个角度看，新观念的涌现告诉我们，传统的时代已成过去，科学理论和发现必将改变生活。用阿道斯·赫胥黎（Aldous Huxley）引用的那句莎士比亚格言来说："这是一个充满勇气的新世界，是一个创造出无限不确定性的新时代。"（Bannister，1979；Hawkins，1997）

随着新世纪的来临，改革随处可见。对于生于农场之中而长在城市里的美国人而言，无论在实际上还是在夸张隐喻之中，社会变革的速度都是令人震惊的。这带来了一系列对传统价值观和未来世代的质疑，也启发了一系列新的变革，后来被统称为"进步主义"。但在这一系列变革中，有一类改革最为显著。它延续着美国人引以为傲的、珍贵的传统，实现了现代工业社会的自我救赎，这就是学校教育的变革。

进步主义教育

在这一时期，变革触及生活的方方面面，但很少有哪一方面像教育一样所受影响如此之大。为了回应时代的需求，一些新的社会机制开始用于调节社会变革。在关于学校的问题上，涌现出一系列新观念和实践变革，这便被称为"进步"。这些改革包括了许许多多的类型，其中有一些改革措施在观念和精神上是彼此龃龉的。因此，这也带来了这一时期围绕学校问题的许多辩论与不同观念。事实上，围绕着教育问题的讨论听众众多，也由此引发了更大范围的关注。这些争论也使得进步主义教育不可避免地留下各式各样的印记。从最广泛的意义上看，进步主义教育包括了各式各样的改革，它既关注重塑学校，也关注教育在改造社会秩序中的重要作用（Cremin，1961）。

从一般意义上看，历史学家认为进步主义教育存在着两条大的脉络。其中之一就是人文主义，它主张教育应该更加关注儿童的需求，要让学校与地方社区密切合作。此类观点的杰出代表包括约翰·杜威、弗朗西斯·帕克（Francis Parker）和威廉·赫德·克伯屈（William Heard Kilpatrick），他们领导了当时最著名的系列改革。历史学家大卫·塔耶克将这些教育家称为“教学进步主义者”，他们大多旨在改革教学方法。另一条脉络则少了些理想主义色彩，更多地关注学校作为一个经济体的效能问题。塔耶克将这类观点的代表人物称为“管理进步主义者”，因为他们尤其关注学校的组织结构与功能机制。从历史上看，他们对学校制度的发展产生了极为重要的影响。因此，诸如“效率”“管理”和“职业主义”等术语就成了教育的关键词。它们共同构成了进步主义的神话（Tyack，1974）。

可以看出，进步主义教育的这些群体中的看法与价值观是千差万别的。在不同的时期，他们各自的领袖人物积极参与到各类辩论之中。但在大部分情况下，他们是可以共存的，这主要是因为他们关注的对象各不相同。如前所述，教学进步主义大多关注教室之中的问题，即个人成长与认识理解等问题。他们的影响力主要集中在初等教育之中，尤其是对儿童的教育。他们带来了学校教育根本性的积极变革，目标是使学校教育更加关注学生的需求与兴趣。

而管理进步主义者则更加关注教室之外的事务，例如学校组织、课程目标、能力测量等。当然，这些问题也对教学产生了重要的影响，但管理进步主义者从整体上看，并不关注教学手段。相反，他们关注更加宽泛的教育任务，而将教学实践留给了教师。教学进步主义者则希望引导、启发教师。从这个意义上看，进步主义学校改革的诸方面虽然偶有矛盾，但大多可以和谐共存（Kliebard，1986；Labaree，2010）。

当然，对于许多教育家而言，现实往往比一般的假设更加复杂。他们中许多人受到了两大变革浪潮的共同影响，却没有意识到它们之间有观念上的差异。这是一个不顾一切的改革时代，所有的改革都被认为是有用的。因此，改革的双方也都接受了实用主义。这使改革的过程更加纷繁复杂，彼此之间在不同方面既互相排斥，又可以彼此融合。这便是进步主义教育的矛盾体，它塑造了今天学校制度的方方面面（Graham，1974；Zilversmit，1993）。

教学进步主义

与政治上的进步主义运动一样，历史学家们也将进步主义教育与记者们揭露学校丑闻的报道联系在一起。约瑟夫·迈耶·赖斯（Joseph Meyer Rice）是一名儿科医生，在 19 世纪 90 年代曾周游全国，对大城市学校系统中的儿童和教室环境进行卫生检查。他将自己的见闻发表于《论坛》（*The Forum*），这是当时一份致力于揭发黑幕（且有志于改革）的刊物。赖斯所揭露的内容震惊了全国。在他的报道中，儿童像机器人一样记忆、背诵，在狭窄拥挤的教室里保持沉默；班级规模很大，体罚是教师们常用的教学手段。作为一名医生，他质疑这样的环境如何能促进儿童成长。儿童有可能在违背自然天性的情况下去学习、去锻炼身心吗？在拥挤、设备简陋的教室里长达几个小时的静坐，真的有利于健康吗？在繁荣发展的城市学区中，人们在使用设施配备时往往无视建筑设计的规范，许多其他的观察家也指出了相似的问题。更重要的是，越来越多的改革家开始对儿童如何学习的问题感兴趣，他们开始考虑为儿童选择记忆和背诵之外的学习方式。看来是时候改变了，人们开始以一种新的方式思考教与学的问题（Cremin，1961）。

如前所述，教学进步主义更加提倡人文情怀，鼓励学校教学以儿童喜闻乐见的方式开展。他们挑战那种强化记忆和背诵进而强化心智与纪律的官能心理学的基本逻辑，认为儿童学习最重要的原则就是激发兴趣，表达自我，积极地探索问题。从这个角度看，他们代表了欧洲思想家福禄贝尔、裴斯泰洛齐和约翰·赫尔巴特（Johann Herbart）的观点，这些人物也得到了贺拉斯·曼和其他美国教育家的推崇。这些观念影响了爱德华·谢尔登（Edward Sheldon），他曾在纽约的奥斯威戈师范学校任教，是美国裴斯泰洛齐教学法的主要推动者。谢尔登提倡实物教学，这成了今天“实物课”的原型；他也就教学法的问题开展各类讲座。教学进步主义还受到了威廉·詹姆斯（William James）的影响，他是哈佛大学的一位心理学教授，非常强调经验的重要性，而他的兄弟亨利·詹姆斯（Henry James）是一位著名的小说家。这些教育家与志同道合的思想家们一同，批评一味强调以静默发展人的天赋观念和心智能力的做法，主张解决那些事关儿童成长与学习的真问题。他们认为，教育应该是快乐的，应该让儿童遵循他们天然的好奇心去理解世界。学校不应该是沉闷的、强制性的，而应该是自由的，这样才能帮助儿童释放天生的学习能动性（Cremin，1961；Curti，1959；Reese，2001）。

最著名的教学进步主义教育家是约翰·杜威，当然还有其他一些代表人物。杜威于 1859 年出生于佛蒙特州。在他出生前几个月，贺拉斯·曼逝世。他在当地的学校上学，后来曾当过一段时间教师，之后又去约翰·霍普金斯大学哲学系攻读研究生。他逐渐接受了影响甚广的基于经验的学习观，成了当时美国杰出的哲学家。他还因在芝加哥大学实验学校开展的实验闻名，这是他入职芝加哥大学后创办的一所实验学校。杜威在实验学校的研究工作，后来都凝结于他早期的诸多教育作品之中（Dykhuizen，1973；Ryan，1995）。

与传统的教育家不同，杜威深信教育必然蕴藏于儿童与课程的相互联系之中，蕴藏于学校与社会的联系之中。但杜威并不是一位激进的改革家，他并不主张完全抛弃传统的学术类课程，让儿童根据自己一时的兴致与异想天开去活动。相反，他认为不同的课程应该区别对待，要运用广大世界之中的经验帮助儿童理解历史、生物、地理和其他知识领域。相应的，实验学校的儿童通过参观博物馆和历史遗址来理解历史，通过参观工厂来了解经济，在公园和自然环境中开展生物学实验。在这许多方面，杜威和实验学校的教师们［他的妻子爱丽丝（Alice）负责管理学校］通过实验来更好地理解教与学。这所学校的规模很小，但有着聪颖机智且有奉献精神的教师群体，他们给予学生充分的个性化关注。这种做法与当时迅猛发展的公立学校是匹配的，虽然在当时尚未被意识到，因为当时的公立学校要解决的首要问题是大班额和辍学问题。但杜威坚持研究他对于经验的认识，并将其思考的结论用于指导学校改革实验（Cremin，1961；Kliebard，1986；Tanner，1997）。

杜威认为，学校制度是现代民主社会中的关键机制。他指出，正是这一社会机构为公民提供了参与政治生活所需要的知识与技能。这一观点事实上也回应了数十年前贺拉斯·曼的认识。但杜威还坚信学校应该培养科学的情感态度，以促进社会秩序的变革。因此可以说，他对于学校职能的认识超越了贺拉斯·曼。对杜威而言，民主不仅仅意味着有政治意识的、有知识技能的公民，还与实现每个人最充分发展的生活方式密切联系。因此，民主包括一系列观念，诸如忍耐、公平竞争、批判性思维以及尊重他人。总之，他认为这是集体智慧的最高形式。他指出，民主社会要想成功，学校就必须帮助塑造这些价值观，并传递这些价值观的重要经验。简言之，杜威认为学校是微型社会，要教给学生终生不会遗忘的民主价值观。学校要帮助大部分孩子解决他们在家庭之外所遇到的各类问题，杜威认为这对于民主价值观与实践而言至关重要（Westbrook，1991）。

急剧的社会变革也促进了杜威对学校的认识以及对学校社会角色的重要理解。与其他人一样，他对大范围的社会变革保持警惕，尤其是在芝加哥、纽约这样的大城市。他自己也在这些地区长期生活过。他关注日益明显的社会贫富差异、劳资矛盾，以及由宗教与种族差异所引发的社会分裂。人们的工作、生活日益脱离了个人所能掌控的轨道。他认为，工业化已经将他们变成"机器的附属物"。因此，他认为学校应该比过去发挥更加重要的作用。贺拉斯·曼在他的时代，使用了工业化的隐喻，认为学校是一架"平衡机"；杜威则认为学校应成为摆脱经济生活劫掠的避难所，成为学习民主价值观的关键场域（Dykhuizen，1973）。

与贺拉斯·曼一样，杜威认为公共学校的核心理念就是在同一个社会机制中完成不同集团的道德关联。但他还意识到在城市化的区域，现实中存在着社会经济的差异性。为了实现让所有孩子上学的理想，至少在初等教育阶段实现教育普及，他更加强调学校中社区的建构。他强调学校肩负着传递民主生活与科学理性的职能，在快速的社会变革期必须推进民主繁荣。由于社会群体之间的鸿沟在不断加大，教育成了维系文明体的重要机制。从这个意义上看，杜威的观点不仅仅关乎人文主义的教学实践，更关系到美国核心价值观的保存（McCluskey，1958；Westbrook，1991）。

杜威并不是第一位教学进步主义者，他的理念综合了诸位持有相似观念的教育家的观点。在弗朗西斯·帕克上校之后，芝加哥变成了孕育这些观念的温床。帕克是一位南北战争时期的退伍军人，后来成了一位教育家。19世纪90年代，他曾在库克县师范学校掀起了一场教学改革。在马萨诸塞州昆西市担任督学之后，帕克也因其所提倡的教学改革而声名大噪。在昆西，他抛弃了传统的苦练和背诵等教学法，强调培养儿童天然的好奇心和求知力。昆西学校吸引了来自全世界的教育工作者前来参观，他们使用实物教学法、田野游戏等教学方法，让儿童自由地解决问题。在芝加哥，帕克创办了一所实习学校，用于在实际教学中演示这些教学法。我们毫不意外地发现，杜威也将自己的孩子送入帕克的学校。后来，两位教育家合作生成了新的教育教学方法。帕克是进步主义教育的重要代表，他的观点也经常出现在杜威的作品里（Curti，1959；Ryan，1995）。

帕克的学校代表着进步主义教育运动早期的实践，在接下来的数十年间成了进步主义教育的里程碑。在帕克、杜威以及其他教育家的启发之下，数十名有远见的教育家集合起来创办了许多所实践进步主义教学原则的学校。在 1915 年，杜威和他的女儿伊芙琳（Evelyn）出版了《明日之学校》（*Schools of To-Morrow*），在其中描述了美国多所进步主义教育机构。这些案例表明，进步主义学校致力于在不同的背景环境中培养个人的兴趣，鼓励表达，从经验中学，倡导民主价值观。成百上千名进步主义教育家都从这些典型案例中得到启发，进步主义理念与实践也得以进入全美国乃至全世界的学校与课堂之中（Cremin，1961；Weiler，2011；Zilversmit，1993）。

在芝加哥时期，杜威还受到了著名的进步主义社会改革家简·亚当斯的影响。亚当斯是一位积极呼吁教育中性别平等的社会改革家。在进步主义改革中，女性教育家表现得格外突出，她们创办了许多新学校，有时甚至成了学区的领袖人物。例如，卡罗琳·普拉特（Caroline Pratt）、玛丽埃塔·约翰逊（Marietta Johnson）和弗洛拉·库克（Flora Cook）都是一些私立的进步主义学校的杰出领袖，而芝加哥的埃拉·弗拉格·扬（Ella Flagg Young）则是大名鼎鼎的进步主义督学。海伦·赫弗南（Helen Heffernan）和科琳·赛兹（Corinne Seed）是加利福尼亚州进步主义学校的公共领袖。也许更重要的是，教学进步主义原则成了教育家们眼中最重要的信条。因此，和今天一样，进步主义的理念遍及许多大学的教育学院（Blount，1998；Lagemann，1979，1985；Semel & Sadovnick，1999；Weiler，2011）。随着杜威访问中国、俄罗斯和世界其他地区，他的教育理念也在全世界产生了影响力（Ryan，1995；Westbrook，1991）。墨西哥的学校改革家们也接受了进步主义教育的观念，有时这些观念还进一步影响了美国与其他地区的学校（Flores，2014）。这反映出不同寻常的同构化路径，改革的理念带来了教育新路径，在著名知识分子的著作引领下获得了世界范围的认同。

1904 年，杜威加入纽约哥伦比亚大学哲学系。他在当时的教育院校——教师学院（Teacher College）尤为出名。当时有许多教职员工都成了广泛宣扬以经验为中心、以解决问题为中心的教学法的先锋人物。其中，最著名的要数克伯屈，他在 20 世纪 20 年代开发了设计教学法。它尝试超越传统课程的结构与学科，让学生们通过他们所感兴趣的项目设计进行知识学习。克伯屈希望为学生提供各种机会来完成自己的目标，学习各自喜爱的学科，进而实现阅读、写作和分析能力的发展。设计教学法独立于传统学科体系之外，其中涉及的项目是精心安排设计的。克伯屈在传统的学术课程之外进行这样的理念突破，可以说，杜威是持批评态度的，但克伯屈的设计教学法受到了普遍的欢迎，在很短的时间内就遍及全国，广泛地传播了“以学生为中心”的进步主义理念。此外，数千名教师接受了克伯屈和他在教师学院那些持有进步主义教育理念的同行们的引导，教师学院很快变成了全国最著名的教育院校。他们中很多人后来成了教育行业中的领袖人物，在各种教育环境中践行进步主义教育，这也代表着一类规范形态的同构化现象。1919 年，随着进步主义教育协会（Progressive Education Association）的创办，进步主义教育运动有了明确的机构实体，这也进一步促进了进步主义教育群体更强的身份认同和更明确的、可识别的制度标签（Graham，1967；Kliebard，1986；Westbrook，1991）。

但不久之后，对教学进步主义的批评便悄然而至。传统教育家们抱怨，基于经验的教学法并不能真正教会儿童最基本的阅读与计算。批评者们控诉那些用户外游戏和旅行的方式教授的历史课，因为学生们根本记不住历史上的人名与日期。年长的英语老师们认为对苦练记忆背诵的反抗增加了学生在拼写和发音中的错误。还有一些思维更加敏捷的批评家指出，进步主义教学法更适用于来自富裕家庭的儿童，他们的家长拥有更多的文化社会资本，从而能为孩子提供丰富的教育经验。以这样的方式来传递技能与知识，对于那些来自贫困家庭的儿童来说，无疑是具有挑战性的，尤其是当他们的家庭无法为他们提供智力支持的时候。这些学生往往需要更多的指导和教师更多的管理控制，尤其是对于绝大部分公立学校中超大规模的班级来说，更是如此。毫无疑问，大多数进步主义学校都是规模较小的私立学校，它们服务的对象大多来自富裕阶层。批评家们也迅速指出，即便对于社会知识精英而言，时不时地嘲讽进步主义教育也成了一种时尚（Cremin，1961；Ravitch，2000；Zilversmit，1993）。

这类意见使人们开始重新思考，尤其是那些过去支持学校重视纪律和学生学业成就的家长。大多数美国家长都认为儿童需要管束，他们对鼓励儿童进行自我表达的教育信条持怀疑态度。毕竟，学校就应该执行严格的纪律，教会学生事实性的知识。在大部分家长眼中，进步主义学校中的儿童大多在盲目中学习。这些批评意见由来已久，在进步主义教育阵营内部也产生了许多分歧。杜威和其他改革领袖人物继续坚持澄清他们的观念，认为他们说的并不是让孩子们完全无拘无束地游戏。在 1938 年，杜威发表了《经验与教育》（*Experience and Education*），这是他最重要的一次自我澄清，但进步主义教育在此时也逐渐丧失了原创性和洞察力。许多教育家仅仅认为进步主义教育就是用直接经验代替书本知识，而没有理解杜威所谓的运用经验去丰富认识。尽管他们早期的宣传口号受到了广泛的认可，但教学进步主义对美国学校的真实影响力相对有限。即便如此，他们的确在教育观念和实践中留下了浓墨重彩的一笔，至今仍有着重要的影响力（Cremin，1961；Cuban，1984；Ravitch，1983）。

管理进步主义

在教学进步主义将民主带入课堂的同时，其他教育家则开始思考如何让学校扮演好不同的社会角色。如前所述，历史学家将这一群体称为“管理进步主义者”，但他们所掀起的教育改革运动不足以和杜威及其追随者相提并论。管理进步主义者的群体来源很广泛，他们中绝大部分人希望帮助提升学校的运作效能，希望让学校尽可能地高效运转（Tyack，1974）。

从整体上看，管理进步主义并不指望通过教育来变革社会或者改善社会民主。他们希望学校能够适应高速发展的城市化与社会分化，尤其是要适应劳动力市场。教学进步主义者群体中有许多女性，而管理进步主义者则大多由男性构成。企业家和金融经济的保守派是他们的赞助人，而劳工组织往往是他们的敌人。管理进步主义者在人数上要远远超过教学进步主义者，代表了当时美国公共学校改革的主要方向。他们认为自己的使命就是建立一套现代化的教育制度，今天我们的学校的诸多特质都要归功于他们的努力（Tyack & Hansot，1982）。

如果用一个词来描绘管理进步主义的原则与目标，那就是“效率”。全国大部分著名的教育家都热衷于创办一个组织合理且成本效益高的学校系统。之所以如此，主要是因为超大规模学区的影响。例如纽约、芝加哥、底特律和洛杉矶之类的大城市在当时发展迅猛，那儿的学校每年的入学人数都有上万人。它们需要不断地修建新的建筑，培训新的教师，购买教科书和其他设备，开发新的课程，这些都消耗了学区的绝大部分资源。因此，这也导致公众对教育税收资金更加严格审查，尤其希望能够避免浪费和腐败。到 19 世纪晚期，城市学校大多为地方（各地区或者相邻地区的）政客所把持，政治机器的党魁往往随意挪用经费。当腐败的政客与学校管理者接受贿赂或私下交易的时候，管理专业化的呼声便越来越高昂了。随着城市学校系统面对的要求越来越高，且预算越来越高，解决诸如此类问题便迫在眉睫（Callahan，1962；Drost，1967）。

这引发了一轮在全国各主要城市中建立崭新的、集中化的、高效能的学校制度的尝试。这也是城市政府改革的重要组成部分，目的是革除由地方政治党魁所带来的政治腐败。到 20 世纪 20 年代，上百座城市摆脱了地方政治的代表制，形成了集权化、科层制的政府管理模式。在学校制度中，这也是管理改革的重要方面，它迎来了全新的教育领导层。与由政客所任命的地方管理人不同的是，改革后的城市学校系统由非党派的委员会代表整个学区或者城市负责运作，并由基于经验与专业资格证书的认定而选举产生的督学进行管理。这代表着城市学校制度的新时代，它强调地方政治与学校管理的分离。这寄希望于教育领袖们能够避免腐败问题，能够运用专业知识运作教育资源，并掌握教育的相关知识。“效率”成了关键词，越来越多的专业管理人员渗入公共教育系统之中（Hays，1964；Reese，1986）。

在这一系列冲突影响之下，还有一些改革出现在乡村学区之中，人们将一些小学区合并成较大的管理单元。尽管城市化快速发展，但在世纪之交，仍有将近100万名儿童所在的学校仅有一间教室。在广大的乡村仍分布着数千个零散学区，尤其是在中西部。随着公共教育的发展，批评家们开始为这些破旧的学校机构呐喊，指出这些学校既缺乏现代化的设施，又缺少专业化的标准。即便有些乡村学校维护得很好，它们还是因为不能为不同年龄段的儿童提供综合课程或活动而备受指责。规模越大的机构越需要在机构维护、课程开发和其他方面提高效率。城市学区成了乡村教育改革的范本，这也构成了另一类型的同构化。改革的呼声不容置疑，但乡村社区依然坚持不妥协，以保存它们的学校。在1912—1922年，艾奥瓦州撤并了超过2000个乡村学区，仍保留了将近10000个学区。在其他州，合并的速度更快，但也遭遇到诸多抵制，人们认为乡村学校代表着重要的历史传承。在许多此类案例中，效率并不能取代传统与归属感。因此，在经历了较长一段时间的斗争后，学校合并的主张才被广为接受。后来，随着汽油发动机的发明，校车投入运营，从而使得来自各个地区的儿童能够共同入学，这也加快了学校合并的步伐（Reynolds，1999；Steffes，2012；Zimmerman，2009）。

当然除了效率改革，还有其他管理改革。如果还有一个词可以代表这个时期的话，那它就是“分化”。如前所述，角色的分化与劳动分工和职业专业化相联系。尽管教学进步主义者——诸如杜威——也关注这一问题，但其他的教育家则将“分化”视为现代生活不可剥离的核心要素。管理进步主义者认为学校应该助力专业化和职能分工的有序、有效推进，能够基于个人兴趣与能力，让个体为承担不同的社会角色做好准备。为了实现这一目标，他们运用了“分化”这一概念来指称学校具有识别不同的学生从而为其设定不同目标的职能。这与早期教育家们的理想不同，他们往往更加强调公共教育的一般性与社会团结。而在管理进步主义者眼中，专业化与区隔不断加深，他们希望帮助学生为各自不同的命运安排做好准备（Krug，1964；Violas，1978）。

这些改革措施首先出现在高中。高中在1890—1920年获得大发展。从整体上看，管理进步主义者希望中等教育定位于为劳动力市场做准备，让学生为他们将来的社会角色做好准备。因此，职业教育更加重要，出现了诸如家庭经济学、商业与书记员培训以及手工劳作等课程。这些课程旨在让青少年为不同的人生目标做好准备（Kliebard，1999）。同样值得关注的是，乡村地区高中的出现进一步强化了学校合并。如果城镇能够为儿童提供这些新课程，能够为青少年完成学业提供机会，那么就可以节省出一部分地方资源，用于为年龄稍大一些的孩子建一所新学校（Goldin & Katz，1999a）。

最终，哪怕是文法学校也开始根据学生的学业成绩对学生进行分类。正如几位历史学家注意到的，城市学校系统创造出了一个特殊的社会阶层，即“落后学生”或“后进生”，他们无法从一个年级升入下一个年级。他们用“社会效率”来表达学校机构在这方面所做出的努力。这个概念最初由大卫·斯内登（David Snedden）所使用，他是马萨诸塞州的一名督学，后来成了哥伦比亚大学教师学院的教师。“社会效率”要求学校有能力识别不同的学生，进而为他们提供差异化的知识与技能，根据能力将学生分类。这是一种新形式的效率观，与之前仅关注教育成本的观点不同。它将学校与社会分化密切联系起来，暗示着不同的社会角色与经济能力。这对于公共教育而言是全新的观念，并引发了大范围的冲突与论争（Drost，1967；Tropea，1987）。

这代表着学校政策的新方向，虽然并非开创性的，却日益成为进步主义时代的主旋律。“分化”并非城市教育中开创性的理念。在美国最大的学区中，曾有数十年的时间用于探索专业化与职业准备。手工劳作高中成立于 19 世纪 80 年代的波士顿和纽约，之后在其他地区得以普及。如第三章所言，一些城市为男生和女生创办了不同的学校。许多学区有专门学校为学生进入大学预科或进入职业领域做准备。费城中心高中就是著名的案例。但在 1900 年后，新的举措出现了。随着公立高中的重要性日益提升，让学生为未来职业做好准备成了学校不可避免的宿命。因此，在全国范围内出现了与职业教育相关的课程，“社会效率”的信条也随之普及。这成了教育与社会内在联系不断加强的表征，管理进步主义者对他们所肩负使命深信不疑（Fisher，1967；Kantor，1988；Krug，1964）。

这些变化带来了学校管理的新形式：科层制。在许多方面，这都意味着分化与强调效率的必然结果。正如社会学家马克斯·韦伯所言，科层制是规则与规范的体系，其初衷就是根据行为方式来实现资源分配。此类组织形式旨在实现权力与资源的理性配置，代表着公平与竞争。在 19 世纪晚期，科层制管理与领导成了杜绝学校中腐败与政治干预的重要手段。随着城市教育的规模日益扩大，集中程度日益提高，科层制管理也日益普及。随着分化的加剧，还出现了专门化的项目和学校，成就了蕴藏着科层制内核的新管理模式。科层制将购买与分配分割开来，强调规模经济与一体化，讲究成本效率。管理进步主义者实践此类的分配与控制模式，也意味着他们希望在有限的资源条件下尽可能提升教育产品的质量。用大卫·塔耶克的话说，他们就是要架构起教育组织中的“单一的最优制度”（One Best System），深信科层制管理与运作是效率管理的最佳选择（Katz，1971；Tyack，1974）。

当然，对教育的新认识要求重新评估现有学校制度中的诸多构成要素。簿记和会计的新方法，以及书记员和经理人集团等科层制要素，代表着调整的一个方面。而另一个方面就是标准化心理测验，越来越多的专家接受了心理评估与测量的培训。这也是对“社会效率”“分化”以及让学生为特定的社会经济角色做好准备的逻辑应对。同时，它还具备科层制的偏好，有着简洁的、看似不偏私的决策标准。法国研究者阿尔弗雷德·比奈（Alfred Binet）在 1903 年设计出第一款心理测验量表，美国的心理学家们在改进比奈量表的基础上开发出了他们自己的量表。斯坦福大学的路易斯·特曼（Lewis Terman）和哥伦比亚大学教师学院的爱德华·桑代克（Edward Thorndike）都是这项最新的测量技术的著名代表人物。很快地，他们也因此获得全球声誉。

在第一次世界大战期间，这些量表的实用性尤为显著。面向美国士兵开展的智商测验，很好地帮助了教官们了解士兵的能力以及他们所需的不同类型的训练。到 20 世纪 20 年代晚期，上千个学区采用了标准化测验来评定学生在特定项目上的能力，或者用于课程设计决策，或者仅仅是为教师和家长提供相应的学生信息。测验的开发与应用迅速商业化。更重要的是，这些测验手段将承认学生能力差异以及并非所有学生都能胜任特定社会角色的观念合法化。特曼、桑代克和其他人为分化的原则提供了科学的证明，心理测验的新标准也进一步强化了管理进步主义的信条（Brown，

1992；Cravens，1993；Gould，1981；Rury，1988c）。

心理测验运动的出现对特殊儿童——包括有特殊需求的儿童或存在学习障碍的儿童——有着重要的影响。自19世纪中期以来，那些视障、听障或者有语言障碍的儿童往往需要在专门的学校上学。这类学校大多是寄宿制的，并且只面向特定群体开放。在南北战争之后，各州都出现了专门为智力障碍儿童创办的学校，在当时这些孩子往往被污名化为“低能者”。在当时，其他类型的学习障碍尚未被认识到。对那些没有能力或不愿意将孩子送走的家庭而言，他们基本无法享受到这些教育资源，只能让孩子去公共学校受教育或者就待在家里。在乡村地区，这还没有成为社会主要问题，因为当地诸如此类的问题较少。但在大城市，有这类情况的儿童则数量较多。随着城市学校系统的快速发展，他们开始为有各种学习障碍的学生开设专门班级。例如，在1879年，克利夫兰市为智力障碍儿童开设了专门课程；1898年，波士顿也效法，随后许多城市便纷纷开设了此类课程。到20世纪早期，受心理测验运动的影响，已有一系列诸如此类的课程。这也成了一类新型的“分化”，而标准化测验为这些儿童进入特定班级提供了合法化的证明（Franklin，1994；Winzer，1993）。

但结果证明，人们对由测验所主导的儿童筛选估计得过于乐观。早期的心理测量学家很草率地对人的心智能力进行甄别，发明了所谓“低能儿”（idiot）和“白痴”（moron）之类的术语（用于表示不同等级的智力缺陷），并认为诸如此类的智力状态是会遗传的。这大大激发了公众对被鉴定为智力“正常”的儿童的期许，也引发了人们对以实现人类完善为目标的“精神卫生”或者“优生学”的追捧。这些观念的狂热追随者们将其演化为种族主义观念，用于反对移民以及实施各类针对少数族裔的同化政策，甚至认为应该为那些“智力低下”的夫妻做绝育手术。这些观念还进一步促成了隔离有学习障碍的儿童的做法，人们认为既然他们无法学习，就不要影响其他正常儿童学习。这些差异化的做法被推向极端，折射出人为假设的生理优越性所带来的种族主义意识形态，并用于论证隔离制的合法性。这些问题使得心理测验在很长一段时间内成了美国教育中的阴暗面（Gould，1981；Lemann，1999；Selden，1999；Trent，1994）。

管理进步主义也因此产生了与同时代教学进步主义差别较大的影响力。

为了维持社会区隔，就必须考虑学校的效能与配备。管理进步主义者开始找寻合理的方案来解决组织问题。与教学进步主义者不同，他们的做法绝不是利他主义的。管理进步主义的诸多做法，例如心理测验和科层制，引发了极大的争议。尽管有些城市学校以实现教育的人本化为口号进行改革，尤其是在托莱多市和密尔沃基市等极具进步主义观念的市长领导下的城市，但其他大多数城市学校的目标都是远离公众的影响，对隔离制做出合理化的安排。更重要的是，管理进步主义者回避了教育能够提升与改造儿童的观念，他们更倾向于开发一些课程项目来再现现有的社会劳动分工（Reese，1986；Tyack，1974）。

与教学进步主义改革者一样，管理进步主义者也招致许多反对。劳工组织是反对效率观的急先锋，尤其是当效率观念危及教师的工作状态的时候。当他们认为教育质量受影响的时候，工会、社会主义社团和邻近的一些协会就开始反对削减学校支出。大批的美国工人阶级对职业教育尚存疑虑，担心这成为企业家借机打压工会的手段。因此，在当时，管理进步主义的改革措施并没有被普遍接受。这些观念与教学进步主义一样，引发了诸多争议。但与其他改革不同的是，管理进步主义得到了政治势力和利益集团的支持。这促成了管理进步主义观念与实践的广泛传播，促成了政治同盟之间的组织同构化。学区改革运动塑造了教育管理、测验和其他附属领域的行业专家。州教育部门的不断扩张带来了学校认证、出勤率和其他方面的标准化要求，这便是早期同构化的标志（Steffes，2012）。因此，可以说，管理进步主义是注定要胜利的。但在当时的历史情境中，我们还不能说他们关于“社会效率”和“分化”的举措最终胜出（Kliebard，1999；Reese，1986）。

后来管理进步主义的确流行了起来，大多数人相信它可以改进学校效能，能够解决重要的社会问题。例如，管理进步主义者宣称将帮助学校更好地服务于差异化日渐明显的学生群体，进而实现公共教育的民主理想。他们认为通过测验来标识学生的不同能力，能够帮助学校更好地为每个人找到适宜的社会定位。管理进步主义者还通过乡村学区的合并来实现他们的目标。尽管他们并不像帕克或克伯屈一样有着狂热的追随者，但他们坚信自己塑造的 20 世纪的学校将是最好的学校。从这个意义上看，管理进步主义的确是美国现代学校改革中极为重要的一环。

现代高中的出现

如前所述，20 世纪早期是高中的快速发展期。在 19 世纪后半叶，入学率显著提升，到 19 世纪 90 年代已达 30 万人次（包括公立学校和私立学校的数据）。到 20 世纪 30 年代，这个数字又增长了 15 倍，将近 500 万人次，涵盖了全国近一半的青少年。这也在很大程度上反映出高中数量的快速增长：在 19 世纪 90 年代到 20 世纪 30 年代，平均每天新增一所高中。到 20 世纪 20 年代，在南部之外的绝大部分社区都已经有了不同形式的中等教育机构，其中最典型的就是公立高中（Goldin & Katz，1999a；Herbst，1996）。

之前，公共学校是公立学校制度的代表形式，而现在发生了巨大的变化。几乎所有美国人都可以相对容易地接受更高层次的教育。尽管还有一部分青少年无法上高中，在进入高中的学生中还有一部分无法毕业，但当时的入学率依然标志着美国教育制度发展的新阶段。如果说，19 世纪是公共学校的时代，那么，20 世纪早期就是高中的时代（Goldin，1998）。

与其他大规模的发展相似，中等教育的发展引起了人们对于中等教育目标的讨论。两份关于高中的公开报道是这场论争的导火索。这两份报道都是由全国教育协会（National Educational Association）——当时美国最大的教育专业组织（相当于今天的工会组织）——发布的。第一份报告题为《十人委员会报告》（Report of the Committee of Ten），发表于 1893 年。它的作者群体包括当时多位著名的大学校长和全国教育领袖人物，例如，哈佛大学校长查尔斯 · 艾略特和美国教育委员会（US Commissioner of Education）委员威廉 · 托里 · 哈里斯。该报告旨在为包括高中、文实学校、私立学校和教会学校在内的各类中等教育机构进行规范性设计；同时，还尝试解决中等教育与日益扩张的大学、学院教育之间的协调和衔接问题。由于中等教育机构的类型庞杂，所以，这毫无疑问是一项艰巨的工作（Angus & Mirel，1999；VanOverbeke，2008）。

艾略特、哈里斯和委员会的其他成员多为传统派，他们对于教育目的以及高中与大学的衔接关系持相对保守的态度。从整体上看，他们认为中等教育应坚持学术取向。尽管他们灵活调整了部分课程和教学目标，但他们对中等教育的整体定位依然保持不变。他们虽然放松了片面强调古典语言的古老传统，更加关注现代学术科目，但并没有对中等教育课程进行大范畴的调整，认为学生接受中等教育的目标依然是为大学预科做准备。从根本上说，他们认为所有的学生都应该接受严格的英语、历史、数学、科学和语言研究的课程训练。这是因为大学的学习要求对古典语言、现代语言、数学及科学的深入学习。在他们的报告中并没有体现出职业主义的特征。委员会的成员们深信在学术课程中获得的专注力、记忆力与交流能力可以为将来从事任何职业做好准备。这一系列观点在接下来的数年中遭到了严厉的批评（Cremin，1961；Krug，1964）。

第二份著名的报告是《中等教育的基本原则》（Cardinal Principles of Secondary Education），是由中等教育改组委员会（Commission on the Reorganization of Secondary Education）提交的。后来，在克劳伦斯·金斯利（Clarence Kingsley）接任主席职位后，这一委员会也被称为“金斯利委员会”（Kingsley Commission）。该报告发表于 1918 年，此时距《十人委员会报告》的发表已有 1/4 个世纪。该报告提出了关于中等教育的新观点：建立综合高中（comprehensive high school）。与十人委员会不同的是，金斯利委员会呼吁中等教育课程的差异化，主张在相同的教育机构中教育有着不同社会背景的学生。换言之，分化与差异是通过不同的学生群体在同一所学校修习不同的课程而产生的结果。其中一些课程是职业课程，而另外一些课程则是为升入大学做准备的预备课程，还有一些是通用课程或者是为获得商贸资格证书做准备的课程。同时，还有特定课程是为学生的社会交往做准备的，诸如关于公民权利、体育锻炼、健康与卫生等内容的课程（Angus & Mirel，1999）。

委员会体现出管理进步主义的观念，鼓励中等学校遵循“社会效率”的道路。他们希望在不同的地区维系社区与社团意识，进而促进高中的制度发展。因此，委员会尝试通过强调差异的重要性来维系公共教育中的民主特质。不同的学生群体根据他们不同的兴趣与天赋，来共同讨论社会治理的问题、公民权利的问题以及课外活动的问题。虽然他们关于中等教育的认识也引发了争论，但显而易见，这些观念依然属于进步主义教育流派。从这个意义上看，报告体现出美国人面对中等教育挑战所给出的回应。为此，公立高中也成了具有美国特征的国家教育机构（Cremin，1961；Herbst，1996；Krug，1964）。

这两份报告形成了鲜明的对比，也引起了几代历史学家的关注。其一主张建立以学术为主的教育机构，认为学生学习的内容只应稍有差异；另一份报告则不仅认为要在课程上提供巨大的差异性，而且强调了学校的社会职能，强调了民主社会中青少年社会化的重要性。事实上，当时的高中没有实现以上任何一类理想化的设计。在十人委员会的时代，显而易见，职业主义快速发展起来；差异与分化成了日常秩序，尤其是在大城市中。在《中等教育的基本原则》发表后，大多数高中依然执行的是传统的学术课程。事实上，中产阶级的学生是坚持学习学术课程最大的群体。综合高中虽然日益普及，但直到20世纪30年代之后，综合高中的入学率才得以显著提升。

在高中的发展史上，与这两份文件的重要性等量齐观的改革还有许多，例如毕业标准的规范化、课程的学分认证制度以及青少年文化的勃兴。另外，在大学入学要求的推动下，全国性的大学入学考试逐渐成形，这也进一步推动了高中毕业标准的规范化。教科书带来了内在的同构化。当然，学生数量的不断增加也成了改革的加速器。因此，我们不能将综合高中的出现完全归功于这两份报告。它们仅仅体现出当时人们对高中的要求，以及进步主义对教育家们的影响（Angus & Mirel，1999；VanOverbeke，2008）。

无论课程的导向性如何变化，高中最重要的特征就是它对于经济不断扩张的显著影响力。它从精英教育机构逐渐演化为面向绝大部分青少年的大众教育组织。历史学家克劳迪娅·戈尔丁（Claudia Goldin）就曾将中等教育的崛起称为美国教育的“第二次重组”，这远远领先于其他国家。从地理分布上看，此次教育扩张出现在北部、中西部和西部各州，这些地区的经济发展程度较高，社会不公平现象较少。在入学率较高的各个社区中，儿童到制造业工厂当童工的比例较低，而且移民人数较少。换言之，经济福利与社会稳定的高度同一化，成了中等教育快速发展的助推器。在这些地区，工厂雇佣无法吸引青少年辍学离校，对教育的追加投资更加合理，高中得以繁荣发展（Goldin，1998）。

戈尔丁和其他学者认为，中等教育的发展为美国经济在 20 世纪 20 年代之后的腾飞做出了重要的贡献。他们认为，对 20 世纪而言，最关键的就是人力资本与技术革新，正如工厂制对于 19 世纪的意义一样。这是发展的潜在动力机制。这也反应在全国快速增长的白领职位上。在短短数十年，白领职位从原先不足整体社会劳动力的 1/10，发展到占全体社会劳动力的 1/4，甚至更多。在这些职位上的职员需要协调全国日益复杂化的生产与分配系统，这一系统的复杂程度最终成为世界之最。这就是所谓的对人力资本的大规模投资，它往往通过提高受教育程度实现。中等教育的进步归功于当时日益提升的入学率，这也是人力资本成形的重要指针之一。简言之，从高中学到的技能极大程度地提升了社会生产力与效率，进而推动了经济的发展（Goldin，2001；Goldin & Katz，2008）。

对于特定地区的年轻人而言，这意味着教育中持续不断的经济回报，在 20 世纪早期这尤为明显。毫无疑问，这也影响了年轻人关于入学和毕业的抉择。1915 年艾奥瓦州人口普查数据显示，那些接受过中等以上教育的人，收入要远远高于那些没有接受过中等教育的人。许多人在日益扩张的经济体中的白领岗位上找到了工作，例如经理人、会计员和书记员。甚至在工厂中，那些收入高、对技术要求高的职位也由高中毕业生来担任。因此，我们毫无意外地发现，接受中等教育意味着更大的职业安全保障与经济收入回报。高中成了人们前进的社会机制，从而进一步推进社会加速进步（Goldin & Katz，2000）。

中等教育与经济之间的联系对于美国社会的改善至关重要。慢慢地，高中毕业生的收入在经历了早期的提升之后，逐渐下降。高中不断扩张，越来越多的高中毕业生来竞争白领的工作岗位，进而影响了他们的收入。但这一过程是渐进式的。在 20 世纪最初的几十年，经济对高中的影响是持续不断的。中等教育也不断推进和变革着美国经济，逐渐在管理、规划和存档记录中实现了白领社会。后工业时代的灵光初现，并渐渐成了国家教育系统进一步发展的关键。这也成了教育与社会变革之间强关联的重要例证（Goldin & Katz，2008）。

综上所述，20 世纪初是美国高中发展的繁荣期。这些机构经历了快速的扩张、发展，到 20 世纪 30 年代入学率已达全国适龄人口的一半。尽管高中一开始是一种传统学术机构，但从20世纪20年代开始，它逐渐演变为一种综合性更强、课程体系更加多样、职业目标更加明确的教育组织。更重要的是，中等教育成了国家经济发展的重要指针，充实了人力资本储备，提升了个人的收入水平。从这个意义上看，这一机构实现了管理进步主义的设想。它成了国家经济与劳动力市场之间的关键纽带，引领了“人力资本革命”，让知识与技术成为经济发展的第一驱动力。随后，教育依然在持续发挥作用。关于它的后续影响，我们将在第六章和第七章中讨论。

焦点：工业化与印第安纳葛雷市的进步主义改革

进步主义让社会经济与学校教育之间产生了密切的联系。当然，在20世纪早期，诸如此类的改革有着诸多面向，历史学家们对它们的分类也无法囊括所有改革案例。其中之一就包括在印第安纳州葛雷市的改革。威廉·沃特（William Wirt）是一位有号召力、有魄力的督学。在他的领导下，葛雷市的学校成了工业化时代进步主义教育改革的典型。葛雷制改革不仅体现出教育改革中诸多彼此矛盾的要素，而且体现出学校教育自身所陷入的冲突。另外，葛雷制改革还体现出教育改革措施的宿命论——它们无法剥离改革兴起之初的背景环境。

葛雷市是一座特殊的城市。它兴建于1906年，因美国钢铁公司（US Steel Corporation）将厂房搬迁至此，为安顿工人而建成，它也因公司的创建者艾尔伯特·H. 葛雷（Elbert H. Gary）而得名。与其他工业城镇一样，由于工人及其家属的搬迁定居，葛雷市迅速发展起来。它的人口大多数是移民，都是为了工作而来。在新城市的规划设计中，学校制度是关键的一环。在1908年，沃特从邻近的布法顿来到葛雷市，成了葛雷市的第一位督学。沃特曾是杜威的学生，十分欣赏教学进步主义的观念，并希望在布法顿实践进步主义改革。而创建一套全新的学校系统也为他提供了进一步实践自己的教育理念的契机。在很短的时间内，沃特就使葛雷制成了进步主义教育改革的范本（Cohen，1990）。

受到杜威的影响，威廉·沃特深信从经验中学习的重要性；与美国钢铁公司的经理人一样，他也深知提升效率的意义。出于此，他设计了一套学校组织改革措施。葛雷市的学校系统是全新的，这使沃特得以在实践层面上完整地实施他的改革措施。与大多数学校要求学生一整天在教室里待着不同，沃特将儿童的时间分成学习教学时段和其他活动时段——包括做实验、体育锻炼和集会时段。沃特将他的改革命名为“工作—学习—游戏学校”，但后来人们大多使用“葛雷制”来指代它。他使得学校能够满足大规模学生群体的需求：在同一时间段有一半的学生使用教室，而另一半学生则在操场、体育馆或者实验室活动。在任何一个时段，学校的资源都不会闲置，学生能够分布在不同的学习环境中。沃特非常强调从大规模的社区环境中学习的必要性，鼓励由企业家或者市政领袖们组织户外活动或者实地调查。他鼓励学校全年向社区开放，进而实现让学校成为社区生活中心的进步主义理念。这是一场切合实际且充满活力的进步主义教育改革，很快它便获得了广泛的关注（Cohen & Mohl，1979）。

葛雷制受到进步主义教育改革两大阵营的支持。杜威因它鼓励教室之外的学习、鼓励教师创造性地利用教学时间而充分肯定它。学校广泛的公共参与度，以及沃特及其下属积极参与地方社区的意愿，都很好地表达了教学进步主义的理想。同时，管理进步主义者也十分欣赏他们对学校资源的有效利用。在其他快速发展的学区中，学校领袖们借鉴了此类学校管理模式，使得学校服务学生的数量提升至原来的两倍，并充分地利用了其他学校活动空间。由于受到教育改革双方势力的充分肯定，葛雷制很快变成了进步主义教育理念实践的模板。当杜威在《明日之学校》中着重描绘了葛雷制之后，其他的改革家们也开始纷纷肯定它的效能，从而使沃特获得国内外广泛的赞誉（Callahan，1962；Cremin，1961）。

沃特成功的关键性因素在于他对教学进步主义的坚定支持。那些在户外活动中负责管理学生的教师需要在活动式学习方面接受严格的培训。沃特认识到户外活动监督的问题，有时候老师仅仅充当看孩子的人。尽管葛雷制快速发展起来，但因为葛雷市本身规模很小，负责的教师们是有可能轮转起来的，至少在一开始是这样。户外活动、实验室的操作和其他活动成了课程的核心要素，它们要求协调与当地企业、政府部门及其他机构的合作。沃特提供的各种资源，使得他的课程计划能够有效开展，他个人的魅力与声望也使学校广受欢迎。但随着学校系统的扩张，沃特的重心转向了其他方面，课程安排的细节便由其他人接手。最终，户外活动教学的教育价值成了问题。尽管沃特和他的追随者们强调教学进步主义，但大多数参观葛雷制学校的改革家们都被葛雷制节约成本的做法深深吸引。虽然葛雷制是为了实现进步主义教育两大阵营的结合，但它渐渐地倒向了管理进步主义一方（Cohen & Mohl，1979）。

1914 年，沃特来到纽约市，应市长和地方学校官员的要求，帮助纽约市实施葛雷制，即城市学校中的“分团学制”（the platoon system）。沃特大张旗鼓地宣称，他能够更有效率地组织学校，能够为学校节省数千美元的成本。在实施了一些示范项目后，沃特计划大规模地实践他的设想，这最终使他陷入争议之中。分团学校（the platoon school）成了市长竞选中的议题，劳工组织与教师群体抗议将儿童轮转于不同的活动之中，宣称教育质量要比节约成本更加重要。最后，纽约市的学校拒绝了沃特的方案，沃特懊悔地回到葛雷市，但他认为他并没有错。尽管此后葛雷制持续得到广泛的关注，但沃特仅在葛雷市附近开展改革。纽约市的经历让他认识到，将一项教育改革措施从一种社会政治环境中移植到另一种环境中，必然遭遇重重困难（Cohen，1990；Ravitch，1974）。

分团学制的基本理念在于迎合管理者的需求——在提升入学率的同时限制教室规模。后来，有超过 200 多座城市采用了不同形式的分团学制。分团学制的流行很大程度上要归功于爱丽丝·巴洛斯（Alice Barrows），她是沃特命运多舛的纽约市改革的助手，是一位充满激情的理想主义者。巴洛斯后来成了美国教育办公室的一员，并开始积极倡导沃特的理念。但问题随之而来，许多管理者对巴洛斯的进步主义理念以及分团学制的有效性存疑。让学生们在学校之中轮转，在实验室、艺术教室以及体育馆中走班教学，成了美国教育的标志性特征，但这与进步主义教育之间、与学习之间的关联是不明确的。与其他许多教育理念相似，沃特的葛雷制是教育家们为了实现自我教育理念的设计，是为了让学校更有效率。正如大卫·塔耶克和劳拉·库班所言，大部分学校改革都仅仅触动了学校既有运行机制中的一小部分，它们只是在不同的背景中尝试满足不同教育家们的不同需求。葛雷制虽然一开始很受欢迎，但它注定失败（Cohen，1990；Tyack & Cuban，1995）。

威廉·沃特的进步主义改革仅仅是数十种的地方化学校改进措施中的一种，其目标是既要实现教学进步主义，又要提高学校效能。伊利诺伊州温内特卡市的学校在华虚朋（Carlton Washburn）的领导下开展了另一项著名的教育改革；还有海伦·帕克赫斯特（Helen Parkhurst）的道尔顿制（Dalton Plan）——一项始于马萨诸塞州道尔顿高中的改革措施。帕克赫斯特后来联合纽约市的一所私立学校，成立了道尔顿学校。并非所有的改革方案都像沃特的改革那般严谨。大多数改革仅仅在相对富裕的社区发展起来，主张个性表达，要求改革传统课程。但到20世纪20年代晚期，大多改革都遭到质疑。例如葛雷制，据弗莱克斯纳（Abraham Flexner）——美国著名的大学批评家——主持的一项学校调查显示，学生的学术类考试成绩差，沃特所极力吹嘘的效率，在许多学区的学校中也没有实现。还有许多类似的批评也剑指教学进步主义改革。人们对颇具影响力的教育人物的吹捧，使得诸如此类的批评也是不可避免的。但狂热的进步主义教育改革似乎从未实现美国教育根本性变革这一远大理想。即便是拥有目光远大的改革领袖、充沛的地方资源和理想主义情结，学校改革的步伐依然艰难踟蹰。这也许是未来的改革家们需要吸取的经验教训，任何改革切勿操之过急（Semel & Sadovnik，1999；Zilversmit，1993）。

局外人：进步主义时期的性别、种族和教育公平

正如杜威和其他改革家们所言，进步主义学校改革秉持的是人文主义的基本理念。然而改革中对种族、性别以及社会公平问题的处置，有时与这些价值观相违背。尽管学校改革的领袖们更加关注社会中的多元要素，

但教育中的公平问题在进步主义时期日益凸显。进步主义教育改革并非惠及所有人。社会群体中的绝大多数人并未感受到教学进步主义改革，而旨在实现效能和差异分化的管理进步主义改革也将来自特定社会群体的学生区隔于主流社会之外。尽管在全国范围内，围绕种族与性别问题的争论越来越多，但社会歧视依然存在，甚至许多教育家自身也是有偏见的。这是一个社会身份差异极大的时代，反映在全国的学校中。但公平问题并不是这一时期改革的重点。

女性接受中等教育的问题就是一个例子。如前所述，在中等教育阶段出现了显著的性别平等现象，最著名的就是克拉克和其他批评家对男女合校教育的讨论。19 世纪 90 年代，在中等教育阶段，女生与男生的大致比例为 2∶1。在学业成就上，女生的成绩也要高于男生。更重要的是，男女学生修习的课程大多相同；在课程设置上，似乎并不存在显著的性别差异。在 20 世纪早期，这一现象发生变化，这部分是由于教育家们并不认同男女教育平等的理念。他们担心中等教育中的女性化问题，担心男生会遭遇男性主义消亡所带来的歧视。心理学家斯坦利·霍尔（G. Stanley Hall）提出了这些观点，并得到了既有教育机制的广泛认同。在克拉克批评男女合校教育数十年后，围绕学校教育中性别问题的争论再次出现（Rury，1991a；Tyack & Hansot，1990）。

与此同时，一整代女性教育家也在为年轻女性设计一套新型的教育模式。艾伦·理查兹（Ellen Richards）是一位化学家，也是麻省理工学院第一位女性教职员，在她的努力下出现了一门崭新的学术领域——家庭经济学。她和她的追随者们希望围绕着母职和家庭管理的女性社会角色来界定学术研究问题，涵盖了从儿童养育到消费行为等广泛的领域。但在高中，家庭经济学则成了根据女性既定的工作形式对其进行教育培训进而限定女性角色的一种方式，它通过预设女性行为的规范模式来实现女性的社会化。从这个角度看，它将年轻女性的教育问题与男性区分开来，要求她们为女性“真实的”使命做好准备：成为妻子、成为母亲、成为持家人。很快地，家庭经济学变成了女性高中课程的特色模块之一（Kliebard，1999；Rury，1991）。

在女性教育的其他方面也发生了变化，其中绝大部分都与雇佣关系的变化相关。如前所述，数千名年轻女性在商场、办公室和其他文职工作场所就业。这带来了商业教育的繁荣，涉及速记、打字和簿记等技能。不久后，由于修习这些课程的主要群体是女性，它们便被认为是女性课程。同样的趋势也出现在缝纫以及服装贸易等职业的相关技能课程中。最初，这些课程都是由私立的商贸学校开设的，后来大多数学生都在公立高中学习这些课程。让年轻的女性为“女性职业”做好准备，成了中等教育课程变化的一个侧面，也成了教育中性别差异的体现。随着高中越来越关注职业培训，并让男性和女性为不同的职业做好准备，许多高中课程开始发生性别分化（Powers，1992）。

尽管这些变化对许多学生来说并没有产生巨大的影响，但它的影响力是持续不断的。大多数学校依然坚持男女合校，女生和男生依然一起上同样的学术课程。变化往往发生在边缘地带，一些规模较小的职业课程逐渐变化，而它的影响力却是显著的。事实上，大多数综合高中里的许多课程是专门为女性开设的——例如，家庭经济学、打字、速记、缝纫和其他一些相似的课程——这传递出一条清晰的信号：性别在很大程度上决定了社会地位。与 19 世纪不同，那时高中以学术课程为主，在性别问题上并无差异；而到了 20 世纪 20 年代，男性与女性显然需要承担不同的社会角色。更重要的是，年轻女性在特定学科领域中的学业成绩，尤其是数学和科学，开始落于男性之后。正如劳动力市场所显示的那样，年轻女性更适合从事秘书、书记员等职业，许多教育家甚至相信女性在分析能力上不如男性，至少在特定学科领域中是如此。潜在的细微分化开始出现，在数十年之后将再次出现在公共视野中（Rury，1991；Tyack & Hansot，1990）。

美国高中里的性别差异问题是各路进步主义教育家津津乐道的话题。对于管理进步主义者而言，这体现出课程分化的实质。毕竟，他们坚信生活中的各个领域中都存在着差异，经济生活要求男性和女性承担不同的社会角色。另一方面，对于教学进步主义者而言，诸如家庭经济学和手工这样的课程意味着学校和学生未来生活之间的有益联系。究竟何种方式才能让他们为未来的社会角色做好准备？面对这一问题，几乎没有教育家意识到其中暗含着的性别不平等问题。相反，家庭经济学、商贸艺术等课程的出现反而成为中等教育的划时代变革。一些激进的改革家开始呐喊。例如，理查兹就认为家庭经济学将拯救美国文明，因为它可以让女性学会更好地承担母职和持家人的社会角色。这将“国民之母”的意识形态推向了新的高潮。诸如此类的判断在如今看起来是十分可笑的，但它却成功地掩盖了诸多改革措施中的性别差异问题。对当时的教育家而言，虽然分化限制了学生未来的诸多选择，但这一概念太抽象了，他们无法清晰认识这一点（Powers，1992；Tyack & Hansot，1990）。

非裔美国人在求学中也遇到类似的问题，而且他们所遭遇的歧视与压迫更加严重。如前所述，在南部，黑人的学校教育严重落后。与白人学校相比，黑人学校的学期更短，教师工资更低，设施设备不足，这一点在进步主义时期表现得尤为明显。有超过 90% 的非裔美国人居住在南部地区，他们大多被迫生活在贫瘠的乡村。尽管空有“新南方”（New South）的口号，但南部经济发展的速度要低于北部城市。在 1910 年之后，有成千上万名非裔美国人背井离乡，来到工业化的城市寻求工作，并借以逃避“吉姆·克劳”制的压迫。但对于继续留在乡村的大多数人而言，南部的生活境况并没有太多的改善。黑人教育的匮乏是南部地区经济贫困的缩影（Bond，1966；Cremin，1988）。

尽管南部的教育存在严重的不平等，但进步与发展也偶有发生。在北部种植园主的支持下，南部各州开始追加对公共教育的投入，其中就包括对黑人学校的投入，但仅限于初等学校领域。虽然设立了更多的学校，雇佣了更多的教师，购买了相应的设备，但这些都仅限于低年级。因此，这提升了南部黑人的识字率，但仅此而已。同时，这也使得白人有了更多的借口指责非裔纳税人挤占公共资源，进而掩盖了教育系统中其他方面的不平等（Margo，1990；Werum，1997）。

也许南部教育中种族差异问题最严重的教育阶段是中等教育。在进步主义时期，只有不足 5% 的非裔年轻人接受了中等教育，他们大多在自费的或者由当地和北部慈善家捐助的私立学校上学。同时，面向白人的公立高中则如雨后春笋一般发展起来，尤其是在大城镇之中。南部的学校系统尽管在设施和入学率上落后于北部，但面向白人的中等教育快速发展起来。在 1905—1920 年，成立了 500 多所学校，中等教育快速普及。相反的是，在 1916 年，在南部的 14 个州境内仅有 58 所招收非裔美国人的公立高中，其中只有 25 所位于南北战争时期的“美利坚联盟国”境内。大多数高中位于大城市之中，仅仅依靠一小批活跃的非裔中产阶级家庭维持。在大部分非裔美国人生活的乡村地区，中等教育依然遥不可及。在南部腹地，各种族适龄青少年的人数大致相等，但白人公立高中的数量是黑人的十倍。对于非裔美国人而言，中等教育是他们尚未实现的目标，这也进一步强化了他们的社会从属地位（Anderson，1988；Fultz，2008）。

即便公立高中成立之后，对于高中教育目标的设定也存在着争议。受布克·华盛顿的影响，一些高中仅仅提供手工劳作课程。这意味着男学生们要在工具器械室花费大量的时间，学习木工和其他手艺。对于非裔女性而言，教育重点是家庭经济学课程，要将她们培养成合格的家政保洁员，这也是将来她们最有可能找到的工作。这些学校仅仅提供一小部分学术课程，课程的质量也无法与白人高中相媲美。但也并非所有人都愿意接受手工训练，许多黑人社区想尽办法为他们的子弟提供扎实的学术课程。历史学家们指出，在进步主义后期出现了许多重要的非裔美国人中等教育机构（Anderson，1988；Siddle-Walker，1996）。但这些努力必然经历艰难的挣扎。

南部的白人认为大多数非裔美国人并不需要接受中等教育，他们认为职业训练就足矣。这便是种族主义意识形态的渣滓，认为非裔美国人在智力上存在先天的不足，而长期以来由标准化测验所形成的考试神话也进一步强化了这一观点。在南方各州议员的推动下，联邦出台了第一部支持职业教育的立法，即 1918 年的《史密斯 – 休斯法案》（Smith-Hughs Act），他们认为这将有助于该地区非裔美国人的发展。但与其他教育资助的结局相似，大多数资金最终流入白人学校。手工训练与黑人学校教育之间的纽带依然坚不可摧。要想改变这一现状仍需要长期的努力（Werum，1997）。

中等教育在普及性和质量上的差异，对非裔美国人而言有着多重含义。如果说，20 世纪早期被誉为“高中时代”的话，中等教育的重要性日渐凸显，那么对于美国绝大部分黑人而言，他们错过了这场关键性的人力资本革命。一些特定技能与知识成了经济发展的关键，非裔美国人却无法获得。这意味着剥夺了非裔美国人一整代人获得白领工作的可能性。没有高中文凭，他们不可能成为书记员或者打字员，也不可能成为会计、经理人或者类似的职业。更重要的是，他们无法完成由此类职位所获得的资源——人力资本或文化资本——的代际传递。中等教育的缺陷导致美国人口群体中的这一大部分人远远落后。而这一憾事将被证明是美国教育难以抚平的创伤（Ladson-Billings，2006）。

在西南部和西部的墨西哥裔美国人也面对着同样的问题。在当地，隔离的、质量低劣的学校随处可见。即便墨西哥裔美国人可以和盎格鲁白人上同一所学校，他们依然会被送到隔离教室，他们所学的课程也以职业教育为主。由于语言上的障碍，他们被贴上了考试成绩差的标签，也因此被学术课程拒之门外。他们的辍学率较高，中等教育的毕业率远远低于平均数。在大萧条时期，有上百万墨西哥工人来到美国，但其中大多数都被遣返。对墨西哥裔美国人的歧视以及他们社会身份的不确定性，使得他们很难专注于教育。有许多著名的改革运动尝试解决隔离学校的问题，但在当时都没有成功。在离开学校之后，墨西哥裔美国人成了农业工人、工厂工人或者家政保洁员，这也进一步强化了大众对这一群体能力的刻板认知。进步主义教育家们毫无例外地忽略了这部分儿童，地方学校当局也对不平等的教育结果置之不理（Donato，1997；Gonzales，1990；MacDonald，2004）。

将这些“局外人”系统地排斥在高质量的学术课程之外，成了这一时期教育机会不平等的历史证据。在全国范围内，存在不同程度地将女性、非裔美国人、墨西哥裔美国人以及其他非白人族群的学生排除在大学预科课程之外的做法，这大大限制了他们获得学术成就的机会。在某些情况下，还出现了许多极为恶劣的做法。最臭名昭著的案例就是，在南部出现了合法隔离的相关政策并严格控制中等教育入学机会，将接触学术类课程的可能性完全保留给白人。墨西哥裔美国人和亚裔美国人的待遇也大多相似。这些政策对年轻女性的影响较低，但她们中绝大部分人因为对“实践类”课程更感兴趣，而无须接触学术类课程。这导致了教育不公平现象的加剧，学校系统成了维系白人男性优势地位的社会机制（Rury & Saatcioglu，2015）。

年轻女性、非裔美国人和墨西哥裔美国人的经历应该被视为进步主义的阴暗面。如前所述，这些社会群体在中等教育中的遭遇成了社会分化的另一个面向。事实上，大卫·斯内登和其他管理进步主义的支持者们认为这些问题并无不妥之处。如果从“社会效率”方面来考虑的话，那么学校就是要促进既有社会劳动分工的再生产，而不是改变它。如果非裔美国人或者墨西哥裔美国人在社会身份上只能处于从属地位的话，那么学校无法改变这一现实。新出现的专业化考试进一步强化了既有等级。狂热的测验爱好者们坚信由种族和性别所带来的差异不仅仅是生理上的特征，还是上帝赋予的、天然的、不可避免的类属，因此，他们认为天生的智力可以将大多数工人阶级的子女与受过高层次教育的人家的孩子区分开来，对于种族和性别而言更是如此。因此，教育系统成了一套庞大的社会筛选机制，使得不平等合法化，一些学生注定会成功，而另一些学生必然失败（Drost，1967；Kliebard，1999）。

如果说斯内登作为社会保守派，持有这种观点尚可理解的话，那么教学进步主义者对种族和性别问题的认识则让人费解。杜威明确反对种族差异论，他还是全国有色人种促进会的奠基人之一（Alridge，2008）。但他在职业生涯中对种族问题往往避而不谈。许多教育领袖们接受了种族差异论，认为非白人群体的社会进化程度不如白人。甚至帕克上校也持有类似的观点，认为“野蛮”种族的孩童的发展阶段相似（Fallace，2015）。杜威偶尔也会触及不平等的问题，例如，在1930年的一篇文章中，他提及南部学校资金分配中巨大的种族差异问题（Dewey，1930）。但这并不是他这篇论文的主题。一些学者认为，杜威意识到非裔美国人在历史上的从属地位导致了教育中既有的种族差异，但他早年的作品只将这些问题作为一类社会现象。虽然杜威明确反对学术能力测验或智商测验所得出的种族差异的结论，但我们也不清楚在那之后杜威是否思考过种族问题（Fallace，2011；Margonis，2009）。

白人并不认为种族是一类重要的社会问题，他们中的许多人无疑怀有关于人类发展的种族主义观点。也许当时迫切的教育改革需求，以及激烈的教育哲学辩论，使得教学进步主义者担心其他问题会阻碍教育改革运动的顺利开展。也有可能是因为北方的黑人人数较少，所以杜威和其他改革家们并不认为种族问题是一类亟待解决的社会问题。尽管杜威在哥伦比亚大学的办公室离黑人聚居的哈莱姆区很近，但杜威依然认为种族问题是更加宏大的社会与经济不平等的体现，而他也将致力于在更加宽泛的意义上去认识这些问题（Westbrook，1991）。无论什么理由，种族与族群的不公平问题成了人文主义者学校改革运动中的盲点。他们没有关注到这些问题，而改革运动——更不用提教育系统自身——则进一步恶化了这种状况（Rury，1991b）。

大学成了人力资本

正如第三章所言，高等教育机构在 19 世纪经历了重大的变革。强调古典研究和官能训练的传统学院为现代研究型大学所取代。这些机构代表着研究与发现，以及更广泛社会参与的时代回声。这些大学既包括了东部的私立大学，也包括了中西部和太平洋沿岸的州立大学旗舰校。到 20 世纪 20 年代，对于中产阶级的男女青年而言，上大学成了时尚，这既是社会生活的一部分，又可以获得有用的文凭。由于年轻人发现接受高等教育成了在企业、政府和专业领域找到工作的捷径，大学的入学率显著提升。虽然这一时期的入学率仅占高中毕业生总数的很少一部分，但这是未来大发展的前奏（Fass，1977；Veysey，1965）

传统学院向现代大学的转型是一个逐渐发展并不断加速的过程。在学院中，教派是一个关键性因素。尽管在接下来的历史时期内，宗教依然很重要，但它在高等教育中的文化主导地位却显著下降。新一代的教职员工大多在欧洲受训，尤其是德国，他们将科学研究的理念带回美国。许多教授认为，大学应该通过社会改革与技术更新，更多地参与到社会改进之中。整体而言，这些观念有了听众。渐渐地，教学开始以新型的研究为导向，指向学术学科，而告别了古典语言或者教父哲学。传统学院的毕业生们大多成了牧师，而 20 世纪之后，越来越多的大学毕业生在企业或专门职业领域找到工作。这一切都归功于世俗主义和个人主义的新气象。虽然有许多学生依然为了学习宗教知识和学术发展而上大学，但他们在大学中形成了新型的学生团体，更加乐忠于社交、娱乐和找工作（Clark，2010；Marsden，1994；Reuben，1996；Rodgers，1998）。

这些变化都关联着大学的发展。整体而言，1900 年，大学入学总数为 25 万人，1930 年上升到 100 多万人，上升的比例接近整个学院时代的 10%。这是美国年轻人中最关键的群体，是社会精英和文化精英。大学入学率的显著提升直接反映出中等教育的扩张，以及高中与大学衔接关系的改善。1900 年成立了大学委员会（The College Board），旨在调整高中和大学的关系，并成为协调大学入学考试的全国性机构。这也使得学生们选择大学的范围更广，可以从全国范围内选择大学。随着越来越多的青少年从高中毕业，他们很自然地会寻求更高的社会等级或者离开家乡继续求学以获得更多的社会机会。无论他们的动机以及面对挑战的态度如何，这都促进了大学入学率的提升。

高等教育开始成为美国文化的重要影响因素。大规模的大学毕业生，尤其是中西部和西部的州立大学的学生群体，形成了他们独特的文化身份认同。入学率的攀升使一类精致的社会生活方式开始流行。女生数量的增长率要高于男生。在 19 世纪 90 年代，女生的占比尚不足 40%，到 20 世纪 20 年代，她们的数量已达到学生总数的一半。这些发展给大学生活带来了新活力。朝气蓬勃的校园生活带来了性开放与自由，成就了"时髦女郎"时代，喝酒、跳舞、"接吻"遍布大学的角落。虽说只有一部分大学生如此开放，但这些活动也成了学院告别过去的体现。兄弟会和姐妹会越来越流行，尤其是在 20 世纪 20 年代之后，校园足球也风靡了起来。所有这些都成就了校园生活的新时代。尽管在这一时期还有许多人无法上大学，但大学生活成了社会中产阶级或者社会中上层年轻人成长的必经阶段。对于那些上了大学的青年而言，大学中的社会生活成为开启他们在企业或者其他领域的职业生涯的钥匙，学生之间的友谊与圈子扩展到他们成年之后的生活中（Bledstein，1976；Horowitz，1987）。这便成了一类特殊的、隐藏着的社会资本，在大学校园中孕育成熟。

大学中的实用主义还体现在一系列专业学校和机构的新建中。在 19 世纪，法律和医学的教学是由私立学校或者个人来进行的；在 20 世纪，大学开始开设这些专业，或者发展它们自己的教育方式，并授予专业学位。类似的制度安排还出现在工程学、社会工作以及其他专业领域。还出现了由大学主导的商业培养方案，其中涉及的课程包括会计、金融、管理、市场营销和其他科目。这些发展都进一步刺激了入学率的攀升，学生们发现新的资格证书更有吸引力。随着专业学位的发展，大学也就不再是象牙塔。无论怎样，高等教育与商业、政府以及其他专门领域之间的实践联系越来越多。通过这种方式，大学为未来的社会领袖提供了人力资本、核心知识和必备的技能（Geiger，1986；Goldin & Katz，1999b；Levine，1986）。

高等教育的发展还带来了学校数量的激增。这成为另一种形式的分化，不同类型的高等教育需求促进了制度上的回应。除了东部精英式的私立大学和庞大的州立大学旗舰校，以及绝大部分寄宿制学院，还出现了许多新型的学院和大学。其中，最重要的就是两年制的初级学院，它主要教授一些基础课程，承担预科职能，后来成为社区学院。第一批初级学院出现在西部和中西部地区，在 20 世纪 20 年代后期，它们的数量就超过了 200 所，招生人数占全体本科生人数的 10%。还有其他一些高等教育机构得以发展，其中就包括一些大城市中的城市学院和私立城市大学。这些机构服务于走读生，在诸多专门职业领域提供本科层次的教育教学。在纽约、辛辛那提或者底特律，一心想着就业的学生们可以进入当地的州立大学，而在芝加哥的学生则可以进入德保罗大学、罗耀拉大学或者阿玛尔理工学院（现名为“伊利诺伊理工大学”）。这些高等教育机构为中产阶级的中下层——尤其是那些支付不起精英大学的高额学费或者不愿意离开家的移民子女——提供了必要的支持。它们培养了大批的律师、工程师、会计和教师，这些机构体现了美国高等教育新的实用主义精神（Brint & Karabel，1989；Levine，1986）。

20 世纪早期是高深知识快速发展与变化的时代。为了回应新知识与新技能，回应城市工业化对人力资本的需求，美国的学院与大学积极转型，为学生们提供足以适应经济快速发展的文凭证书。随着入学率的提升和男女合校的普及，独特的大学文化在学生们的人生经历中留下了宝贵的烙印。这些变化凸显出美国社会生活中高等教育的重要性。同时，它们也预示着大学必将成为美国教育系统中的显著特色。许许多多的改革与变化，都预示着美国大学与学院的进一步发展。

城市工业化时代教育与社会变革

进步主义时期是美国的社会大转型期。工业革命有力地推动着社会变迁。经济以前所未有的速度蓬勃发展，全国的交通网络日渐成熟，城市繁荣发展。所有这一切都要求教育系统的快速变革，都要求为大众提供基础教学，让他们为白领职业做好准备。全国人口的增长，需要数千所新学校。随着教育制度的发展，管理和组织的精细化程度日益提升。为此，教育观念不断推陈出新，社会改革家们在激烈的社会辩论中不断创新学校制度。

作为发展变革的方向，学校也在不断回应着全国的经济与社会组织发展的需求。管理进步主义支持的理性化科层制模式满足了大规模的复杂学校系统的需求，为师生行为以及教育委员会、教育政治家的行动制定了规范化标尺。在乡村，虽然出现了许多反对的声音，但效能与科层制控制的逻辑带来了乡村学校的撤点并校。同时，高中快速发展，这部分是由于全社会对书记员、经理人以及相关职业人员的需求显著增长。从法律咨询到会计、医疗，专门职业的快速发展，激发了人们对高等教育的新需求，大学和学院也迎合了人们对文凭证书的需求而不断创设新的课程。教育成了维系不同职业分类所带来的身份区隔的社会机制。由于美国社会不断分化，社会阶层区隔成了学校教育类型化的典型特征。从这个意义上说，教育成了“地位”的象征，成了社会不平等的加速器（Stasio et al.，2016）。如果说，工业革命改变了整个国家，那么教育系统则进一步巩固了这一革命性的变化。新时代的黎明已经到来，学校也将不断变化以满足持续不断的新需求，折射出社会等级制的变迁。

那么，在这个时代，学校改变了社会吗？显而易见，它们为新经济体提供了所需的知识与技能。正如克劳迪娅·戈尔丁和其他学者所言，这绝非小事；如果没有一批受过教育的劳动力，就不会有 20 世纪的快速发展（Goldin & Katz，2008）。但其他类型的变化又有哪些呢？教学进步主义创设出的共同体社区意识，让学校更加人性化，更加“儿童中心”了吗？杜威和他的追随者们建构起的民主教育逻辑是否缓和了把人变成“机器的附属物”的趋势？在这些方面，学校改革的影响似乎是微乎其微的。尽管教学进步主义创办了一些实验学校来开展他们的改革试验，例如葛雷制和文纳特卡计划，但它们对整体教育系统的影响几乎为零。面对着受到理性主义和效率观支配的管理进步主义者的竞争，绝大部分美国学校并没有受到帕克、克伯屈或者其他教学改革者的影响。相反，学校的发展受不断精细化的教育科层制、考试以及体制扩张的影响更大。这使教学进步主义最终成了海市蜃楼。它有着狂热的追随者、改革家和许多空想主义的理念，但对全国的绝大部分学校而言几乎没有持久的影响。

同时，美国教育中的“社会效能”论推动了社会分化的进一步加剧，进而对社会改革产生重大影响。如前所述，学校要不断地、有效地满足不同社会群体的需求，使得社会既有的不平等现象进一步加剧。尤其是进一步加剧了女性、非裔美国人、墨西哥裔美国人的遭遇，强化了他们的社会从属地位。职业教育、家庭经济学和手工劳作运动的发展都被包含在其中。数十年之后，这些“改革”的局限性才真正得到承认和补救，即使到那时也要经过奋斗和挣扎。

在美国历史上的进步主义时期，教育与社会变革有着紧密的联系。学校回应了全国经济快速发展的需求。经济发展需要大批受过良好教育的工作者，人力资本革命呼之欲出，促成了学校教育的繁荣，尤其是中等教育和高等教育。而这也为后续发展提供了更多的可能性。但从另一面看，教育改革并不总是像它所宣称的那样美好。也许这是那段动荡的历史时期中一个巨大的遗憾，但它所发出的希望的号角至今仍在回响。

05

第五章

教育、平等与社会政策：20 世纪 40 年代至 70 年代的美国

第二次世界大战之后，美国一跃成为世界强国。这一时期美国的科学技术出现令人叹为观止的革新，从飞行器到电视、电吉他，不一而足。对社会政策中公平公正的追寻，以及少数族裔谋求平等社会地位的尝试，也从未停止。同时，这也是一个实实在在的城市化的时代，美国人口中的绝大部分都在城市定居。理解这些背景信息，将有助于我们更好地了解这一时期美国教育的变化。

这一历史时期最显著的特征是：无论是从公众的视野还是从个人的角度来看，学校教育的重要性都在日益提升。联邦政府成了教育资助与政策制定的关键，教育成了重要的政治事务。同时，越来越多的美国人进入学校。在教育系统的各个层级中，入学率显著提升，尤其是中等教育和高等教育的入学率大幅度上升。每一个人都渴望上学，学生的学业成绩也成了

大众关注的焦点。让所有的美国公民都能上学，也成了这一时期教育公平问题争论的关键。

另外，在这一时期，意识形态的变化也影响了人们对学校教育的认识。由于“冷战”以及由其引发的对规训和国家安全的关注，进步主义教育成了明日黄花。更重要的是，由于人们对“雅利安人种优越论”的普遍厌恶，以及公众日益关注美国的国际形象，关于种族的观念开始自由化。1954年，最高法院裁定布朗诉教育委员会案，宣称学校中的隔离制本质上就是一种不平等，因此违反了宪法的精神。这成了美国历史上里程碑式的事件，促使美国的社会正义观与相关的国家政策发生了剧烈的转向。这也定义了现代民权运动，进而实现了公共生活中意识形态的变迁。女权运动和学生运动也从种族平等的正义斗争中受到启发，进而引发了其他许多社会运动，这些都深深地影响了学校。美国教育从此发生巨大改观。

除此之外，还有一些重要的社会变革影响了学校教育。其中之一就是全国主要大城市中的种族和民族聚居比例发生变化。城市中对劳动力的需求，以及农业的机械化，使大批非裔美国人离开了南部的乡村地区。当这些非裔美国人移居城市之后，当地的学校系统中便出现了种族隔离问题。同时，大规模的郊区化现象——也被称为“白人出逃”——也大大改变了教育不公平问题的地区分布，导致城市学校系统质量的显著下降。尽管在这一时期依然有一批持理想主义观念的教育家在著书立说，但从全国范围来看，城市中的教育不平等问题无论是从形式上看还是从质量上看都日渐突出（Kantor & Brenzel，1993；Rury & Saatcioglu，2011）。如果说政策制定者们和部分公众依然相信学校将会把来自不同背景的学生们凝聚在一起，那么这一理想在这一历史时期遭遇了严峻的考验（Conant，1961）。

战后还见证了有活力的青少年文化的普遍扩张与商业化。这其实是一个简单的人口学问题。随着退役的美国军人大多回归家庭生活，战后婴儿出生率大幅提升。这带来了“婴儿潮”的世代，到了20世纪50年代后期，这些人变成了青少年的主体（Hawes & Hiner，1985；Macunovich，2002），从而引领了文化时尚的变革。青少年带来了交友方式的变化，尤其是他们非常关注性问题与人际交往，并创造了诸多精致的仪式感，对这些问题的期待也越来越高（Modell，1989）。同时，随着高中入学率的提升，大学的入学率也显著提升，教育机构成了形塑青少年行为的温室（Coleman，1965）。

本章将重点讨论这些问题。在战后的数年间，教育与社会变革之间的关系日益复杂化。作为一项社会政策，学校被要求改善经济与社会不平等的状况。同时，教育系统自身也受到意识形态的、经济的和人口变化的影响。这是非裔美国人、女性、学生和其他在历史上受压迫和排斥的社会群体争取平等权利的时代。学校成了要求平权的主战场。教育的重要性日益提升，教育机会与教育质量也成了社会焦点问题。鉴于此，学校教育与社会变革之间的关系不再直接简明。既然如此，我们考察这一问题首先需要理解这一时期的关键：家庭生活方式变化，以及青少年亚文化出现并最终席卷全国。

焦点：寻找自我的革命

从各个方面来看，战后是青少年的时代。在 20 世纪 50 年代，青少年的人口规模较小，这是大萧条和战争的影响所致，但工作方式的变化让青少年有了更多的自由时间，而富裕程度的日益提升也使他们的经济状况越来越好。公司法和劳工法的改进极大程度地缓解了工厂中的童工问题，入学率的提升意味着越来越多的青少年能够坚持到校学习。所有这些都促进了青少年社会的逐渐成形，奇装异服、标新立异与不走寻常路的价值观成了亚文化的显著标志。

青少年文化虽然早在十几年前就已经出现，但直到 20 世纪 50 年代，崭新的青少年社交文化才真正普及，也引发了更多的社会问题。它在媒体上的曝光度日渐增加，诸如“青少年犯罪”“高中辍学”等问题频频出现。青少年开始反抗父辈的价值观，喜欢新音乐，尝试吸烟、喝酒和性行为。面对这些问题，虽然大多数成年人尝试去理解，但他们发现这其中危机重重（Gilbert，1986）。

图书、杂志文章、电视报导和电影都开始关注青少年问题。其中最著名的要数电影《无因的反叛》（*Rebel without a Cause*），电影的主演是当今仍有影响力的著名电影演员詹姆斯·迪恩（James Dean）。

《无因的反叛》是他的代表作，同时这部电影也开启了娜塔莉·伍德（Natalie Wood）和萨尔·米涅奥（Sal Mineo）等人的影视生涯。这部电影之所以特殊，是因为它描绘了青少年遭遇的困境以及成人——尤其是父母，在面对这些问题时的困扰。电影虽然采用了夸张叙事的方式，但部分地揭露了普遍性的问题。与其他电影不同的是，它并没有将青少年文化妖魔化，其中并没有充斥着怪诞的音乐、性行为、酗酒或者自我毁灭。相反，它描绘了青少年在寻求父母肯定与帮助的过程中所遭遇的误解，以及在长辈的压抑下同龄青少年被迫建构起的社会网络屏障。从本质上看,《无因的反叛》是一部伦理叙事，它揭示了现代文明的缺点，以及对青少年的忽视。诸如此类的媒体信息为我们提供了当时的大众观念，尤其是美国人对战后成长起来的这一代的误解（Doherty，1988）。

《无因的反叛》也是一部关于疏离、暴力与亲情的叙事片。故事发生在洛杉矶，这代表着加利福尼亚州南部社会较为普遍的道德困境。该电影是根据真实的青少年犯罪事件改编的，导演是尼古拉斯·雷（Nicholas Ray）。一些影评家认为，这部电影的主题依然是陈旧的莎士比亚式的题材，类似罗密欧与朱丽叶的故事。故事中所有的主角——吉米·斯达克（Jim Stark，詹姆斯·迪恩饰）、朱迪（Judy，娜塔利·伍德饰）和约翰（John，昵称“柏拉图”，萨尔·米涅奥饰），都在面对父母各种忽视的境况中挣扎前行，伴随着许多自毁的方式。例如，吉米的父亲优柔寡断，不能给孩子树立积极向上的榜样，总让孩子陷入自我否定之中，让孩子缺乏安全感。这使得孩子喜欢打架，总是用些出格的行为（例如酗酒）来引起家长的关注。朱迪是一位少女，她总觉得自己不受父亲的疼爱，在青春期发育的时候，她总有不安全感，总是渴望得到父亲的认可。约翰更为人所熟知的是他的昵称“柏拉图”，他有社交障碍，他的父母很有钱但已经完全放弃了他，将他留给一位非裔保姆照顾。朱迪在一群满腹牢骚的青少年中寻求即兴的陪伴与安慰；而约翰则游离在青少年世界的边缘，后来他遇到了吉米，结为好友，吉米甚至在他心目中扮演了父亲的角色。这些便是电影故事发生的前情，它所折射的是成人世界对青少年的忽视。

也许最令人动容的关系当数吉米和他的父亲。吉米的父亲是由吉姆·巴克斯（Jim Bacchus）饰演［他后来出演了《吉利根岛》（Gilligan's Island）中的一位百万富翁］。巴克斯性格软弱，遇到任何事情都容易犹豫不决。他有一位强势的妻子。他的妻子似乎全神贯注于社会礼仪和得宜的外表。这种夫妻组合在 20 世纪 50 年代很常见——一位软弱无力的父亲和一位强迫症般控制欲极强的母亲，他们往往给孩子带来巨大的心理伤害。当年轻的吉米向一位有同情心的警察诉说他的遭遇时，他说道父母之间总是争吵，觉得父亲都快忍受不了母亲了。他甚至说："一个人如何能在那样乱哄哄的环境中成长起来？""你明白吗？我希望有一天我能不这么矛盾，希望有一天我能有个安静的地方待一待。"后来，当吉米遇到困难了，向父亲寻求帮助的时候，他的父亲口中反反复复地只是那些陈词滥调，警告他离危险远一些。这成了故事中暴力犯罪的导火索，在那场冲突中有两个人丧生，其中一位就是柏拉图。影片在其中传递的信息是清晰的：当成年人不对青少年的道德观负责时，必将给青少年带来严重的后果（Cohen，1997；Mintz，2004）。

由于演员们高质量的演出及其个人影响力，该电影刻画了当时青少年的精神状态，在 20 世纪中期引发了轰动，进而推动了美国人对儿童期和青春期认识的改观。《无因的反叛》中吉米父亲的形象与 40 年前安琪亚·叶捷尔斯卡《养家糊口的人》中父亲的形象形成了鲜明的反差。如第四章所言，萨拉·斯莫林斯基的父亲是专横跋扈的、控制欲极强的人。他总将自己的观念强加给自己的女儿，并从女儿的婚姻中获益。吉米·斯达克的父亲则恰恰相反，他根本不愿意插手孩子们的生活。由于他与子女情感上的疏离，他无法为儿子提供清晰的价值观念引导，也无法对子女进行有效的监护。年轻的萨拉挣扎着逃离父亲的控制，而吉米则极力希望亲近父亲，希望拥有家庭认同感。和萨拉一样，他最终出逃了，却是因为他无法获得价值感，便放纵自己随意而为。这两个人物是不同时代与环境的产物，也体现出青春期两种截然不同的生活经历。

从某种程度上看，这些叙事中的差异体现出 20 世纪的美国人对子女养育和青春期的不同认识，而这些不同认识体现出文化的差异性。《无因的反叛》中所描绘的家庭无疑属于社会中上层，电影中所展现出的冲突也是富裕阶层特有的问题。但在20世纪50年代，美国的儿童养育观发生了变化。数十年前进步主义对权威和规训的批评塑造了一类新型的父母行为模式，至少对于中产阶级而言是这样。同时，家庭规模越来越小，白人家庭的平均子女数为3人。更重要的是，这些家庭给予子女更多的自由。在进步主义教育的模式中，自我表达是值得珍视的，它往往比传统价值观中的服从与顺从更有价值。著名的儿科医生本杰明·斯波克（Benjamin Spock）带来了儿童养育观革命性的变化，他主张母亲应该满足婴孩的需求。西格蒙德·弗洛伊德（Sigmund Freud）心理学在20世纪50年代也极受欢迎，它提醒人们注意压迫与控制带来的反抗情绪。与许多“进步主义”教室中的教师一样，父母们也被告知不要扮演权威的角色。相反，他们要将子女作为独立的个体与之交往，甚至作为朋友。按照这样的思维方式展开的话，一些家长就认为他们应该从子女的价值观引导中抽身而出，让孩子们自由地探索，形成自我观念。《无因的反叛》中就体现出这样一种父母参与的态度，这与早先的传统截然不同（Engelhardt，1995；Graff，1995）。

研究者们也在整个20世纪的发展历程中观察到家庭生活范式的变化。例如，社会学家维维安娜·泽利泽（Viviana Zelizar）认为，中产阶级的美国人将子女视为自我的延伸，而非养家糊口的来源——正如萨拉·斯莫林斯基的例子，他们也不将父职或母职视为宗教道德义务——例如弗朗西斯·韦兰德所相信的那样。在新家庭中，子女成了自我表达的形式，成了父母彰显并强化社会身份的方式。这并不意味着父母不关心子女，而是说父母通过另一种方式来表达养育子女的使命感或期望，表现出另一类心理需求。因此，这一系列崭新的社会现象带来了诸多社会问题，其中一些就体现在《无因的反叛》之中。如果子女仅仅体现出消费者道德观，仅仅继承了父母的物质主义的话，那么个人或社会义务则成了需要考虑的问题。如同此类儿童养育观的许多批评者一样，《无因的反叛》的制片人认为纪律与规训的缺失是美国青少年教育问题的根源。也有一些人认为这成了决定整个国家命运的关键

（Graebner，1993；Mintz & Kellogg，1988；Zelizer，1985）。

从这种意义上看，青少年问题十分棘手。如果说，进步主义教育的批评者们的观点——家庭与学校中传统价值观的缺失导致了青少年的失范问题——是正确的，那么只有推进教育机构改革才能解决这一问题。这也是许多批评家的主张。但许多现实的观察家也认识到问题本身要比电影中所体现的或者进步主义教育批评家们所说的复杂得多。青少年亚文化刚刚兴起，并在接下来的数十年间不断强化。詹姆斯·迪恩在 24 岁时去世，但他成了青春期世界中的偶像，影响日益广泛。这是战后美国社会中的主要发展变化之一（Mintz，2004；Modell，1989）。

意识形态浪潮与教育变革

20 世纪三四十年代标志着美国一系列社会观的巨大变革。大萧条与第二次世界大战的经历引发了人们对关于社会身份的普遍观念——尤其是基于种族与社会阶层——的诸多质疑。在 20 世纪 30 年代，数百万人失业，中产阶级生活的稳定性与安全感灰飞烟灭。社会主义者和共产主义者日益活跃，他们开始发声要求公平与社会正义。更重要的是，企业工会发展壮大，尤其是产业工会联合会（Congress of Industrial Organizations，CIO）的下设工会积极宣传团结与公平，反对排斥与分歧。从某种意义上说，整个世界发生了巨变，许多传统观念遭遇挑战。这标志着一系列围绕社会问题的大众观念转变的滥觞（Engelhardt，1995；Patterson，1996）。

第二次世界大战带来了无法消除的记忆。数百万人流离失所，还有数百万人在各类军工企业工作，这产生了持续的影响力。这是全球的冲突，而这一冲突所带来的不确定性又影响到了儿童的生活，尤其是儿童从自我生活经历中体察到了种族偏见。少数族裔的年轻人在洛杉矶遭遇暴力袭击，在其他城市也出现了种族摩擦（Cogan，2000；Mintz，2004）。战争并没有消除人与人之间的不宽容，反而加剧了冲突。人们认为抗争是好的，要挽救民主，就要诉诸斗争。民主的敌人是卑劣的，尤其是德国纳粹。而他们所持有的卑鄙的“雅利安人种优越论”也使越来越多的美国人反思长期以来他们所认定的种族差异论。斗争使他们重新认识美国原有的平等主义传统。许多人认为，战争就是为了反对集权、争取民主，进而强化了对公平和社会正义的诉求。随着美国与苏联对抗的出现，这些主题也延伸至战后。美苏争霸被贴上了“冷战”的标签，虽然这进一步加剧了社会中的不安全感，但也让美国人凝聚起来（Patterson，1996；Terkel，1997）。

综合这些因素，战争以及战后的一系列问题都促使美国重新定义它在崭新的世界格局中的角色。如果美国成了反抗国外独裁势力的先锋队员的话，那么美国国内存在的这诸多不公平与不宽容问题如何能够被容忍？在抵抗纳粹德国的进程中，也有种族主义的因素。这一次，当美国人面对种族优越论时，这种论调正为争夺世界霸权而鼓噪。讽刺的是，在美国的历史上一直存在着种族压迫以及对黑人的暴力镇压。事实上，纳粹的诸多沙文主义观念也是受了美国的优生学运动的影响。反纳粹的社会运动使得大众的观念转向反种族主义的阵营，这首开历史先河；开启了全社会对这一问题的重新思考（Kuhl，2002；Polenberg，1980；Sitkoff，1993）。

这些思潮也遭到了一些著名的社会学家和其他杰出的公众人物的支持。1944 年，瑞典社会学家纲纳·缪达尔（Gunner Myrdal）出版了他关于美国种族关系的经典作品《美国困境》（*An American Dilemma*：*The Negro Problem and Modern Democracy*），认为种族主义是奴隶制的沉滓泛起。缪达尔认为，种族主义谬论与标榜自由、平等的美国理念截然对立，必然被抛弃。富兰克林·罗斯福（Franklin Roosevelt）总统签署行政命令，要求禁止全国军工企业中的歧视行为，这为非裔美国人进入企业工厂打开了大门。对于产业工人旺盛的需求吸引了大批非裔美国人离开南部各州，并催生了一场新的社会运动。他们中大部分人来到北部和西部的大型工业城市，那里更加自由，收入也更高。这标志着种族关系的进步（Chafe，1986；Lemann，1991）。

诸如此类的进步预示着美国人关于种族与歧视问题的理念发展的新阶段。在战后，杜鲁门（Harry Truman）政府决心解决军队中的种族隔离问题，关于住房和就业的联邦民权措施也反映了这一点。同时，全国有色人种促进会也采取了一系列措施尝试改变教育中的种族隔离问题，尤其是在大学中。他们的法律团队由瑟古德·马歇尔（Thurgood Marshall）领衔，接受了缪达尔对种族主义的认识——种族主义歧视在本质上与美国理念相违背，也与美国法律条款相冲突。1947 年，墨西哥裔美国人在门德斯诉威斯敏斯特案中成功地改变了加利福尼亚州南部的隔离学校政策，该案由联邦学区法院裁定，进而塑造了反种族隔离的判案先例。同时，全国有色人种促进会的律师们也开始针对要求非裔美国儿童进入隔离学校的政策开展司法行动，在南部和其他地区渐成燎原之势。这是一场艰难的法律斗争，需要费时费力地改变地方学区围绕特定问题的习惯性做法，但非裔美国人决心争取平等对待，司法对抗得到了推进（Gonzales，1990；Klinkner & Smith，1999；MacDonald，2004；Sitkoff，1978）。

作为这一事件的直接结果，南部各州也开始持续性地改善黑人教育的状况，使得由普莱西诉弗格森案所确定的“隔离但平等”的原则在学校教育中更加适用。许多地区都出现了“平等化”运动，提高黑人教师工资，为黑人学校增添教学设施，甚至在许多学区还创办了现代高中。黑人社区也抓住机遇保障资金，用于改善教学环境，招聘更多的教师，扩大招生数。从 20 世纪 40 年代末开始，在接下来的数十年间，黑人入学率快速提升，尤其是在中等教育领域。到 20 世纪 60 年代，绝大部分非裔美国青少年接受了中等教育，他们的入学率达到了历史上的峰值，这为他们未来的成就做好了铺垫。总而言之，这是非裔美国人教育史上的重大突破，而这绝大部分归功于司法上的努力，以及成千上万名家长、教育家及社区成员的共同奋斗（Bolton，2000；Donohue et al.，2002；Margo & Finegan，1993；Rury & Hill，2011）。

全国有色人种促进会通过合法手段反抗隔离制的种种努力背后，最突出的特征便是平等化，这也取得了巨大的成功。堪萨斯州托皮卡市等地的公立学校案件，即 1954 年由最高法院判定生效的布朗诉教育委员会案，成了美国社会政策中的标志性事件。法院裁定公立学校中的正式隔离制违背了宪法第十四修正案中的平等保护原则。这直接否定了南部大多数教育系统中现存制度的合法性。该判决立刻引起了强烈抗议，南部的政治领导人发誓与之抗争。但在其他地方，法院判决得到了普遍支持。许多白人依然不太情愿在自己的社区中实现种族融合，但他们也开始呼吁抵制“吉姆·克劳”制，反对隔离制的合法化。此外，在国际“冷战”冲突的背景中，美国开始寻求与新的发展中国家——诸如非洲和亚洲的部分国家——

之间的联盟，这使得联邦权力机构也开始公开支持种族平等。保持平等与自由的对外形象，尤为重要。即便如此，进展依然非常缓慢。布朗案宣判之后的数年间，在公共教育中终结种族隔离的步伐依然时断时续，有时候甚至遭遇大规模的——甚至是暴力的——抵抗运动。但 1954 年最高法院的判决标志着种族优越论意识形态在美国的破产。虽然政策执行过程中的实践转变是迟缓的，但种族优越论已无回潮的可能性（Borstelmann，2003；Kluger，1976；Patterson，2002；Wilkerson，1979）。

布朗案也成了民权运动发展的里程碑式的事件，民权运动因此获得了广泛的群众支持，反抗南部各州和其他地区的种族主义以及隔离与歧视。尽管民权运动涵盖了绝大多数美国人的社会生活，但长期以来支持民权运动的主体依然是非裔美国人，他们是民权运动的主力军。民权运动是一场覆盖范围广泛、主题多样的社会改革运动，其中所涉及的政治领袖也很多，例如马丁·路德·金（Martin Luther King）和马尔科姆（Malcolm X）。民权运动的组织从呼吁种族平等团结的全国有色人种促进会，扩展到军事分离派的黑豹党（Black Panthers）。其中有些人希望能促成实现美国的种族大融合，而其他人则希望实现黑人的社区或者社会机构自治。尽管在不同的社会组织中存在不同的声音，但他们共同的诉求就是争取平等权利。在具有创造性和资源优势的政治领袖们非同凡响的努力下，在成千上万有志于奉献的志愿者的努力下，民权运动终于成功地解决了美国价值观与种族主义意识形态之间的矛盾，成了历史上的丰碑（Cook，1998；Klinkner & Smith，1999）。

在 20 世纪 50 年代以及接下来的数十年间，教育成为争取民权的关键。其他的社会问题虽然偶有出现，诸如住房问题或者是投票权，但学校教育始终是民权运动的重中之重。要实现非裔美国人的民主与社会平等，那么平等的入学机会至关重要。在这一观念的引领下，人们为终结隔离制与实现教育平等而斗争。这些运动首先发生在南部，布朗案判决的生效本身就带来了诸多矛盾；后来运动在北部也逐渐展开，北部各州主要的问题是解决居住中的隔离制。南部的白人加入了“大规模的抵抗”，在非裔美国人进入白人学校的时候，他们往往周期性地开展抵制活动。其中，最重要的就是 1957 年小石城中心高中的 9 名黑人学生入学事件。艾森豪威尔（Dwight

Eisenhower）总统派出了联邦军队以维持秩序，但这所学校却在次年被迫关闭。诸如此类的冲突事件，在全国范围内被广泛报道，进一步激化了公众对白人种族主义者的抵制情绪（Klarman，2007；Patterson，2002）。

渐渐地，在黑人学生及其家庭的不断努力争取之下，民权组织发展壮大，隔离制学校逐渐解体。在许多城市中出现了“自愿融合”方案，这让少部分黑人“融入”白人学校。虽然在全国范围内，联邦政府不断推进种族融合措施，但进展缓慢。最终，在 1968 年和 1969 年，最高法院在格林诉新肯特县案和亚历山大诉霍姆斯县案中的裁决，标志着南部种族隔离制的终结。在随后的几年中，绝大部分公立学校都实现了种族融合。另一方面，在北部和西部，解除居住隔离成了实现教育融合所必须面对的更大挑战（Orfield et al.，1996；Rury & Hill，2011）。

意外的是，南部各州促进种族融合的成就并不意味着种族与教育问题中斗争的终结。在这一时期，学校教育中的不平等问题依然十分尖锐。更重要的是，全社会的意识形态浪潮由此发生了巨大的变化。民权运动将社会公平与教育公平问题提上了国家议程，在全国范围内成了不可忽视的重大社会议题。对种族隔离与歧视政策的公开拥护在全社会范围内变得不可接受，或者说在政治上无法被容忍。各地的教育家至少在原则上接受了教育公平与社会正义的理念。这些都标志着政治趋势与教育政策的转向（Eskew，1997；King，1996；Orfield，1983）。

同时，越来越多的保守主义观念开始复兴。在这些年，代表着传统派观念的做法主要集中在课程与教学领域，尤其是由教育家们所组织与设计的课程。进步主义教育理念与实践受到了严厉批评。

截至 20 世纪 40 年代，进步主义成为教育领域中的重要智识力量，尽管在此时它们仅仅主导着全国学校系统中的一小部分。许多美国人虽然开始质疑进步主义理念，但并没有对其进行公开发难。这一情形在战后发生了变化，一些著名的学者和记者开始攻击进步主义教育，认为进步主义教育应该为美国公共学校中的学业失败负责。究其原因，这可以部分归结于“冷战”的政治氛围，人们将进步主义教育家误解为“软弱的”。在战后数年间，进步主义教育家们在公共学校中发起了名为“生活适应”的课程改革，但并没有改善教育的境况。这种课程用结算支票簿代替代数学，用时事取代历史，这让进步主义招致了多方面的批评。同时，对于国家安全的焦虑日益严重，在参议员约瑟夫·麦卡锡（Joseph McCarthy）和其他政客的煽风点火之后，政治氛围极为严峻，政策实践也加强了控制。对进步主义的批评反映出全社会对美国学生散漫状态的担忧，尤其是担心青少年犯罪、性行为以及暴力行为的蔓延（Hartman，2008；Hofstadter，1963；Ravitch，1983）。

所有这些对美国学校的疑虑都在1957年苏联发射人造卫星成功后达到顶峰。斯普特尼克一号是第一颗成功发射的人造地球卫星，它开启了“太空时代”，也让美国的科学家们陷入尴尬的境地。同时，它引发了人们对国防问题的恐慌。该事件直接将公众的注意力集中到公共学校学生的学业成就上，尤其是数学和科学成绩，并推进了1958年《国防教育法》的出台。虽然该法案仅限于数学、科学以及教师教育项目，但这却是联邦干预学校的重大转变（Kaestle，2001；Urban，2010）。国家科学基金会以及其他机构也开始资助各类项目，用于改善教学和课程教材，要求回归传统教学与学习方式。与此同时，反进步主义的浪潮也达到了高峰。长期以来支持学校改革的进步主义教育协会在1955年解散。两年后，《进步教育》（*Progressive Education*）杂志停刊。尽管杜威和其他进步主义教育家的理念依然有影响力，尤其是在大学的教育学院中，但从全国范围来看，公众对学校教育的观念已转向保守主义（Cremin，1961；Spring，1976）。

截至20世纪60年代，全国的学校受到了各类千差万别的意识形态浪潮的影响。关于种族与歧视的改革尽管声势浩大，并最终实现了学校中的种族融合，但同时也见证了教学实践的保守主义转向。从某种意义上说，这都意味着进步主义教育改革的终曲。毕竟，民权运动给予管理进步主义所信奉的差异化信条致命的打击。教育中要求融合与平等的呼声不断高涨，至少在某些程度上不认同社会背景与学业成就的差异性前提假设。同时，保守派也针对杜威及其门徒的教学进步主义进行批评。在这一时期，教育政策中的公平价值取向愈发明晰，即便有时这些价值取向仅停留在理念原则而非实践之中。学校教育的其他方面也开始转向传统方法与标准。这便是当时关于教育的观念，可谓进步主义的一种奇特遗产。

种族、公平与教育

在第二次世界大战之后的数十年间，种族问题成了全国各主要城市学区最关注的问题。冰冻三尺非一日之寒，促成这一问题最主要的原因在于大批非裔美国人迁居至城市。在 1945 年之后的 20 年间，有近 400 万非裔美国人移居，他们大多搬迁至东北部、中西部和西部各州。此后，他们定居下来，使得城市之中种族聚居的贫民窟或者与白人相隔离的工人社区不断扩张。这便是居住上的隔离制，在绝大多数情况下这便是残酷的现实生活。截至 20 世纪 60 年代，诸如纽约、芝加哥、洛杉矶等大城市，都有非裔美国人聚居。这些地区人口密度大，生活贫困，犯罪率较之其他社区更高。这些地区的种族分离现象有时甚至更甚于南部。公共学校也因此再次出现隔离制（Lemann，1991；Wilkerson，1979；Wolters，1984）。

基于此，种族开始以新的方式影响城市生活的空间组织形式，这与早先的族群或社会阶层的影响形式不同。之前是依靠暴力将黑人与白人强制隔离，它既有合法的途径，也有灰色地带的手段（Massey & Denton，1993）。那些试图搬离贫民窟的非裔美国人也往往遭遇诸多敌意。在房地产租赁行业有着“红线”制度，这是房地产代理商的最后底线或者限制性条款——防止非裔美国人搬迁至白人社区。当然，教育资源也存在着空间上的差异。从某种程度上看，这些障碍使非裔美国人无法进入更好的学校，因此这类社会排斥便演化成教育机会的阻滞。在许多学区中，在白人社区周边出现了非正式的隔离学校。黑人社区的学校人满为患，班级规模大且缺乏有经验的教师。学校毕业率低，能够上大学的学生也少。总之，在种族问题上，学校教育的质量有着显著差异。正如批评家们所言，这给作为美国生活基本面向的公共学校提出了严峻的挑战。如果公共学校能够平等地对待所有儿童，那么在生活中就不会产生那么多违背美国平等主义国家理念的社会问题了。这些质疑也带来了人们对不平等问题的激烈争论（Erickson，2017；Rury，1993，1999b；Rury & Rife，2018）。

除了这些问题，在城市生活中还有其他方面有待改进。社会与技术的发展使得城市地区的空间布局成了重大的政策问题。同时，数百万非裔美国人涌入市中心地区，而其他居民则开始向城外搬迁。在第二次世界大战结束之前，美国的近郊化迁徙便开始了。在住宅短缺的情况下，在新建高速公路和廉价汽油等公共政策的支持下，美国人开始向城市的周边地区搬迁。1940—1960 年，近郊的人口增长了 2700 万人，这一数据是大城市人口增加值的两倍。这也使得大城市中居住在市中心的人口比例从 1940 年的将近 63%，降至 1960 年的 51%。这一比例的下降一直持续，到 1980 年前后，只有 40% 的城市人口生活在核心城区，而其他人则都住在郊区（Fox，1985；Jakson，1985；Teaford，1990）。这意味着全国城市化区域中空间组织的巨大变革。

逃离大城市的移民大多是年轻人，属于中产阶级，且大多接受过高等教育。美国退伍军人管理局（Veterans Administration，VA）和联邦住宅管理局（Federal Housing Authority，FHA）发放的贷款也使近郊区对于新建家庭而言变得更有吸引力。经济的腾飞使得雇佣就业十分稳定，无论在市中心的办公室还是在郊区的制造业和零售业中。这些家庭能够匹配富裕社区的生活方式，他们的工作也能够承担得起每日通勤所需的时间和开销。战后的“结婚潮”在十年间促成了 1000 多万户新家庭的出现。婴儿出生率也随之上涨，出现了“婴儿潮”。郊区舒适、空旷的居住环境使人难以拒绝（Fox，1985；Palen，1997）。

近郊区的居民大多为白人。截至 1960 年，近郊区的人口规模超过了市中心，在其中只有不到 5% 是非裔美国人（Goldsmith & Blakely，1992）。30 年后，这一比例仍不到 10%。居住在近郊的非裔美国人也大多聚居生活。这部分是由于房地产业中的歧视政策，它们阻碍了非裔美国人在白人社区中购房。作为一项不成文的规定，只有白人才可以在最富裕社区中购房。这也折射出一类机会阻滞的方式：非裔美国人家庭被排挤出这些社区，也就阻碍了他们将子女送进更加优质的近郊公立学校受教育。随着近郊化运动的开展，核心城区逐渐老龄化、贫困化，少数族裔更加复杂多元（Jackson，1985；Massey & Denton，1993；Rury & Rife，2018；Teaford，1990）。

这些历史性的发展极大地影响了大城市中的公共生活。在 1950 年后，每隔十年，核心城区中居民的白人比例就会出现一次严重下滑，从 80% 一直下降至 20 世纪 80 年代的 30% 左右。非裔美国人的人口规模在 20 世纪五六十年代快速增长，其水平接近核心城区居民总数的 1/3，墨西哥裔人口也在 1970 年后快速增加。正如社会学家威廉·朱利叶斯·威尔逊（William Julius Wilson）所言，对于核心城区的居民来说，贫困水平显著提升，尤其是对黑人来说更是如此。这不仅反映出歧视、教育匮乏以及经济机会的丧失，更代表着一种“聚集”效应。威尔逊用这一概念来描述贫困群体的聚居所带来的贫民窟中的赤贫问题。在 20 世纪 70 年代中期，在核心城区的居民中有 11% 是贫困人口，而在核心城区的非裔美国人中有 18% 是贫困人口；到 20 世纪 80 年代，这两组数字分别上涨为 20% 和 34%（Goldsmith & Blakely，1992；Wilson，1987）。这便是 20 世纪 60 年代出现的“城市危机”的结局，它的影响力一直持续到现在。

在 20 世纪 50 年代末，教育家们就面临着这一过程的早期阶段。在第二次世界大战之后的数十年，由种族和财富定义了新的文化地理布局。这意味着，对城市和郊区的绝大部分居民而言，他们的共享公共空间和社会网络经历逐渐消失。大众媒体不断强化人们对少数族裔的刻板印象，也增加了社会生活中的不信任与恐惧（Dougherty，2008；Fox，1985）。不断积累的矛盾与误解加剧了社会冲突。

在 20 世纪六七十年代，随着非裔美国人在城市学区中接近多数，尤其是在北部城市中，这些问题进一步加剧。尽管有各种各样的抗议活动，但学校依然是高度隔离的，这既反映出居住中的隔离，也进一步加剧了居住隔离（Mirel，1993；Orfield et al.，1996；Rury，1999b）。根据罗伯特·哈维格斯特（Robert Havighurst）的调查（Havighurst，1964），在 1963 年芝加哥公立高中内的种族构成分析中，无论是在白人为主的学校还是黑人为主的学校，他们各自的占比都超过了 90%，只有四所高中例外，而在整体城市人口分布中也显现出泾渭分明的种族区隔。更重要的是，在绝大多数黑人为主的学校中，学生的学业成绩更低，辍学率较高。在其他大城市中也是如此（Harrison，1972）。从整体上看，在北部城市学区中，非裔美国人受到高度的隔离——或者说“种族区隔”，这使他们的学业成绩进一步恶化（Mirel，1993；Rury & Hill，2011；Stolee，1993；Wells & Crain，1997）。而这与促进社会整合的传统公共教育理念严重脱节。

不可避免的是，学校教育中的种族平等问题成了城市学区必须面对的重大社会政策问题。在公共教育中，种族问题也成了政治分裂的诱因。在20世纪60年代后期，全国有色人种促进会和其他民权组织开始呼吁城市教育中的公平问题。大规模的游行示威和学校抵抗相继出现，用以反抗大城市中学校的种族区隔与教育落后问题。在芝加哥，从1963年秋季学期开始，大约有30万名儿童开始拒绝上学，数千名家长到教育委员会门前游行示威，抗议学校中的隔离制。在其他地区也有类似的现象，有时候他们针对某一所学校，有时候他们针对的是整个学区。在加利福尼亚州和得克萨斯州，墨西哥裔学生和教师群体也发起了游行示威与抗议活动，要求进行课程改革并改善学校设施。这是一个冲突与斗争的时代，在公平与社会正义问题上，紧张程度不断升级（Anderson & Pickering，1986；Donato，1997；Rury & Hill，2011）。

民权组织面对学校中的隔离制提出了司法诉求，他们谴责学区为了避免激怒白人而加剧种族隔离的做法。这实际上是布朗案后社会活动家的传统诉求。在20世纪60年代后期和70年代早期，一系列联邦法院的判例驳回了对事实上的隔离制的指控，为学校中的隔离制提供了借口，也成了绝大多数城市学区中教育不平等问题的根源。布朗案仅仅专注于改变法律上的隔离，而要改变事实上的隔离制，意味着要对布朗案的司法逻辑进行延伸。在1971年，出现了著名的斯旺诉夏洛特－梅克伦堡教育委员会案，法院核准通过强制性的校车接送方案来解决居住区域中的隔离制。为此，学区为了解决不公平的问题而不得不将儿童从一个社区接到另一个社区上学（Orfield et al.，1996）。在南部各个城市，这是可行的，因为在那里无论城市还是郊区，都有各式各样的学区。但在其他地区就行不通了，不满的白人往往会离开接受强制校车接送计划的城市，搬到别处的郊区。但无论在哪里，校车接送方案都引发了巨大的不满，不满情绪的积累引发了政治冲突（Dougherty，2003）。

围绕着事实上的隔离制，争议延续了一段时间，这也使全国都开始关注城市教育中的困境。在1961年，哈佛大学前校长詹姆斯·科南特（James Conant）发表了《贫民窟与近郊》（*Slums and Suburbs*）一书，指出核心城区与郊区的学校中的巨大差异。虽然他并没有集中讨论隔离制，但城市学校中的资源匮乏已毋庸置疑（Hampel，1986）。虽然科南特想避免争议，但他的作品的确体现出了城市教育中的问题，并且这些问题在随后几年中日益明显。最终，近郊化抽离了城市学校中的绝大部分白人学生。当芝加哥在 20 世纪 70 年代晚期要求法院判决解决隔离问题的时候，城市学校中只有不足 20% 的学生是白人。这使得有意义的种族融合措施难以为继，尤其是面对芝加哥公立学校系统中这 60 所高中的时候（Kleppner，1984；Rury，1999b）。其他大城市中的学区也面对着类似的困境（Mirel，1993；Rury & Hill，2012；Rury & Rife，2018）。

1973 年，最高法院裁定丹佛市凯斯案，终于确立了由联邦促进种族融合的原则，当时“白人出逃”已成为全国性的普遍现象。一年后米利肯一号案的判决阻止了底特律的学区之间大规模的融合措施，阻止了跨城市和郊区的大规模学区间促进种族融合的方案，这成了南部各州之外种族融合的主要障碍。这使大城市内外公共学校中的种族特征越来越不同，而隔离则越发根深蒂固。米利肯一号案在很大程度上反对利用校车接送方案来实现城区与郊区中公共学校的种族融合，这也终结了北部各州实现有意义的种族融合的可能性。

这些变化对高中产生了重要影响。在大城市的中等教育中存着显著的种族隔离，而种族与学校质量密切相关（Wells & Crain，1997）。在 20 世纪 60 年代的一些城市中，这是清晰可见的；在 20 世纪 70 年代，当促进种族融合的斗争达到高峰期时，这一问题则更加严峻（Hochschild，1985；Orfield，1978）。但并非所有的消息都是坏消息，在 20 世纪六七十年代，虽然以黑人为主的学校中的教育质量堪忧，但黑人的毕业率显著提升。到 20 世纪 80 年代，拥有大量白人学生的城市公共学校较少，而且其中鲜有能被界定为学术上优秀的。地理位置成了儿童教育机会的重要因素（Bettis，1996；Mora，1997；Rury & Hill，2012；Sexton & Nickel，1992）。从公众的视角看，城市教育就意味着糟糕的学业成绩，意味着严重的犯罪和暴力问题。这些刻板印象也毫无疑问地受到了种族问题的影响。

在 1950 年之后的数十年间，美国年轻人在普通学校上学的理想显得越来越遥不可及，至少在大城市中是这样。居住隔离愈演愈烈，这降低了城市学校中学生的异质性（Rumberger & Wilms，1992）。随着城市地区在规模和复杂程度上不断提升——尤其是在南部之外的地区，尽管民权活动家持续不断地努力，司法诉讼接连不断，但这些情况依然没有得到改观。如果公共学校的理想就是实现不同背景的学生之间的融合，那么在种族和社会阶级的问题上，公立学校并没有实现它们的理想（Mora，1997；Ryan，2010；Wells & Crain，1997）。在这种情况下，美国教育中传统意义上的民主理念并没有得到贯彻。

学校作为社会变革的机制

如前所述，当整个国家受到不平等与社会不公正的问题困扰时，许多人开始寻求将教育作为解决问题的手段。早期的社会改革家也相信学校能够解决社会问题，但当时的改革动力机制来自政治系统。自重建时代以来，联邦政府开始运用教育的政策手段来谋求解决长期以来存在的不平等问题。这不仅加强了学校教育的重要性，而且确立了学校教育能够解决贫困和社会歧视问题的社会信念。其中最重要的体现就是 1961 年和平队（Peace Corps）的创建。和平队由约翰·肯尼迪（John Kennedy）发起，旨在通过教育与年轻人的理想主义情结帮助发展中国家。教育被视为促进经济发展的重要手段，同时也可以帮助美洲原住民掌握自己的命运（Senese，1991；Szasz，1974）。随着社会公平问题所引发的美国国内矛盾日益激化，学校教育成为现实的政策机制。这也使得学校逐渐深陷政治斗争的旋涡之中（Hoffman，1998；Kantor & Lowe，1995；Nelson，2008；Skrentny，2004）。

这些观念在诸多方面都进一步促成了马歇尔及其同僚在 1954 年布朗案中的裁定逻辑。马歇尔坚信，学校是重要的社会资源，对于非裔美国人的成长——无论是个体还是集体——都至关重要。因此，无法平等地享有教育机会必然使其处于劣势地位。最高法院赞同，重大的社会变革必然源于学校中的种族融合，尤其是在南部各州。从这个意义上说，废止种族歧视就是将学校作为促进社会变革的政策手段。因此，我们也可以相信教育也必然影响其他社会群体的生活。

种族融合是战后将教育视为解决社会不公平问题的政策手段的第一次，

也是持续性最长的一次尝试。在格林诉新肯特县案与亚历山大诉霍姆斯县案判决后，南部的学校迅速实现了种族融合，在短短的几年内，绝大部分非裔美国人得以进入种族融合学校。这一变化突如其来，转变的过程也遭遇重重困境，尤其是在学校中，斗争时有发生。许多黑人教师失业，白人教师往往也不喜欢黑人学生（Fairclough，2007；Rury & Hill，2012）。但在数年后，这一境况得以改观，许多学生发现受教育有着充沛的回报。也有证据显示，非裔美国人受惠于教育经历，而白人学生的学业成绩并没有因此受影响，至少对于那些仍在公立学校上学的白人学生而言是这样。无论是黑人学生还是白人学生，他们都从中学会了宽容与尊重，重新认识了文化多样性。这些洞察力的形成对后续事件的发展产生了重要影响（Clotfelter，2004；Wells et al.，2009）。总之，南部各州促进种族融合的成就意味着显著的社会变革。

当然，除此之外，进步的速度相对缓慢。事实上，如上所述，在 20 世纪六七十年代，北部和西部的学校中种族隔离现象越来越显著，这在很大程度上源于“白人出逃”与郊区化。这些因素在南部的作用很小，那里的乡村学区覆盖了城市与郊区，使白人逃无可逃。因此，诸如北卡罗来纳州的夏洛特市和罗利市就成了校车接送计划的成功典范。当然，在北部和西部，也有着积极实现种族隔离的案例，数千名学生从种族融合中受益。但这些成就往往稍纵即逝，因为随着非裔美国人大量进入公共学校，白人则离开了公共学校。尽管在公共学校中促进种族融合取得了短暂的成功，但持续的居住隔离使得大规模促进种族融合的措施难以维系（Clotfelter，2004；Rury & Hill，2012）。颇具讽刺意味的是，最终，种族融合成了北部和西部地区更难以实现的目标。

这些问题都指向了美国教育组织中的根本性问题。如果学校教育是不平等的，那么种族隔离仅仅是它的原因之一；在学校教育的其他社会属性中也存在着显著的差异。这源于美国公共学校受地方控制与支持的历史承诺，是公立学校运动时代的遗产。学校组织和资助中的地理差异意味着学校机构所享有的资源是千差万别的，这是因为它们完全依赖于地方财富和税收水平。正如许多批评家所言，即便有些差异并不过分，但这却是学校不平等的根源，是系统性歧视的规范化（Wise，1968）。

有一个重要的例子就是美国的乡村学区，它们的入学率低，学校设施落后。早先发起的乡村学区整合运动在战后达到了高潮，而此时各州乡村居民的人口数却在下降。学校合并因机动校车成为可能，同时也满足了差异化课程以及小规模设施经济节约的需求。因此，成百上千个乡村学区整合为一个更大规模的管理单元。同时，设施不断更新，教师素质不断提高，课后服务项目也日益丰富，尤其是运动项目。这些变化影响了制度同构的有效性，各州和联邦对学校的要求使得学校在许多方面走向同质化。在南部，学校合并最终与乡村社区的种族融合关联起来。科南特和其他改革家们呼吁扩大高中规模，以适应课程的多样性与丰富性。这在许多方面节约了学校成本，也使得学区之间实现了更大的公平。尽管遭到过去从小规模乡村学校受惠的居民们的反对，但学校合并运动促使乡村学校的办学标准显著提高（Conant，1959；Rosenfeld & Sher，1977；Scribner，2016；Sher & Tompkins，1977；Strang，1987）。

大城市的繁荣意味着之前的乡村学区被整合进近郊学区。这使得近郊的学区规模越来越大，经济实力越来越强。随着财富的积累，这里的学校得到改善，最终胜过了城市学校（Rury & Saatcioglu，2011）。如前所述，在郊区化和居住隔离的刺激下，大城市中的不公平现象在 20 世纪六七十年代愈演愈烈。学区之间在经济上的差异性是科南特《贫民窟与近郊》以及其他相关作品讨论的核心问题。这些作品共同描绘了近郊的学校如何成长为办学的标杆，是如何成为其他学校竞相效法的对象，这实际上成了公共教育拟态同构化的形式。大规模城市学区的经济实力完全依赖于中产阶级的税收，而随着“白人出逃”，核心城区的税收逐年减少，在许多城市中，公共学校的学术声誉也逐年下降（Dougherty，2008；Rury，1993；Katzman，1971）。

很快地，联邦就意识到这个问题，并由弗兰西斯·凯珀尔（Francis Keppell）领衔组织了教育委员会（Commissioner of Education）。1965 年，随着民权运动和反贫困运动的立法推进，林登·约翰逊（Lyndon Johnson）总统签署了美国第一部联邦教育综合法案——《初等与中等教育法》（Elementary and Secondary Education Act，ESEA）。这是约翰逊总统的“向贫困宣战”社会运动纲领的重要组成部分，也是他在竞选时的宣传口号。

《初等与中等教育法》比其他政策措施——诸如《国防教育法》，重点强调的是科学、数学以及相关领域——更进一步，它重新规定了联邦在学校教育中的角色（Kaestle，2001）。为了支持该法案，许多民主党人开始在各个城市——尤其是民主党的票仓城市——游说，寻求支持，而其他一些人则对不公平以及持续性贫困问题表示担忧。《初等和中等教育法》直接指向了科南特和其他社会观察者所言的经济不平等问题。其中，第一款（常被简称为"第一款"）就明确了由联邦提供经费，资助学校，用以满足贫困家庭学生的教育需求。它为城市学区和贫困地区提供了持续的优惠政策，诸如补偿财产税收入，以及为许多社区提供必要资源，等等（Cohen & Moffitt，2009；Nelson，2008；Ravitch，1983；Silver & Silver，1991）。

这直接解决了教育不平等问题，尤其体现出教育资源均衡供给的重要性，也确立了为学校经费提供额外支持的先例。许多州立法机关最终采用了类似的经济支持模式来规划、拨付经费给州内学校。尽管这些新资源还无法完全抵消城市学校与近郊学校之间的差距，但已经使它们之间的差距缩小了一半。当然，这也推动了另一类社会机制同构化——采用相似的方案来资助低收入家庭的学生。即便在学校经费上依然存在差距，联邦与各州的立法也不断尝试弥补、缩小差距。这是社会政策的重要进步。它复兴了公共教育致力于社会平等的理想，是机会公平得以实现的重要步骤（Hummel & Nagle，1973；Nelson，2005；Silver & Silver，1991）。

"第一款"仅仅意味着开端。在约翰逊总统任期内，出现了各式各样的教育提案。其中最著名的当数《先行计划》（Head Start），这是一项学前教育的施政纲领，旨在帮助贫困家庭儿童提升学业成绩。作为一项综合性的社会福利干预措施，《先行计划》主张帮助儿童摆脱复杂的社会问题所带来的成长劣势。它同样致力于支持贫困家庭。该方案大张旗鼓地开始实施，在其实施的第一年就帮扶了近 50 万名儿童。批评家们指出，《先行计划》起初并没有提供太多的教育内容，而是针对有需要的家庭提供社会、医疗和心理咨询服务。他们提到，约翰逊总统希望尽快找到解决贫困问题的政策抓手，因此，在刚开始实施方案的时候步伐太快。起初，《先行计划》大受欢迎，它对进入教室进行教学的教师进行了资格认证。截至 20 世纪 70 年代，每年有近 100 万名儿童入学，研究也显示，它对低年级学生的学业成绩有显著影响。和“第一款”一样,《先行计划》代表着历史上解决教育不公平问题的新方式：为儿童提供补偿性方案，并通过资助学校来实现教育均衡（Davies，2007；Vinovskis，1999，2005；Zigler & Muenchow，1992）。

尽管《先行计划》和其他类似的举措得以普及，但这些措施仍然引发了诸多争议。在民权运动的前夕，公众对种族和社会不平等问题的敏感度达到了历史峰值。批评家们反对使用“补偿性”这一概念，认为这其中包含着对参与该项目的儿童存在“缺陷”或者“异常”的暗示。社会学家也开始煽风点火，他们使用了“文化匮乏”这一概念来描述核心城区中参与该项目的贫困居民和少数族裔。“文化匮乏”论认为这些家庭缺乏可再生产的价值与习惯，因此需要匹配白人中产阶级的价值观。不出意外地，这些观点激怒了许多人，尤其是那些孜孜以求投身于消除种族主义、隔离制和歧视的社会活动家们。除此之外，新研究还质疑了关于城市居民被剥夺的观点，指出他们的资源丰富且具有复原力。到 20 世纪 80 年代，人们往往不再使用“文化匮乏”或者“补偿性”等概念，社会学家最终选择了社会文化资本的概念来描绘不同社会集团在教育背景中的差异。同时，联邦和州政府项目也为城市学校提供了额外的、日益丰富的资源，尤其是愈加重要的经济支持（Ravitch，1983；Schram，1995；Tucker，1994）。

但无论这些方案如何被议论，它们的目标都是非常清晰明确的，即实现学校经费水平的均衡。他们希望以此补偿学生在社会文化背景下不平等的问题。毕竟，在学业成就上，生活环境并不总是能够提供公平的竞技场。正如前几章所言，当中等教育蓬勃发展的时候，非裔美国人中有一整代人被剥夺了接受中等教育的机会。来自南部各州的非裔美国人，长期以来忍受着暴力剥削与不公平对待，在学校正规教育中一直处于劣势地位。墨西哥裔美国人和其他非英语母语的社会群体也遭遇到相似的困境，尤其是那些家庭可支配财产较少的儿童。从这个意义上看,《先行计划》和其他相似方案都意识到贫困家庭无法提供富裕家庭所能提供的资源。这不仅导致了教育经历的差异，而且引发了其他相关因素的缺乏，比如图书、杂志、音乐欣赏、夏令营等。当社会学家科尔曼在 1966 年完成了联邦政府主导的大规模社会调查时，他发现家庭背景因素是决定学生学业成就的关键性因素，比学校资源更加重要。这一结论也引发了更大的争议，带来了后续诸多相关研究。科尔曼和其他研究者共同发展了文化与社会资本的概念。为了解释为什么有些儿童能成功而其他儿童不行，他们认为需要考虑学校之外的诸多因素，考虑儿童从他们的成长经历中所获得的社会与经济支持（Coleman，1990；Lagemann，2000；Vinovskis，2005）。

如前所述，社会与文化资本理论很好地回答了这些问题。尽管这些观念并不是要给任何人贴标签、下定义，但它们却明确地指出了具有社会价值的能力和行为，这在特定社区环境中是有意义的。考虑到这些生产性因素的存在，学校的职能就应该是培养学生的这些能力，为他们的后致能力的缺失提供补偿。换言之，学校教育应给贫困儿童提供那些他们的家庭和社区无法给予的信息与能力。因此，这一理论也认同补偿性教育的基本目标，只是不针对特定的文化匮乏或文化异常群体进行讨论。获得有社会价值的知识并不意味着要抛弃既有的价值观。学校是学生认识更大的世界的窗口，是获取能力实现未来成功的阶梯。与前几个世代的城市居民一样，这是城市学校中学生们的需求，其他人也大多如此。考虑到他们的背景以及所处家庭在正规教育中的缺位，有些人仅仅需要延长学时来实现这一目标。尽管关于社会与文化资本的学术理论直到后来才流行起来，但这一观念成了 20 世纪六七十年代社会政策的基石（Coleman，1990；Ravitch，1983；Schram，1995）。从这个角度看，学校的确成了促进社会变革的机制。

林登·约翰逊“向贫困宣战”的施政纲领如昙花一现，但它的影响力一直持续到 1969 年他总统任期结束之后。在 20 世纪七八十年代，“第一款”和《先行计划》中所体现出的补偿性逻辑继续在其他教育方案中发挥作用，其中就包括旨在帮助贫困家庭找到稳定工作的职业培训方案。例如，《综合就业培训法》（Comprehensive Employment Training Act，CETA）就是在 20 世纪 70 年代中期通过的。鉴于就业结构的变化，《综合就业培训法》旨在为失业人员进行再就业培训。它为来自贫困家庭的人员提供救济金，强调通过职业教育和基本学术训练获得职业能力的重要性。为了回应经济发展模式的变迁，这一法案与其他相关举措共同构成了联邦运用教育手段消除贫困的又一种方式（Franklin & Ripley，1984）。

与此同时，还有一类被称为“特殊教育”的教育形态。如前所述，特殊班级主要是面向学校系统中的视障、听障和“迟缓”儿童。在战前，由于学生规模的扩张以及新的认知理论的出现，这些班级的入学率猛增。在1948—1968年，特殊教育学生数从原先的不足40万人，增长到超过200万人，并且还在持续增长。在20世纪60年代，崭新的研究促成了“学习障碍”现象的发现，围绕着这一领域的知识不断更新，成为一个独立的研究领域。同时，教育家和家长群体也开始为特殊教育寻求更广泛的支持，他们希望让有特殊需求的学生能够最终融入社会。在20世纪60年代后期，一系列的法院判例也让人们重新思考为这些学生独立设班的原则，其背后的逻辑与布朗案相似。原告认为分别教育是不公平的，让这些学生在专门的班级中上学本身就是一种侮辱。尽管最高法院没有做出里程碑式的裁定，但这些挑战推动了特殊教育运动的发展，并使之渐成主流（Safford & Safford，1996；Scotch，2001；Skrentny，2004）。

特殊教育在20世纪晚期逐渐发展成熟。1975年通过的《残障儿童教育法》（Education for All Handicapped Children Act）由杰拉尔德·福特（Gerald Ford）总统签署生效。依据该法，联邦政府要求学区为特殊学生在限制性条件尽可能少的学习环境中提供免费的、适宜的学校教育（Winzer，1993）。补偿性教育的理念得到了联邦立法的支持，并由此拓展到有学习障碍或有其他特殊需求的学生身上。到20世纪90年代早期，需要特殊教育的学生数在整个公立学校学生总数中的占比已超过12%，其中有将近一半的学生被贴上了“认识障碍”的标签。学校的目标是为这些学生提供额外的训练和资源，让他们能够与普通的同学保持相对一致的学习进度。这是另一种类型的补偿式的学校教育，它需要大规模的经济投入和专业训练。这也反映出人们对于通过学校教育来实现更高层次的社会与经济公平的诉求（Carrier，1986；Turnbull et al.，2006）。

然而，在补偿性教育中，最具雄心的教育计划也许当数性别教育。受到民权运动的启发，在20世纪60年代晚期及70年代早期，女性主义活动家开始批评学校中女性所遭受的不公正待遇。尽管长期以来，女性表现出较高的学业成就，但批评家们认为，在生活的其他领域中，学校在不断强化着性别歧视。他们指出许多问题：教科书中渗透着性别的刻板印象，专家顾问在课程与职业选择中存在性别偏好，课程中也有性别差异——认为男性更擅长数学和科学，而女性更擅长人文学科，教师偏爱男生，而且体育运动中大多都是男性擅长的项目。女性主义者指出，学校管理也由男性主导，女性在整个学校系统中缺乏权威。全国妇女组织（National Organization of Women，NOW）在反思这一系列问题后，在 1967 年发表了提案，旨在呼吁“平等和非隔离的教育”，进而保障女性权利。

在持续不断的辩论，以及围绕这些问题的宣讲之后，终于在 1972 年通过了联邦教育立法的第九款修正案（常被简称“第九款”）。该修正案规定：“任何人都不得因其性别被排除在接受联邦资助的任何教育项目或活动之外，不得被剥夺此类项目或活动提供的待遇，不得在这类项目或活动中受到歧视。”由于联邦资助学校的范畴在不断扩大，因此该法案的未来也是清晰可辨的：如果不遵守法案，那么就将导致经费的损失。管理部门花费了数年时间才使该法案的执行逐渐条理化。到 20 世纪 70 年代后期，社会活动家就开始运用“第九款”在全国范围内处理性别歧视问题（Tyack & Hansot，1990）。

但解决学校中的性别歧视问题困难重重。“第九款”因要求纠正过往的不公平政策而被贴上了“补偿性”教育的标签，但它的影响则是复杂多样的。国会仍在辩论，但许多州都采用了相似的条款。学区最终开始回应，尤其是针对女运动员的问题。在 20 世纪 70 年代，女性参与竞争性体育项目的人数增长了 5 倍。到 20 世纪 70 年代末，高中里的运动员有将近 1/3 是女性，当然在各州和各学区仍存在差异。这尽管只影响了少数学生，却具有标志性的意义，同时在其他领域推进了性别公平。教科书开始修订，试图消除性别刻板印象。女性管理者的数量也在缓慢地增长（Sadker & Sadker，1994）。从公平的角度来看，虽然这不意味着巨变的发生，但也都是重要的进步。

教育制度的其他方面更难以改变。虽然学校不断尝试提升数学和科学专业的女性入学率，但课程的分化依然存在。尽管女性修习技术课的数量翻了一番，但绝大部分的职业课程仍有着明确的性别区隔。强有力的行为范式依然支配着学校，这使得改变日常行为方式步履维艰。研究显示，教师们依然更偏爱男生，而许多女生仍不敢挑战传统的社会习俗。因此，在性别问题上，虽然有了诸多重大的进步，但我们发现补偿性教育的目标仍有待努力实现（Tyack & Hansot，1990）。即便是出于理想主义的信念，相关的学校改革立法依然困难重重，尤其是当学生和教育者都处于身份认同困扰之中时。

尽管有这些困境，各类补偿性教育的影响和相关的政策举措都代表着美国教育的一系列重大变化。到20世纪70年代末，这些教育改革措施已经贯穿人的一生，从针对幼儿时期的《先行计划》到面向成年人的职业培训，再到性别问题、特殊教育问题，以及我们下面要谈及的双语教育问题。它反映出学校教育在纠正社会不公平现象时的诸多努力。持续不断的研究和评价制度也在调整着这些措施，尝试解决诸多教育问题。如果这些目标都得以实现，那么种族融合可以使得数百万的黑人与白人儿童在同一间教室里上课，共同改变对种族差异的刻板认识。当然，学校教育也将成为解决社会问题的金钥匙。在这一时期，教育对个体产生了前所未有的影响。由于学校教育至关重要，所以它不能由地方权力机构独断，尤其是那些负担过重的城市学区官僚机构。

焦点：奇卡诺运动与双语教育

1968年3月1日，上百名奇卡诺（墨西哥裔美国人）年轻人在洛杉矶的林肯高中发起抗议，指出学校对墨西哥裔移民文化传统的轻视，以及学校学术课程的薄弱。这是一系列重要的游行示威运动中的第一次抗议活动，后续的抗议活动在规模和知名度上不断升级。最终，在洛杉矶的整个中等教育系统中，有12000名学生参与到这些抗议活动中。这些事件表达了年轻学生们的愤怒情绪，也意味着一场争取教育平等的社会运动最终影响了全国（Escobar，1993）。

20世纪60年代的游行示威往往与民权运动和黑人抗议活动联系起来。但还有一股强有力的社会改革力量源自墨西哥裔美国人，他们也关注教育问题。与非裔美国人要求质量更好的教育以及文化认同的诉求相似，奇卡诺学生也要求尊重与认同，要求学校系统改变在历史上污蔑墨西哥裔文化的做法并给予尊重。数十年来，洛杉矶和其他城市的公共机构一直在诋毁西班牙语和奇卡诺家庭传统。他们不被允许学习自己民族的历史，教师和学校顾问也认为他们注定要从事劳工、修理工或者保洁员等卑微的工作。在 20 世纪 60 年代后期，在洛杉矶以及全国各地的许多城市中，游行抗议活动比比皆是，奇卡诺的年轻人要求开设新课程，要求有文化认同感的教师执教（Donato，1997；Sanchez，1993；Valenzuela，1999）。

这些抗议活动并非墨西哥裔年轻人的第一次抗议。早在数十年前，尤其是在 20 世纪 40 年代，就已经出现了零星的反歧视抗议运动。如前所述，在门德斯诉威斯敏斯特案中，反对学校歧视行为的历史性的判决为布朗案提供了成功的先例。但 20 世纪 60 年代是一个不同的时代，奇卡诺的不满需要完整的回应。在洛杉矶，他们经历了漫长而又艰难的斗争，才迫使教育委员会妥协，警察也不断干扰抗议者的活动。其他地区的进展则更加顺利。在得克萨斯，地方教育委员会进行了制度化的改革，聘请了奇卡诺教师。同样的改革还发生在新墨西哥、亚利桑那和科罗拉多。同时，以墨西哥裔美国人的历史与文化为主题的新课程完成了设计，类似的课程也出现在非裔美国人研究以及其他相关领域中（Escobar，1993；Gonzales，1990；San Miguel，1987）。

这些事件为之后更多里程碑式的改革做好了铺垫。其中一项引发重大争议的事件就是双语教育。抗议者要求对英语能力有限的学生采用西班牙教学。这其实并不是一个新问题，在早前的美国学校中，存在着各式各样的双语教育形式。例如，19 世纪 90 年代，中西部的德语社区就曾成功地要求在公共学校中使用他们的母语教学，数千名儿童参与到这些教学项目中。但随着第一次世界大战的爆发以及反德情绪的高涨，这些项目便不了了之。在战争结束后，随着爱国主义热情的高涨，联邦开始立法限制移民，因此在公立学校中也没有任何重启非英语教学的尝试。即便如此，多语言主义依然在随后的数十年间在移民群体的脑海中挥之不去。到 20 世纪 50 年代后期，随着古巴难民蜂拥进入南佛罗里达地区，双语学校便开始重新焕发生机。因此，在迈阿密，第一次出现了这一时期的双语教育项目。1968 年，在古巴难民和其他地区的抗议者的支持下，通过了《双语教育法》（Bilingual

Education Act of 1968)，授权联邦政府为地方双语教育项目提供经费支持。

在20世纪70年代，在社会活动家的不断抗议和行动下，美国民权运动办公室主张开始在公共学校中普及双语教学。最终，1974年最高法院裁定劳诉尼克尔斯案，要求旧金山的学校为华裔学生提供双语教学，并成立了一个委员会来讨论开展双语教学的必要性。此后，在州和地区层面出台了越来越多的实施方案，用于支持双语学校，标志着教育政策中的历史性转折。尽管双语主义在美国学校有着漫长的历史，但从未实现如此蓬勃的发展。现在，语言成了公共教育的一个变量，并引发了激烈的争论（Gann & Guignan，1986；Portes & Bach，1985；San Miguel，2002；Skrentny，2004；Zimmerman，2002）。

在20世纪六七十年代，由于在全国范围内都出现了非本国出生人口的快速增长，联邦立法也解除了移民限制，双语教育很快就成了学校系统对待移民儿童所需解决的关键性问题。上万名学生申请了双语教学课程，投入了数亿美元，双语教师供不应求。除了这些高额的开销，使用英语之外的语言进行教学，也引发了激烈的争论。批评家们认为，双语教学延缓了移民同化的进度，进而影响了移民儿童的学业成就。研究者们对此也有许多不同意见，但这些都仅仅是斗争的开始。最终，这些问题走向了公众，加利福尼亚州的政治家们公开反对双语教育，并将其作为争论的话题。随着1998年"227号提案"（Proposition 227）——规定在加利福尼亚州的学校中只能使用英语教学——的通过，关于双语教育的争论达到高潮。公众投票的结果揭示了双语教育所引发的争议，也体现出数十年来保守主义政治集团的不断渗透。尽管越来越多的研究者认为，双语教育能够提升移民儿童的学业成就，但公众的抵制情绪依然存在。最后，我们发现，公共学校应支持文化多样性——或者说公共学校应该为外来文化融入社会主流提供便利——的想法，无法被绝大多数美国人接受。毫无疑问，这部分是因为公共学校的理念就是文化融合，希望借由学校塑造单一的民族文化（Garcia，2001；Portes & Rumbaut，1996；San Miguel，2004）。

这些发展中的矛盾在于，由于在许多城市的学校中，非本土出生的美国学生人数快速增加，双语教育的重要性达到了前所未有的高度。截至 2000 年，在美国人口总数中，有超过 1/5 的人是移民及其子女，尤其是在那些人口密度大的大城市中更是如此。其中，墨西哥裔美国人成了全国最大的族群，大约占人口总数的 10%，而且其他说西班牙语的移民群体也在稳步增长。有许多学者认为，这将美国教育的多样性提升到了一个新的高度，也成了衡量美国学校成就的重要指标。虽然来自某些移民群体的儿童要比其他群体的儿童学业成就更高，但那些来自墨西哥裔家庭的学生往往成绩更低，辍学率更高。虽然其中有许多人在美国收获了成功的人生，但仍有一部分人挣扎在社会贫困线上（Valencia，2011；Valenzuela，1999）。

这便是 1968 年抗议带来的结局，虽然他们极力争取本民族的文化尊严，但从结局来看毁誉参半。可以说他们成功了，但仍遗留了许多没有解决的问题。公开的文化歧视可能减少了，但仍然存在，墨西哥裔美国人就读的学校依然遭遇着长期经费不足、高年资教师流失以及关键管理岗位人员匮乏等问题（Gandara & Contreras，2010；Suarez-Orazco et al.，2010）。即便是像加利福尼亚州“227 号提案”之类的极端措施很少，但在全国范围内对双语教育的支持也逐渐消失。这对于一整代美国移民儿童而言是巨大的挑战。他们必须逐渐融入日趋复杂化的国家文化之中，必须追求高水平的学业标准。考虑到他们人数的增长，满足他们的需求进而实现学校的成就，也成了未来必然的趋势（Olneck，2008；Perlmann，2005；Portes & Rumbaut，2001）。

反作用：教育作为社会政策所引发的争议

由联邦政府来提供补偿性教育赢得了公众的广泛支持，以极低的成本将学校教育的福利扩展至新的社会群体。但这些政策依然遭到广泛的批评，被认为带来了诸多干扰性因素。一些美国人对双语教育、“第九款”以及特殊教育的提案表示担忧，认为这些政策使学校的注意力偏离了学业成就的轨道。其他人则抱怨日益复杂的多样化给学术标准带来了威胁，是另一种歧视。这些负面情绪很快便在政治场域中找到了出口。

公众关注的焦点大多在于联邦法院在解决学校隔离问题中职能，这是它们干预教育系统的关键点。如前所述，1971 年的斯旺诉夏洛特 – 梅克伦堡教育委员会案开创运用校车解决隔离问题的先例。在之后的几年中，以校车接送实现种族融合的方案在诸多城市中实施，其中绝大多数都有联邦或州法院的裁定支持。这些判决延续了布朗案的基本逻辑，认为种族隔离是对学生的伤害，而学区有职责纠正这一问题。这些观点也在科尔曼 1966 年的报告中得到支持。该报告认为融合程度高的学校，学生学业成绩更好，尤其是对其中的少数族裔儿童来说更是如此。随着这些发展，教育公平与种族融合紧密地捆绑在一起，而校车则成了实现这一目标最重要的工具（Orfield et al.，1996；Wilkerson，1979）。

数百万儿童受到这些计划的影响。在许多事件中，这些措施都遭到了激烈的抵抗，进而引发冲突，绝大多数白人家长联合保卫“社区学校”。在诸如波士顿和芝加哥之类的城市，这些斗争升级为暴力冲突（Lukas，1985）。党派斗争也抓住了这个时机，尤其是共和党，他们宣称联邦参与学校教育非但不是必需的，而且会在实践中造成更多的困扰。虽然其他人奋起反抗，但斗争中的流血冲突使得这些做法渐渐失去了民意。如果隔离学校的确是不平等的，那么由布朗案所确立的原则就应该被执行。但许多白人家庭，尤其是在北部和西部，并不认为布朗案适用于他们，很快地，考验司法系统智慧的时刻便来临了。许多家长只关注自己孩子的学业成绩，并不关心非裔美国学生的学习状况。由校车接送所引发的争议逐渐成了愤怒与冲突的根源，并最终塑造了美国政治的新时代（Hochschild，1985；Stolee，1993；Wolter，1984）。

另一项相关的联邦措施也同样引起了广泛的争论：这就是众所周知的“肯定性行动”。这一理念不仅被用于实现种族融合的补偿性逻辑以及相关的教育方案之中，而且还被用于更加敏感的高等教育招生及就业领域。从根本上看，“肯定性行动”的逻辑在于对那些历史上遭遇歧视的特定族群在当下和将来的社会机会中给予优先权。这一做法是尝试抵消历史上积累的社会排斥，允许这些社会群体中的成员获得曾经被剥夺了的人力资本与文化资本。在教育中，“肯定性行动”主要影响了中等教育之后的教育阶段，尤其是在专业学习和研究生学习阶段，也包括就业领域。这些措施既考虑了性别问题，也考虑了种族问题，但后来这些问题不可避免地引发了更大的冲突（Skrentny，2004）。

在 20 世纪 70 年代中期，一位申请就读医学院的白人艾伦·贝克（Allan Bakke）对加利福尼亚大学提起诉讼。他指出，他在报考加利福尼亚大学戴维斯分校时遭到拒绝，而学校却录取了一位素质不如他的少数族裔学生。在 1978 年，美国最高法院裁定，学校在招生过程中的种族歧视或者身份歧视的做法是违宪的，贝克最终也被录取。但另一方面，最高法院还规定，大学可以在录取过程中参考种族以及其他相关背景信息。因此，"肯定性行动"在特定录取过程中成了一个不可控因素。这也成了后来"肯定性行动"遭遇抵制和冲突的根源（Wilkerson，1979）。

贝克案并没有最终消除"肯定性行动"带来的司法困境，却引发了公众的广泛讨论，并由此激起了关于种族与教育之间关系的争吵。当前的研究显示，法院的裁定和公众的愤怒并没有对大学的招生产生长期的影响，这些问题在很长一段时间内依然没有得以解决。2003 年，最高法院在裁定密歇根大学的"肯定性行动"时，坚持认为种族应成为招生时的考量要素，但不能严格地使用配额制。尽管这一裁定与贝克案的裁定原则相似，但依然引发了一定程度的公愤（Gruhl & Welch，1990；Skrentny，2004；Stohr，2006）。在密歇根案以及贝克案中，法庭的意见存在着巨大的分歧，因此这些问题很有可能在未来持续引发矛盾。同时，在各州层面也出台了一系列的措施，要求在特定情形中禁止或限制使用"肯定性行动"，其中就包括加利福尼亚、亚利桑那、密歇根等州。因此，"肯定性行动"在全国的影响力在一定程度上被约束（Alon，2015；Anderson，2004）。

到 20 世纪 70 年代末，围绕种族融合与"肯定性行动"的政治风暴已呼之欲出，这在教育上也促成了保守主义态势的形成。这些社会关注点成为反对"大政府"运动的一部分，并推动了 1980 年里根（Ronald Reagan）总统的当选。公众不信任也使得其他一系列政策在实施过程中受阻，尤其是职业训练，它无法真正促进就业——尤其是对那些长期挣扎于贫困线上的人来说。里根在总统竞选时，就宣称要反对反贫困项目和社会福利，主张将这些职能转移到各州。里根主张缩减政府的科层规模，裁撤联邦教育部，或者将它移出内阁。但他最终并没有兑现这些承诺。联邦干预的规模越来越大，那些通过学校教育来实现社会公平的理想在公众的脑海里已根深蒂固。城市社区、民权组织、教师工会和其他利益集团都坚决反对缩减联邦教育项目。成千上万的经费岌岌可危，与此相关的是数千份工作岗位以及数百万名学生。在全国层面出现了新的教育政治。随着各式各样学校教育的出台，社会财富从富裕阶层流向贫困阶层。这使得林登·约翰逊及其继任者所实施的教育政策难以动摇（Haynes，1991；Nelson，2008；Vinovskis，2008）。

里根执政的年代见证了根深蒂固的补偿性教育方案逐渐转变为社会政策的全过程。里根独断地停止了 20 世纪六七十年代的主要教育计划，其中包括广受欢迎的“先行计划”和“第一款”，这使他的支持率断崖式下跌。事实上，如果里根的保守主义政治方案，诸如福利预算的大规模削减以及对富裕阶层的大规模退税，并不能实现的话，那么他所采取的教育行动必将使他遭受无法挽回的政治损失。因此，他认命了一个专门委员会来讨论教育事务，并发表了一份著名的报告——《国家处于危机之中》（A Nation at Risk）。这开启了一个崭新的变革时代，我们将在下一章讨论该问题。

除了这些考量，保守主义并没有像反对其他社会福利政策一样，反对教育政策。比起社会福利开支，主流的社会舆论长期以来对学校的开支往往持更加宽容的态度，这也许反映出美国人自我改进的传统信念。如果联邦政府要向富裕阶层增税来扶助贫困的话，那么补偿性教育在政治上就成了优选项。更重要的是，越来越多的证据表明这些政策在实际上发挥着作用。纵观整个 20 世纪，非裔美国人的高中毕业率在 20 世纪七八十年代基本可以与白人持平，从而终结了黑人与白人之间的巨大差距。非裔美国人的高等教育入学率也显著攀升，达到了白人群体的 2/3。尽管黑人与白人在学业成就上依然存在着显著差异，但非裔美国人的进步足以使一个不断发展壮大的黑人中产阶级成熟，他们中许多人甚至还拿到高水平大学的文凭（Jencks，1998）。这些都是极为重要的社会进步，说明教育在联邦解决社会歧视与不公平问题中的重要作用。这也使得联邦的主要教育措施在通货紧缩的时代仍然能得到政治上的保障（Farley，1997；Levitan et al.，1975；Peterson，2006；Stockman，1986）。

高中与青少年文化

正当美国文化在种族上、在城市—郊区的区别上变得更加分裂时，文化的代际差异也日趋明显。正如前文《无因的反叛》中所言，战后数年在全国各地孕育了成熟的青少年文化。其中的关键原因在于高中得以普及，成了全体美国青少年必须接受的教育层次（Angus & Mirel，1999；Haubrich，1993）。

随着 1950 年后高中规模和数量的激增，在历史上高中第一次面向全体社会成员招生。金斯利委员会时代所主张的综合高中改革有了完满的结局。尽管教育家们认为并非所有人都要学习同样的科目，但中等教育应当成为每一个美国人都应接受的教育层次。统计数据也进一步佐证了这一观点。随着青少年人口规模的增长，尤其是第一波“婴儿潮”人口已进入适龄阶段，入学率便开始显著增长。这既是人口增长的必然结果，也是高中入学率提升的体现（West，1996）。到 20 世纪 50 年代末，有超过 80% 的美国青少年进入高中学习，随后高中的入学率依然不断攀升（Angus & Mirel，1999）。

这带来的影响之一是，青少年在一年的大部分时间中，每周有一段相当长的时间与社会隔绝开来，形成了一个独立的群体，而且在这个环境中他们成了主流。由于年龄分级以及大多数学校模块化的组织形式，他们无法与不同年龄段的伙伴们有系统交流。这促成了科尔曼所说的青少年社会的成形，这是具有他们自己的行为方式和文化现象的社会关系集合。从一开始，这一现象就扎根于中等学校（Coleman，1961，1965）。这就是众所周知的青少年文化的重要因素（Cohen，1997）。

从这个意义上看，学校教育是美国现代文化的特质。科尔曼曾认为，青少年的社交世界是由群体身份以及与此相关联的不同学校活动进行区隔的。他发现，一般来说，体育运动在学生生涯中扮演着重要角色，尤其是在男学生中。学业成绩尽管在上学的过程中很重要，但在学生中的影响力则是其次（Coleman，1961）。其他研究还讨论了广义上青少年文化的影响力，特别是在校外的影响力。在这些方面，它的商业价值被唱片公司、广播、电视、印刷媒体和其他相关利益关联体发现。在数十年间，青少年有着自己独特的音乐形式，他们的舞蹈方式也在 20 世纪二三十年代流行开来（Modell，1989；Palladino，1996）。在战后，青少年亚文化的方方面面进一步拓展。

在 20 世纪 50 年代，青少年娱乐的独特方式进入大众的视野，例如摇滚乐。随着青少年雇佣率的下降，越来越多的青少年留在学校学习，也有越来越多的工人阶级子女参与其中（Rury，2004）。他们的独特舞蹈形式开始流行，这反映出青少年社会的多样性日益显现，形成了不同的消费形式。因此，青少年也很容易被消费文化影响，他们的行为方式与前几代人完全不同（Cohen，2003）。开快车、吸烟、喝酒逐渐进入公众的视野，这与前几十年青少年的形象形成了鲜明的反差。尽管受到审查，但这些问题还是通过社交媒体——包括广播、电影和电视——迅速传播开来。毫无疑问，越来越多的人参与到这些活动之中，而那些不参与这些活动的人也受到了青少年反叛观的影响（Gilbert，1986；Mintz，2004）。这在接下来的几年里产生了极为重要的影响。

如果音乐和电影是青少年文化的重要特征的话，那么服饰也是同样重要的因素。在几十年前，高中生的穿着和成年人没什么不同：男学生穿正装，打领带，女学生穿裙子、衬衣。随着高中生人数的增加，这些现象就发生了变化。在密尔沃基市的一项研究显示，战后的学生们抛弃了正装、领带、裙子，开始穿便裤、衬衣和运动衣。随着时间的流逝，学生的着装越来越随意。在 20 世纪 60 年代，高中生的着装要求便成了学生反抗的对象，在全国范围内学校的着装要求也便逐渐被取缔。截至 20 世纪 70 年代，牛仔裤和 T 恤衫成了许多学校学生着装的基本款式，甚至一些年轻的教师也开始穿这样的服饰。青少年的品味渐渐在世界范围内成了主导成年人时尚感的重要力量（Davis，1992；Grant，1988；Palladino，1996）。

同时，随着青少年行为方式的变化，他们对性行为的认识也发生了变化。青少年婚外性行为的比例在 20 世纪 70 年代显著提升，在短短 10 年中从不到 20% 上升到超过 1/3。长期以来改革家们呼吁的性教育，开始在高中课程中复兴。然而，即便是微弱的回应，也让家长们焦虑，他们担心学校的举动是否会带来不道德的行为。最后，从全国范围看，学校并未对这一观点达成一致意见，只在政策上出现了零星的“守贞教育”（Moran，2000；Zimmerman，2002）。调查显示，到 20 世纪 80 年代，绝大部分青少年都尝试过一种或某几种经双方同意的性接触。这与过去形成了鲜明的反差。与此同时，单亲家庭的数量也在显著增长，青少年未婚先孕问题在全国范围内成了公共政策中的重要议题（Chilman，1978；Esman，1990；Palladino，1996；Vinovskis，1995）。

学校显然是这些变化的促进因素。在全国范围内，青少年文化的蓬勃发展与高中的进一步相吻合。公立中等教育机构的平均规模在 1950—1970 年翻了一番，这既是学区合并的产物，又是不断成熟的近郊新设施建设的结果。但这些数字并不能充分体现学校的规模，因为小规模的乡村学区依然存在。在 20 世纪 70 年代与 80 年代的调查数据显示，一所典型的公立高中大约有 875 名学生，有超过 40% 的高中的在校生人数超过 900 人（Boyer，1985；Bryk et al.，1993）。这些大规模的公立高中吸纳了全国绝大多数的高中生。从历史上看，这些大型高中大多集中在城市，但随着时代的发展，许多近郊的学区也开始筹建规模适宜的高中。对于大都市里的青少年而言，大规模的、充满异质性的公立高中就成了塑造他们行为范式的社会机制。

学校规模是塑造独特的青少年文化的重要因素。研究显示，高中的规模越大，青少年和成年人之间的心理距离也就越大。心理学家巴克与冈普（Barker & Gump，1964）分析了 20 世纪 60 年代的学校规模，发现在大型高中里越来越多的学生被排挤在学校活动之外，他们与学校及其教育目标之间的疏离感在不断加强。这对于工人阶级的子女或者低收入家庭的子女的影响更加突出。后续研究也进一步证明，学校规模越大，学生的学习情况越糟糕，特别是青少年与成年人之间有意义的交往越少（Bracy，1009；Haller，1992；Lee & Smith，1997）。关于这一点，研究者也将私立学校——尤其是天主教学校——与公立高中进行了对比（Bryk et al.，1993；Coleman，Hoffer & Kilgore et al.，1982；Greely，1982）。结果显示，并非学校规模越大就好，至少在学业成绩上不是这样。

随着学校的发展，在高中里学生权利运动也如火如荼地开展。在 1969 年，美国最高法院裁定了廷克诉得梅因独立学区案（*Tinker v. Des Moines Independent School District*）。有两名学生因佩戴黑色袖章反对越南战争而被停学最高法院认为学校的做法违法了宪法第一修正案（Zirkel，1999）。该案引发了一系列诉讼，并很快延展了学生们对自我表达的认知——从服装到发型，并试图以此影响学校。尽管并非所有的做法都成功了，但教育家们发现学生们一直处于对抗状态，与传统规则、政策和实践对抗。新的立法标准要求，对学生行为进行管束时要有教育方面的依据，但许多学区选择尽可能减少对学生的管束措施，避免引发更多的冲突和司法诉讼（Arum et al.，2003；Olson，1972）。这些变化也由此开启了高中生活中不确定与放任的时代。

这类问题在20世纪六七十年代随着学校文化的变迁而日益复杂化。大家开始重新关注进步主义教育的理念与课程实验，甚至出现了激进主义运动，要求变革学科课程。许多学校尝试让课程更加贴合学生的兴趣，放弃了对数学、历史和科学等核心知识的要求，转向经验学习或者跨学科学习。同样地，如前所述，学生的行为方式也发生了变化，他们要求更多的自由，尤其是着装自由和行为方式自由。成人监管方式的变化也从各方面影响了青少年文化。在一些大规模的高中，由于缺乏有效的监管而出现了青少年亚文化，各式各样的冲突行为影响了学生的学业成就。因此，在20世纪70年代中期，中等教育的毕业率停滞不前，研究者们也认为学习之外的职能成了高中最重要的职能（Heckman & LaFontaine，2007）。大多数学校也为青少年的聚会提供场所，让他们为自己设定目标，自己约束自己的行为。对于许多学生而言，这都是有益的尝试；但对于部分学生而言，这毫无疑问带来了许多问题，尤其是学业成绩的问题（Augus & Mirel，1999；Eckert，1989；Grant，1988；Willis，1977）。

正如科尔曼和其他观察者注意到的那样，青少年文化往往将亲密的社团及其价值观作为一个出发点，这使很多高中都非常重视体育项目（Coleman，1961）。但城市中社会与经济的分化，带来了青少年文化极大的差异性，或者说孕育了一系列各不相同的青少年亚文化（Coleman，1965）。在美国城市中那些大型而又缺乏人性化的高中里，同伴之间的竞争性人际网络关系主导了学校中的社会化进程。尤其是在较大的建筑中，青少年社会统治了一切。这也许就是早先综合高中的理想与中等教育现实之间碰撞的另一个侧面。

大学中的青少年文化

当在“婴儿潮”中出生的学生从高中毕业后，他们就进入了大学。尽管在 1946 年美国中等后教育机构的招生总数只有 200 万人，但到 1970 年这个数字增长至原来的 4 倍，接近 800 万人。早期的增长主要是由于《退伍军人法》颁布，为退伍军人提供学费减免的优惠政策。这批学生在 20 世纪 50 年代中期毕业。大批新进生源主要来自不断发展壮大的近郊区富裕阶层，他们大多属于“婴儿潮”的一代。在这代人中有一半都上了大学。中等后教育机构也因此获得了大发展，校园的平均规模快速扩大。到 20 世纪 60 年代末，大型州立大学的招生数在数万人次的情况并不罕见。在这种情形下，即便大学生们居住在校园中，大学也不在过问学生的日常生活。除了一些最基本的规章制度外，学生大多都得靠自觉。

“婴儿潮”这一代大学生和之前的大学生很不一样。其中大约有一半是女性。他们还鼓励自由表达和创造性表达。校园管理的松散以及高中的学习经历，都为非传统的生活方式和替代性的文化范式提供了便利。男女学生比例相当，这为两性交往提供了便利。随着大学的大众化，大学校园文化的新时代——以“反主流文化”为标志——已经来临。当时的核心政治议题塑造了学生们的政治观。到 20 世纪 70 年代早期，许多中等后教育机构都成了滋生反叛文化的温床（Beemyn，2003；Heineman，1993；Kim & Rury，2007；Rose-Mockry，2015；Roszak，1969）。

与历史上许多群体一样，战后这一代人涵盖了各式各样的个体，其中也包括坚定的传统派。但“婴儿潮”这一代人始终对社会权威保持警惕，尤其是对主流的政治家、警察和军队。这也体现在两大历史事件中：民权运动与越南战争。这两大事件似乎都有违美国文明的理念，尽管方式不同。如前所述，民权运动是以激烈冲突对抗的方式来面对种族主义与歧视问题。它体现出平等、自由的传统理念同种族压迫、社会不公平的现实之间的矛盾。数千名大学生自愿参与到民权运动之中，亲眼见证了保守派种族主义者的残暴。数百万的人通过媒体关注着这些斗争，他们想知道美国的民主究竟是如何应对这些暴行的。这也是政治现实带来的残酷教训，并产生了深远的影响（Halberstam，1998；Morgan & Davies，2012）。

越南战争则代表着另一类更具争议性的经验获得过程。越南战争起源于美国在南越扶持了亲西方的政权，并因此在 20 世纪 60 年代中期引发了大规模的军事介入行动。在战争之初，武装部队的征兵还是比较适度的，这使得学生们在上学期间可以推迟服兵役。一些人认为这是不公平的，但大多数年轻人在战争尚未影响到他们的实际生活之时是不关心这个问题的。当尼克松总统开始大规模地升级军事冲突后，征兵方案便从志愿兵役制转变为义务兵役制，反战的情绪便开始蔓延。即便尼克松总统在煽动“冷战”意识的基础上，获得民意的支持，但全国性的论争仍使得数百万年轻人越来越激进。战争使得暴行公开化，南越政权的腐败以及正式敌对声明的缺乏，都让美国对越南的干预陷入尴尬境地，被认为是非法的。对许多人而言，这成了运用权威来维持现状的实例。

民权斗争的历史经验以及反战运动，都加深了年轻人对成人世界的怀疑。大型大学成了研究的中心，他们的经费也主要来源于政府。很快地，这便成了学生抗议运动针对的目标。示威者反对大学成为国防研究的同谋，抵抗与战争相关的课程，这些抗议都在校园中风起云涌。伯克利（加利福尼亚州）、麦迪逊（威斯康星州）、安娜堡（密歇根州）、劳伦斯（堪萨斯州）以及其他许多大学城都出现了学生与大学当局的冲突斗争。公众对社会权威机构的信任度严重下降，在年轻人中尤其明显。“不要相信任何一个过了 30 岁的人”成了一句时髦的口号。这也是“反主流文化”的重要组成部分（Heineman，1993；Mohollon，2004；Roof，1993）。

“婴儿潮”这代人的人口规模强化了这些变化的影响力，并使他们的文化力量不断增强。美国的年轻人是反主流音乐、服饰以及其他文化产品的巨大消费市场，他们的品味也代表着新时尚。他们的鞋子、首饰、食物和其他一切产品都开始时髦起来。到 20 世纪 70 年代，摇滚乐成了主流，用牛仔布、条纹布、格子布等休闲类棉纺织物制成的服装是他们的最爱。T 恤衫和牛仔裤成了时尚的标签，并因此吸引了许多设计者。用社会学家弗雷德·戴维斯（Fred Davis）的话说，“反时尚”成了服饰品味的主流，标新立异成了时尚产业的重要推动力。有机产品越来越受欢迎，进而形成了一个巨大的产品市场。在这方方面面，战后出生的这代人开始影响大众文化（Davis，1992；Jones，1980；Russell，1982）。

他们的政治影响力也非常可观。到 20 世纪 80 年代，战后这代人的政治影响力瓦解。但民权运动和反战的道德呼声逐渐停息之后，他们的势力被分解为数个小规模集团（Owram，1996）。

“婴儿潮”这代人的经历代表着不平凡的教育进程，这产生了大规模的影响力。如前所述，他们是学校的产物，是美国第一代中等教育和高等教育普及后的产物。他们之间形成了一套独特的社会关系、价值观以及习惯，形成了当时所谓的“青少年文化”。这最终形成广泛且多样的社会景象，涵盖了形形色色的价值观。他们共同反对传统权威，对成人社会持怀疑态度。受民权运动和反战斗争的影响，他们鼓励平等与宽容。同时，当青少年文化融入社会主流之后，他们也形成了一套新的范式与传统，对美国的其他价值观与习惯产生了重要影响。

急遽变革的时代

在第二次世界大战之后，美国社会发生了深刻的变化。如前所示，意识形态的变迁、政府政治的改革、社会政治运动、城市化的进程以及经济发展共同促成了这些变化。在这些变革之中，教育成了国家文化中越来越重要的方面。

一系列历史性的变革也塑造了教育与社会变革的关系。在战后数年，意识形态的潮流为之后一系列社会政治事件做了观念上的铺垫。1954 年布朗案是美国关于种族与社会公平观念的里程碑。但与此同时，“白人出逃”、种族隔离与城市中的黑人权利运动都造成了城市与郊区之间的区隔，造成了教育资源的不平等。尽管自贺拉斯·曼的时代以来，教育家们认为学校是实现社会民主的重要机制，但到 20 世纪 70 年代，它成了美国城市地区制造种族隔离与异化的筛选机器。与其说，学校将来自不同社会 / 种族背景的学生凝聚起来，不如说，它在许多方面强化了他们之间的差异性。

同时，学校也是联邦社会政策的重要抓手，致力于减轻它所反映出的诸多社会问题。教育成了社会与文化不平等的补偿机制，成了帮助个体进入主流社会的方式。尤其是在南部，隔离制衰落了，非裔美国人的入学率显著上升。非裔美国人中产阶级的规模也在显著扩大。同样的，女性接受高等教育的人数也在明显提升。学校成了职业准备的必要步骤，在其他许多方面成了国家政策的工具。各方面的教育支出都在稳步提升。包括联邦和州资助在内的同构化力量进一步发展，使得许多美国学校在形式上和运作模式上愈发相似。教育仅仅是地方事务的时代已经远去。学校教育成了促进社会变革的重要力量，在许多方面获得成功，许多非裔美国人的社会流动便是重要的例证。同时，其他种族与少数族裔也获得发展。女性职业和社会地位的变化也促成了相关教育政策的变化。学校教育究竟是要促进社会公平，还是进一步强化社会分层，是一个悬而未决的问题。

因此，许多极为棘手的社会问题都与学校相关，与它所覆盖的广泛范畴相关。其中之一便是青少年文化的流行，它经常与所处的社会机制背道而驰。在 20 世纪五六十年代，改革家们坚信大型学校的重要性，他们认为这能帮助消解成人世界的权威。规则的松散与行为范式的不断变化，使得学校对青少年而言成了日益复杂的世界的中心，这也转移了它们对学生学业的关注。虽然这些变革不都是由教育家们主导的，但他们也积极促成了许多方面的改进。青少年文化进入大学校园，在 20 世纪六七十年代对政治运动产生了很大影响。“反主流文化”与大学生们及其抗议活动紧密地联系起来，留下了时代的烙印。也许这便是公平与正义观广泛传播最重要的社会影响，其中就包括公平地接受高质量的教育。从这个方面看，学校教育促进了社会变革。

毫无疑问，这一代人对美国历史的影响至今尚存，在音乐、时尚、语言和大众文化的方方面面都很明显。同时，战后开启了对不平等和代际变化的关注，但这些观念的持久影响力并不那么明显。在后续的历史阶段中，国家政策对这些问题的关注有所减弱。在 20 世纪 80 年代的经济发展中，人们开始重新关注教育，并围绕着学生学业标准展开了激烈的辩论。当“婴儿潮”这代人成年了，他们的兴趣也发生了变化，其中有些人在养育自己的子女时开始坚持所谓的传统价值观。“反主流文化”在历史上的影响力，似乎终归是有限的。

06

第六章

全球化与人力资本：从《国家处于危机之中》到社会变革

1980 年，里根当选为美国总统，这标志着美国教育观念的巨大转变。如前一章所言，虽然里根无法裁撤联邦教育部，也无法取缔 20 世纪 60 年代的诸多教育项目，但全国的教育焦点问题却发生了重大的转向。人们不再关注公平问题，而是关心学校教育如何成为促进经济发展和个人完善的社会机制。教育成了全社会争论的焦点，反映了人们对未来截然不同的价值观和视角。

全球化也是促进这一变迁的重要助力。在过去的数十年间，美国教育反映出公众对美国全球定位的关注。这起源于 20 世纪 70 年代的诸多国际争端。美国在越南战争中的失败、由石油减产所导致的经济危机、尼克松政府的丑闻，以及 1979 年伊朗攻占美国大使馆事件，都动摇了美国人对美国的全球“霸主地位”的认识。这些事件都促成了里根的当选，并带来了政治保守主义的回潮。以贸易与经济发展为主旋律的新的世界秩序的成形。地球变得越来越小，国家的角色也在不断转换。与经济实力相比，军事占领微不足道，许多人开始质疑美国的知识精英们是否已经为全球竞争做好了准备（Reich，1992）。

在学校教育中，保守主义的声浪是以里根竞选时的口号“回到基础”为代表的，这意味着20世纪60年代教育政策的终结。同时，全球化意味着教育与经济之间的联系更加紧密，尤其是当国际知识竞赛中美国学生的成绩落后于日本、德国和其他国家的时候。事实证明，这些都极为重要。如果存在一场谋求财富和影响力的全球竞赛，那么学校就不仅仅要传授基础的认识能力。鉴于此，越来越多的美国人认为应该提高学业标准，应该强调核心学术能力，只有这样才是正确的方式。这是一个崭新的时代，全球化意味着时间和距离都不再是问题。数字技术的普及逐渐为我们开辟了一个获取信息的广阔天地，这使教育变得越来越重要（Patterson，2007；Schulman & Zelizer，2008）。

同时，人力资本在经济发展中越来越重要。在20世纪80年代，教育的经济回报（毕业生的收入）显著增加，尤其是中等后教育文凭。这与战后不断变化的职业结构直接相关，也与许多工作的教育要求提升直接相关。与以前一样，学校教育与职业进阶紧密联系，现在它还成了经济发展的关键性要素。这使得人们开始关注教育的生产力，要求在学校教育中采用问责制。同时，它还带来了人们对学校组织规范模式的争论，人们要求改进学校的产出。考试和其他评价方式变得越来越重要，尤其是在国际比较中。人们往往认为，特别是在城市中，私立学校要优于公共教育。改革家要求学校提高效率和产能。许多美国人认为，如果美国要与其他国家竞争，学校教育必须出更多的力（Chomsky & McChesney，2011；Gabbard，2007）。

简言之，随着美国人对美国世界地位的焦虑不断升级，教育变得越来越重要，这也促成了教育变革时代的来临。人们认为，公共学校是反应迟钝的，为此必须提供一系列其他的教育形式。早先的许多批评家的意见和在其他情形下提出的诸多看法重新受到重视。“择校”成了流行词汇，在传统的公共学校系统之外出现了一系列替代性教育方案，其中就包括特许学校（Charter School）。同时，教育家、政策制定者和研究者之间也展开了激烈的辩论，这些讨论往往无果而终。2001 年，随着《不让一个孩子掉队法案》(No Child Left Behind)——1965 年《初等与中等教育法》的再授权——的出台，教育辩论达到高潮，这标志着联邦对教育干预的激进转变。这也是一套糅合了彼此矛盾的诸多教育改革举措的法律文件，是一场历史闹剧。很快地，乔治·W. 布什 (George W. Bush) 当选美国总统后，便签署了该法案。后来对《不让一个孩子掉队法案》的批评越来越尖锐，对联邦教育政策的审查越来越严格，要求变革的社会压力也越来越大 (Horsford et al.，2019；Viovskis，2008)。

本章将讨论这些问题。这是学校系统中所有组成部分共同应对环境变化的历史性时刻。虽然在这一时期，教育改革步履艰难，但改革措施大多得以执行。如果我们以“后见之明”来判断的话，此时的改革毁誉参半。其中某些改革措施在过去的 40 年中被证明是正确的。有些改革仅仅是时代的回声，帮助我们了解学校所遭遇的问题。但在我们考察这些问题之前，我们需要思考促成当代学校变革运动的导火索，及其后续措施。

焦点：《国家处于危机之中》

到了战后时代的尾声，关于学校教育的传统智慧再次主宰了国家的未来。每一位美国人都坚定地相信国家利益至上，美国需要在全球范围内应对日本与欧洲等逐渐强大起来的经济体的挑战。这些认识在当时是毋庸置疑的。这也是 1983 年由美国教育部部长特伦斯·贝尔 (Terrance Bell) 任命的专门委员会发表的一份名为《国家处于危机之中》的教育政策文件所表达的含义。在意识到美国学生学业成绩显著下滑之后，这份文件呼吁对美国学校进行系统改革，旨在提升学生的学业成绩。《国家处于危机之中》的发表意味着对裁撤联邦教育部措施的中止，并产生了持续的影响力。全国民意调查显示，公众十分关注质量下降问题，认为这影响了美国的经济实力。简言之，学校教育十分重要，而联邦政府必须参与其中，使用政策工具和经费资助等手段进行系统干预。同时，主要的政党也开始使用政治手段参与其中。学校教育不仅对于经济发展与个人成就而言至关重要，它还成了社会政策的关键组成部分。随着教育的公共关注度不断提高，它在政治上的重要性也不断提升（Ginsberg & Plank，1995；Vinovskis，2008；Wong et al.，2004）。

因此，我们需要更加谨慎地对待《国家处于危机之中》。在当时，全国高质量教育委员会（National Commission on Educational Excellence）的目标是解决公众认为的教育制度无法满足竞争性工作岗位要求的问题。在随后的诸多举措中，委员会首先要做的是调查各个层次的“教学与学习质量”的现状，其中既包括公立学校，也包括私立学校，并“将美国学校与其他发达国家的学校进行对比”。这一宏大的设想促使委员会开始巡游各地，举行听证会并搜集信息。委员会还从教育研究者和其他社会科学家那里征集研究论文，并举办相关会议进行讨论。他们综合了各项调查结果并提出相关建议，给出振聋发聩的警世恒言：“平庸之风正在侵蚀美国的教育基础，这威胁着我们作为一个国家和一个民族的未来。”在当时全球化的语境中，它坚定地指出：“如果一个不友好的国家试图把今日存在的低劣教育成绩强加于美国，我们会认为此举意味着向我们宣战。”一石激起千层浪。

这些结论迎合了当时公众对于美国学校质量状况的担忧，委员会也提供了相关的证据来支持他们的观点。他们强调学生在全国以及国际性学术竞赛中的劣势地位。“在绝大部分标准化测验中，美国高中生的平均学业成绩，”报告总结道，“比 26 年前苏联发射人造卫星时的成绩还要低。”其中，报告并未提及这 26 年间学生群体的变化。他们还注意到，在 1963—1980 年，美国学生在学术能力评估测试（Scholastic Aptitude Test，SAT）中，语言成绩下降了近 50 分，数学成绩下降了近 40 分，当然这些判断也没有考虑到相关的人口结构变化。它判定在美国 17 岁人群中有近 40% 的人无法“从文字材料中归纳总结出观点”，“只有 1/5 的人可以撰写议论文，只有 1/3 的人可以解答多步骤的数学题”。当然，这些情况对于成年人来说，同样适用。这意味着在数十年间，美国的教育标准严重下滑，必须引起重视。另外，考虑到国际竞赛，报告还强调了其他国家学生的情况，形成了鲜明的反差：“与其他工业化国家相比，在 19 项学术竞赛中，美国学生无法获得第一或第二名，这种情况已多次发生。”这意味着美国已经远远落后于世界其他国家。

为了解决这些问题，委员会提出了一系列建议。首要的就是改变高中的“课程大杂烩”。报告认为高中课程存在着“同质化、低筛选度以及分散性”等特征。为了解决这些问题，委员会提出了一套学术基础课程，它包括四年的英语课、三年的数学课、三年的科学课、三年的社会研究和一年半的计算机科学。他们的报告还建议，学生应该从小学就开始学习外语。简言之，报告所建议的学术课程与一个世纪之前十人委员会的课程精神高度一致。这是每个人都要学习的课程，而不仅仅是那些打算上大学的人的任务。

同时，委员会还呼吁提高标准，警惕学校中学分的“贬值”和极低的学术期待，“要采用严格的考试来衡量学生，以检查他们对内容和技能的掌握情况”。报告建议，大学要提高入学标准，要运用标准化的考试成绩而非能力测试来判定学生的学业表现。对照其他国家，委员会认为，“学区和州立法机构应该严格考虑7小时在校学习制，每学年的在校时间应设定在200—220天”。它要求投入更长的教学时间，组织更多的学生活动，来提升学业表现。针对教师，委员会建议教师工资“必须体现教师的专业竞争力，必须符合市场预期，并且需要进行绩效评价”，应当体现教师在“学科上的实力”。教师教育应该体现出更多的筛选性，应缩减教育类课程。最后，委员会建议，联邦政府应该在“满足核心学生群体——如天才学生、社会经济上处于弱势地位的学生、少数族裔和小语种学生，以及残障学生——的基本需要”中提供必要帮助，并支持相关研究，提供相关数据。“联邦政府的扶持，”它强调，“应该尽可能地使管理负担和干预降到最低点。”报告中并未提及联邦政府在教育评价或问责中应承担的职能。

这并不是历史上第一个内阁级别的教育委员会。杜鲁门、艾森豪威尔和肯尼迪都组织过类似的委员会（McAndrews，2008）。但无论是该委员会的调查还是建议，都引发了广泛的讨论。如前所述，《国家处于危机之中》与里根所承诺的教育措施自相矛盾：在公共学校中开展自愿性的祈祷活动、对私立学校的学费退税，以及裁撤联邦教育部。里根从未兑现这些承诺，但他的确使学校改革成了重中之重（联邦教育部减员除外）。其实这对他而言并不困难，委员会从未建议强化联邦政府对教育的干预，它的许多提议也不涉及追加联邦资金。在里根总统的第二届任期内，他任命威廉·贝内特（William Bennet）为教育部长。贝内特开始就公立学校中的糟糕境况进行广泛宣传。1987年，他访问了芝加哥的学校。在这次引人注目的访问中，他宣称“这些学校是全国最差的学校”，之后他便回到了华盛顿（Kaestle & Lodewick，2007；Shipps，2006）。简言之，里根政府并没有大规模干预教育的计划，但他却以教育为名贬低城市学校和教师工会，而这些组织长期以来都是民主党的票仓。

《国家处于危机之中》对全国教育系统的评估存在严重缺陷，后续的许多研究也指出该报告的诸多失实之处。但它却十分有效地渲染出政治氛围，营造出公众要求进行改革进而提高学校水准的社会环境。显而易见，许多美国人非常关注在不断成形的全球经济体中美国的身份定位，也认为教育是促进美国成功的必由之路。随后，委员会的建议与后来出现的标准化运动之间的直接联系愈发清晰，这在《不让一个孩子掉队法案》中达到高潮。《国家处于危机之中》最初可能是延续联邦教育部寿命的一个手段，但最后成为一份极具历史意义的教育文献。它标志着教育改革的肇始，其影响力至今尚存。

经济的变化

如前所述，在20世纪80年代，美国的经济发生了重要的转型，尤其是工业就业率的下降以及对训练有素的工作人员的需求。这预示着“后工业化时代”的来临。也许，这就是教育在劳动力市场上重要价值的表现。雇主要求雇员受过更高水平的正规教育，也意味着高等教育文凭的经济回报不断提高。随着经济的发展，教育的经济价值也在显著增长。鉴于此，经济学家认为人力资本在经济发展中扮演了越来越重要的角色。当企业在不断提高对教育的期待时，父母和学生也是如此（Buchman，1989；Murphy & Welch，1989）。这使美国人理解学校教育的方式发生了聚集性的转变。这也许是最有力地宣扬人力资本在经济生活中重要价值的号角（Murnane & Levy，1996）。

这一系列想法的实施延续了一段时间。在20世纪早期，大多数美国年轻人在20岁之前就开始工作，即使有些是兼职工作（Kett，1977）。在大萧条时期，童工基本消失，但第二次世界大战使劳动力需求猛增。在战后，越来越多的青少年进入高中。此时没有文凭是很难找到一份工作的（Angus & Mirel，1999）。可以说，从学校到工作岗位的过渡是非常复杂的过程。对大多数青少年而言，不太可能轻而易举地找到工作。这时对学历的要求便出现了（Rury，2004）。

国家经济此时也发生了深刻的变化。在战后一段时间内，工厂中的岗位是充足的。工厂对工人的需求吸引着非裔美国人离开南部。尽管这一周期很快结束，但在20世纪50年代，城市工业经济依然十分繁荣。之后的十年，变化开始出现（Teaford，1990）。到20世纪60年代中期，许多观察家已经警告说，劳动力密集型的工人需求开始下降，但这些预测依然低估了后来出现的长时段变革（Harrison，1972；Havighurst，1996）。几乎没有人能够预言后来出现的教育与雇佣劳动力之间的关系变化。

如前所述，美国中等教育的快速发展成了差异化原则的前提，高中毕业生要适应许多不同的社会角色。这是进步主义时代的神话，也是“社会效率”观的产物。《中等教育的基本原则》认为高中必须为未来生活做好准备，因此职业教育是必需的。然而，随着战后经济的转型，工业企业中的岗位消失了，职业培训的热潮退却，没多久，就被其他课程替代，尤其是学术课程，即“通识课程”。年轻人学这套课程并非为了特定的职业做准备，也不是为了升入大学，而仅仅是接受广博的、非专业化的教育，为未来生活做好准备。一些历史学家称之为“仓储式”教育：让青少年在成年之前远离工厂雇佣，远离街头巷尾（Angus & Mirel，1999；Sedlak et al.，1986）。

在20世纪60年代，美国劳动力的基本职业结构开始发生变化，越来越多的劳动力开始聚集于“服务部门”。在1970年，全国大约有1/4的劳动力分布在制造业，需要高等教育背景的岗位尚未发生明显变化。但接下来的数年见证了巨变的发生，并一直影响至今。从那时开始，直到数十年后，工厂中的岗位数量暴跌（Levy，1987）。从全国范围看，到 1990 年，制造业的劳动力份额跌至 18%，并持续下跌（Murphy & Welch，1993）。它的影响力首先体现在城市之中，后来影响了全国所有地区。经济学家认为，这可归因于技术的变革和工作岗位的国际转移（Abramovitz & David，1996）。无论什么原因，这都对学校产生了重要的影响。不需要正规教育的工作岗位已一去不复返（Grubb，1995）。

制造业的岗位开始被办公室的文职工作——管理岗位或专门技术岗位——所取代。它始于 20 世纪 80 年代，此后就业就有了对高等教育文凭的要求（Cohen & Hughes，1994；Murphy & Welch，1989）。这也体现在不同层次教育的工资回报率上。在 20 世纪 70 年代初，高中辍学者和大学毕业生的时薪大约相差 7 美元，而高中毕业生的时薪仅仅比辍学者高 1.5 美元。由于“婴儿潮”推进了高等教育的大众化，高等教育的优势在 20 世纪 70 年代事实上衰退了。截至 1979 年，大学毕业生的时薪仅比高中辍学者的时薪高 6 美元。但不久之后，工资差距开始迅速扩大，到 20 世纪 90 年代中期，大学毕业生的时薪比高中辍学者要高 10 美元，比高中毕业生要高 7 美元（Datazone，1999）。简言之，劳动力市场开始给那些接受过高等教育的学生丰厚的经济回报。

这些发展体现出两大变化。第一，高等教育的经济回报在 20 世纪八九十年代相对稳定，维持在大约 7%。第二，高中辍学者的工资下降了大约 25%，而高中毕业生的工资下降了大约 8%（Stern et al.，1989）。因此，上大学的工资回报要远远高于数十年之前。这也顺理成章地推动了大学入学率的显著提升。

全球化也推进了这一变化。国际贸易迅速发展，美国人接受了日本的汽车、德国的设施、法国的红酒和其他许多国外产品。同时，本土的制造业岗位仍在持续减少，尤其在 1994 年《北美自由贸易协定》（North American Free Trade Agreement，NAFTA）签署后，制造业便向墨西哥转移。罗伯特·瑞奇（Robert Reich）曾任劳工部部长，他认为崭新的世界经济需要劳动分工，由包括美国在内的技术先进国家来提供“高价值”的产品和服务。他所描述的“符号分析师”（Symbolic Analyst）便是典型的未来职业，而这直接与高层次的教育相关联。其他观察家也认同他的观点。如果美国想要在世界经济中领先，那么它的教育系统的质量至关重要（Bauman，1998；Orme，1996；Reich，1992；Stiglitz，2003）。

入学率进一步印证了这些观点。到20世纪80年代，美国的学院和大学成了世界公认的最好的大学，吸引了全世界各地的优秀学子。它们成了研究和研究性学习的领导者，同时也是专业培训的领导者。这也使得高等教育成了经济扩张的重点，与劳动力市场有着极为重要的关联（Clotfelter，2010；Goldin & Katz，2008；Wildavski，2010）。从许多方面看，这一转变意味着20世纪早期诸多社会发展趋势的最终完成，尤其是研究型大学的崛起。大学入学率持续提升，尽管在“婴儿潮”人群适龄时期结束后，中等教育的毕业生人数已开始下降。此时，大部分年轻人进入大学。在20世纪70年代后期，有不到一半的美国高中毕业生继续接受教育；但20年后，这一数字上升到70%（Murphy & Welch，1993）。这反映出许多未来大学生的理性选择——工厂就业率持续降低，工资差异越来越大。到20世纪90年代，平均而言，拥有大学文凭的人在一生中所持有的财富，比起仅有中等教育文凭的人，要多将近50万美元。获取文凭成为一类符号，它意味着巨额的收入回报。这也使得上大学受到越来越多的美国人的欢迎（Hunt，1995）。

在20世纪七八十年代，女性劳动力的持续增长也进一步加强了这一趋势。雇佣女性劳动力发展最迅速的领域大多为专门职业，它们也要求高等教育文凭。这既是20世纪六七十年代女性运动的产物，也是民权运动的结晶。在“第九款”的支持下，性别平等改革不断推进。高等教育的女性入学率在20世纪八九十年代显著提升。但此时，接受过高等教育的女性工资仍较低（Averett & Burton，1996；Geiger，1993）。到20世纪80年代，在美国历史上，女性高等教育的毕业人数第一次超过男性，她们的人数还在持续增长。到了20世纪90年代，这一情况进一步推进了高中毕业生进入大学人数的增长。事实上，女性的大学入学率比男性高10%。

从全国范围来看，人们对教育的期待不断提高。在对1960年和1980年白人高中毕业生的分析中，马莉斯·布克曼（Marlis Buchmann）发现，学生们对他们所能获得的最高学位的期待有了显著变化。从整体上看，高中毕业后就不再打算继续上学的人数从25%降至18%，下降率约为7%。同时，打算继续深造并获得专门学位的人数比例从12%上升至21%（Buchman，1989）。在1980年，越来越多的年轻人希望上大学继续受教育，而不仅仅满足于高中毕业。在短短的20年间，这意味着巨大的转变。在接下来的几年中，这种趋势继续加速发展。

这些变化也反映出工资结构和雇佣模式的变化。这部分是由于职业结构的变化，尤其是制造业的衰落。但同时，我们依然可以观察到雇主在雇佣工人时的偏好——尤其是在雇佣新人的时候。在各种类型的工作岗位上，他们都更希望雇佣受过更高层次教育的员工（Carnevale & Desrochers，1997）。基于详尽的分析，经济学家凯文·墨菲（Kevin Murphy）和芬斯·韦尔奇（Finis Welch）发现，在20世纪80年代的各类工业领域中，受过大学教育的雇员人数在持续增长，这归功于高等教育入学率的显著提升。尽管到了20世纪80年代末90年代初，美国青少年人口总数下降了，但这些变化依然刺激了这一时期高等教育的扩张。到了20世纪90年代中期，全国绝大部分高中毕业生都计划接受各种形式的高等教育，而商科成了最受欢迎的大学专业。

经济的转型还进一步加深了内城与近郊区之间的教育差异。近郊区的教育质量始终与经济发展保持同步，而内城之中的教育却明显落后了（Harrison，1972；Sexton & Nickel，1992）。在内城的社区之中，曾经作为经济发展助力的职业教育衰落了。这种情况在20世纪70年代早期就已经出现，在1985年为厄内斯特·博耶尔（Earnest Boyer）所报道（Boyer，1985）。相对而言，需要纯手工技能的岗位正在减少。在20世纪八九十年代，这一趋势大大促进了非裔美国人高等教育入学率的提升，但并非所有年轻人都有同样的响应方式。例如，墨西哥裔年轻人在中等教育之后继续受教育的比例就远远落后于其他社会群体。随着新型服务经济的持续发展，这些教育差异的模式带来了巨大的问题。它们往往与大城市中少数族裔的持续性贫困紧密地联系在一起（Bishop，1989；Katz，2000；Neckerman，2007）。

这些变化也反映出对人力资本持续不断的高要求。在20世纪末，学术能力受到了前所未有的重视。这体现在雇主对雇员的偏好之中（Sexton & Nickel，1992；Stern et al.，1989；Wilson，1995）。当然，这也使得《国家处于危机之中》的改革建议更加受欢迎。雇主的期待值与当地高中生的知识储备之间的差距成了城市学校改革背后的驱动力。在芝加哥，理查德·M. 戴利（Richard M. Daley）市长强调对公共学校的控制权，并主张通过一系列措施恢复公众对公共学校系统的信心，尤其强调重视考试分数（Shipps，1998，2006；Wong & Moulton，1998）。其他城市的领袖们也提出了类似的干预措施，但这些措施并没有实现提升学生学业成绩的预期目标（Stone et al.，2001）。同时，城市中的学生也缺乏高等教育所需的社会资本与文化资本。挣扎于贫困线的家庭往往聚居在大城市，这些因素直接导致了学生学业成绩不良，城市学校缺少帮助学生提升学业成绩的必要资源（Alexander et al.，1997；Rury，1993）。

詹姆斯·科南特和其他综合高中的倡导者们认为，只要为学生提供多样化的课程，就能够满足劳动市场的不同需求。历史上经济的发展与高中入学率的变化也从某些方面证实了这一点。但社会图景发生了变化，这与科南特在 20 世纪 50 年代后期面临的情况有相当大的区别。因此，接受高等教育和正规教育才能在不断衍化的就业市场中获得职业安全保障。学术能力成了前提，各行各业的教育家都在不断应对提升学生学业成绩的挑战。随着全社会对学校教育的关注度不断提升，成功与失败的风险也在显著提高。无论好坏，经济的发展都在不断驱动教育系统朝着新方向前进。如何满足 21 世纪的社会经济需求，成了当前需要应对的主要挑战（Rury，2002）。

与此同时，随着经济的发展，差异化课程的前提逐渐消解，职业教育的重要性也持续下降。诸如科南特之类的观察家们在 20 世纪 60 年代为一些高中过于重视学术类课程而忧心，但现在这种重视有增无减。中等职业教育课程随着制造业的衰落而减少。在 20 世纪最后 10 年，各地的学校都为所有的学生预备了更加严格的学术课程。由于经济的转型和这些技能价值的持续提升，学术课程不再是天才学生的专属。进步主义时代孕育的传统综合高中的理念需要满足愈加严格的学术要求（Franklin & McCulloch，2007；Hammack，2004）。

这些变化毫无疑问迎合了《国家处于危机之中》的追随者们，但有所得必有所失。到 20 世纪末，几乎没有社会观察家再去讨论高中的使命是促进来自不同社会背景的学生之间的融合；20 世纪 60 年代那种对公平的强调逐渐退潮。由贺拉斯·曼提出的公共学校理念也消散在高标准与经济优势的时代脉搏之中。学校规模越来越小，成年人的威权愈甚，青少年文化的影响力逐渐衰退。这些变化都源于人们对教育经济属性的追寻，尤其是对中等后教育的经济价值的强调。关于要求儿童在学校中理解民主、尊重多样性和观念差异以及在决策过程中体验民主的认识，也渐渐褪色。政策越来越聚焦于提升学生成绩，但学校教育的其他目的——由杜威和他的学生、同行们提出的——则被遗忘（Rury，2002）。在布朗案后 50 年，随着近郊区化的推进，内城与近郊成了黑人与白人各自的聚居区，联邦政府也放弃了促进种族融合的雄心壮志。因此，将公共学校视为实现社会公正的政策机制的认识也成了明日黄花。

学校与教师的问责制

在《国家处于危机之中》发表之后，公众开始重新关注教育改革问题。里根的继任者乔治·H. W. 布什（George H. W. Bush）在 20 世纪 80 年代末当选为美国总统。虽然他在任期间几乎没有颁布任何有意义的教育政策，但在竞选时他曾以“教育总统”自居。这说明全社会普遍关注教育。其他一些政治家走上了政策前沿，尤其是当时年富力强的阿肯色州州长威廉·克林顿（William Clinton）。他在 1992 年当选为美国总统，为教育改革增添了活力（Debray，2006；McAndrews，2008；Vinovskis，2008）。

这是美国教育的新时代。学校成了促进经济发展的关键，政治家们也认为必须改善学校（Greene，2000）。当然，在第二次世界大战之后，公共教育发生了巨变。它的社会功能也拓展至解决社会不公平问题、提供各式各样的社会服务，以及促进经济发展。在各学科教学方面，学校成了关键性的社会政策。联邦政府为教育投入了数十亿美元，从关注特殊教育的“先行计划”到为有需要的大学生提供资助的“佩尔助学金”。州政府也为此追加了数十亿美元，致力于合法保障学校经费。所有这些措施都在不断增加教育投入，并尝试控制区域性的教育不平等（Bosworth，2001；Odden & Picus，2007）。但追加经费的同时也带来了新的问题。学校究竟是如何使用追加经费的？是否真正提升了学生的学业成就？从全球范围看，美国学生的竞争力提升了吗？诸如此类的问题都被囊括于《国家处于危机之中》的影响范畴之内，成为教育改革的驱动力。

回应、解决这些问题需要一定的时间。这引发了所谓的“标准化运动”，作为系统性改革的一部分：州政府尝试实现课程的综合性结构改革，着力提升学业成绩。这些根本的观念将学校科目与评价体系捆绑在一起，将希望寄托于帮助教师更好地完成教学任务。马歇尔·史密斯（Marshall Smith）是克林顿政府的教育部副部长，正是他最早提出了这些观点。在20世纪90年代，这些观点的影响遍及全国。当时，大多数州在各个主要学科的每个年级都有相应的学习标准。这些目标与方针是教师进行课堂教学对标的规范。从实践层面上看，这些标准往往成了州课程标准的规范性框架。更重要的是，许多州还会设计相应的标准化考试，用于检查这些课程标准的执行情况。许多学区也有各自的考试方案。在这些实践之后，考试便成为一件大事，成了主宰美国学校生活的重大因素（Koretz，2008，2017）。

从整体上看，这些评价手段都是学业评价，与特定的课程标准保持一致，与早前的智商或能力评价不同。但它们的影响在某种程度上却是一致的。尽管考试在复杂性和难度上有巨大的差别，但它们共同催生了一套崭新的问责制，即根据学生在标准化考试中的学业表现来评价学校和教师。学生考试分数高的学校往往被认为是更好的学校，而那些分数最低的学校则被认为是“失败的”。公众对教育的关注也随着这些考试制度的实施，而达到历史性的高潮（Smith & Scoll，1995；Vinovskis，1996，2008）。一旦特定的学业表现被赋值，那么大众关于好学校和坏学校的认识也因此固化。

在一些案例中，对考试的强调走向极端。例如，20世纪90年代后期，芝加哥市市长理查德·戴利（Richard Daley）要求公立学校中特定年级的学生必须在“艾奥瓦州基本能力测试”（Iowa Test of Basic Skills，ITBS）中达到规定的分数，才能升入下个年级。这是一项全国认定的规范性学业考试。其中八年级的学生的考试成绩也将作为高中升学的参考。这必然给教师和学生带来巨大的压力，但学生并没有因此获得长足的进步。其中的主要问题在于，“艾奥瓦州基本能力测试”并不是为了评估学生从特定的课程体系中学到了多少知识而设计的考试。它的功能主要在于将艾奥瓦州特定年级学生的学业成绩与全国范围内相同年级学生的学业情况进行对比。这意味着在芝加哥公立学校中，绝大部分来自贫困家庭、少数族裔家庭的学生必须在阅读和数学考试中达到和主流社会群体中富裕家庭的学生同样的水平（Shipps，2006）。

毫不奇怪，城市中富裕社区的学生的考试成绩往往要优于贫困家庭的学生。历史已经证明，社会与文化资本在很大程度上影响了来自不同社会集团的学生的学业表现，他们的考试成绩也同样受到这些因素的影响。更糟糕的是，这些比较使芝加哥公立学校的境况更加恶劣。在芝加哥公立学校系统中，来自贫困家庭和处于劣势地位家庭的学生数量庞大，许多教师没有教师资格证，班级规模较大。因此，要提升学生的学业成绩，必然遭遇巨大的挑战。只有投入大量的额外教学时间，开办暑期学校，进行专门学业辅导，才有可能解决这些问题。即便如此，数千名学生依然在备考过程中备受折磨，而这无法从整体上改善他们的受教育境况。那些考试失利的学生中有部分平素学业良好，只是没有考好而已，但他们却因为这次失败而遭遇羞辱，被判定为落后。这一措施引发了巨大的争议，但仍赢得了广泛的公众支持（Bryk et al.，1998；Lipman，2003）。它甚至在 1999 年克林顿总统的国情咨文中被当作教育改革的范本，被称赞为系统改革出现的先兆。

在芝加哥实施的这类考试被称为“高风险测验”，这也成了美国学校系统最具争议的特征。克林顿总统特别关注教育问题，在 1994 年签署了《2000 年目标：美国教育法》（Goals 2000：Educate America Act），决心要在世纪末改善美国学校。但遗憾的是，在克林顿总统任期最后的几年中，他因绯闻缠身而无暇顾及教育问题，这些目标也从未实现。在 2000 年总统竞选中，共和党的乔治 · W. 布什以教育议程作为自己的竞选纲领，强调问责制，进一步强化对美国学生的考试要求（DeBray，2006）。

乔治 · W. 布什亦称“小布什”，和他的父亲不同，在当选后立刻投入教育事业，不断追加联邦对教育的经费投入。他所关注的在学校实施问责制的计划，也使全社会更加关注标准化测验，更加关注如何测度学生的学习情况。这些观念最终在 2001 年获得再授权的《初等与中等教育法》中得以落实，这便是众所周知的《不让一个孩子掉队法案》。立法协调人是民主党的参议员爱德华·肯尼迪（Edward Kennedy），他要求评估必须关注不同学生群体之间的学业差异，尤其是关注那些在历史上曾被剥夺教育权或受过不公平待遇的社会群体，诸如非裔美国人和墨西哥裔美国人。这两大不同寻常的社会目标——评估的普及和学习差距的识别——的整合，使《不让一个孩子掉队法案》成了美国历史上最野心勃勃的教育改革方案（Rury，1999a；Vinovskis，2008）。

《不让一个孩子掉队法案》旨在强化“第一款”的问责制，要求各州在州境内所有公立学校中，面向所有学生实施系统考试。这些制度以州阅读标准和数学标准为基础，要求 3—8 年级的所有学生参加年度考试，各州的进步目标是让全体学生在 12 个学年中实现个人学业精通（2014）。报告要求公开评估结果和目标，让来自各个社会群体的学生，包括贫困家庭的学生、少数族裔、残障人士和英语能力有限的人士，都能够了解。那些没有能够实现年度进步目标（Adequate Yearly Progress，AYP）的学区和学校会被要求进行整改，采取纠正方案。而那些超越了年度进步目标的学校则会受到学术奖励。整体而言，这是一个宏大的目标，尝试迫使教师和学校认真对待所有孩子的学习问题，快速提升他们的学业成绩（Mcguinn，2006）。只要国家不断追加对人力资本的投入，提升学生学业成绩，就没有学生会落后。毫无疑问，这都是一些美好的教育目标，但许多观察家从一开始就认为这些目标无法实现。

全国各个学校很快便开始采取措施，回应在《不让一个孩子掉队法案》指导下各州出台的问责制。它对每个人都提出了高要求，并没有给那些有学习困难的学生留下缓冲的余地。教师们也不能将那些学习成绩差的学生分流到职业课程或者补习计划中，每个人都要参加考试。这意味着必须重新重视那些在历史上学业表现不佳的社会集团。学业差异成了公众讨论的焦点问题，而且讨论得更加热烈，问题更加集中。虽然这些社会群体的学业成绩没有立刻提升，但他们所遭遇的教育不公平问题再次引发了关注。尽管有许多美国人对这一套改革方案的态度是暧昧的，但它却因为关注教育不公平问题而得到了民权组织的欢迎（Rebell & Wolfe，2009；Sunderman et al.，2005）。

但好景不长，很快教师们就开始抱怨《不让一个孩子掉队法案》所引发的问责制系统。在贫困的内城中的学校，诸如芝加哥和其他大城市的学校，很难完成年度进步目标。即便是那些相对富裕社区的学校，在面对特殊社会群体时——诸如新移民或有认知障碍的学生，要实现目标也是极其勉强。教师们开始抱怨在追加经费有限的情况下很难实现目标，而 2002 年与 2008 年的经济危机也使得经费问题雪上加霜，在各州和各地区都出现了教育经费被削减的现象。各州考试次数的增加和数据管理的要求也增加了教育成本，而《不让一个孩子掉队法案》追加的经费不足以覆盖这些额外的需求（DeBray，2006；Rebell & Wolf，2009）。

联邦授权考试成了强制性同构的有力推进器，各地的学校纷纷开始重视阅读、数学和考前准备。其他课程，诸如历史，甚至科学，则因为不是考试科目而被教师忽视。这使得教学的科目越来越有限，全社会越来越关注考试标准。所有这些都构成了《不让一个孩子掉队法案》的负面影响。但联邦教育官员不得不捍卫新法，主张严格的问责制是提升学业成绩的必由之路（Meier & Wood，2004；Sunderman，2007）。

在乔治·W. 布什第一届任期结束后，联邦的教育职能成了社会争议的焦点。《不让一个孩子掉队法案》的再授权法案在国会引发了激烈的辩论，反对派要求给予各州和各学区更多的灵活度来满足这些要求。最终，考虑到要在 2014 年之前实现提升所有学生学业成绩的目标是不可能实现的，诸多法律要求就必须调整。但国会中的政治顽固派反对讨论替代性的立法条款。同时，社会的焦点又转向教师的评价问题，尤其是有研究显示教学对于提升学生学业成绩而言至关重要。在 2009 年，奥巴马（Barack Obama）政府通过一项新法《力争上游计划》（Race to the Top），它主张为各州提供竞争性的奖励经费来推动教育改革，其中也包含教师评价制度改革。运用考试数据来评价教师引发了巨大的争议，但如何促进教学评价的系统化改进？运用奖励措施就变得越来越重要（Cross，2014；Rebell & Wolfe，2009）。但联邦将以何种程度参与此类改革尚不清晰。公众要求教育改革的呼声依然高涨，许多政治党派依然支持《不让一个孩子掉队法案》中的部分条款，尤其是考试机制，因此奥巴马政府也最终转向支持《不让一个孩子掉队法案》。教育部部长阿恩·邓肯（Arne Duncan）在 2011 年向许多州提供了不受《不让一个孩子掉队法案》约束的豁免权，并转向其他方式的改革。这预示着对政策进行历史性调整的开端，但问责制的呼声依然没有减弱（Abernathy，2007；Cross，2014；Poetter et al.，2006）。

在这些发展变化之中，越来越多的政客，尤其是共和党人，要求教育决策权应更多地保留给地方。他们反对课程改革，尤其是反对所谓“共同核心”运动——其目标是为某些课程设置国家课程标准。这一提案在2009年由全国州长协会（National Governors Association）和州首席教育官理事会（Council of Chief State School Officers）共同倡议，主张在公共教育领域进行改革。他们主张在全国范围内提高学业标准，尤其是阅读和数学标准，还提供了一套能够共享的课程框架。他们希望借此提升美国学生在国际竞赛中的成绩，让更多的人上大学，在未来创造更多高知识含量的工作岗位。大约有46个州最终参与其中，许多州本来就是奥巴马政府时期《力争上游计划》的支持者。很快该方案就成了一项主流的教育改革措施（Hess & McShane，2013；Ravitch，2013）。

“共同核心”运动在起步阶段，受到了媒体的积极肯定，也获得了联邦教育部的支持。它主张实施更严格的考试，提出更高的学业标准。这使许多教师感受到更大的不确定性，并最终走向了改革的对立面。反对的呼声源于地方组织，并最终得到了保守主义政治家的支持。在改革中，争议的焦点在于联邦政府对教育的参与度问题。这使得支持由地方来管理学校的阵营逐渐成形。当然，它也继续向《不让一个孩子掉队法案》所代表的改革措施发起挑战，继续质疑联邦在教育政策中的活跃度。在美国教育中，州与区的权威有着悠久的历史，这使地方主义成了学校教育辩论中无法回避的话题。鉴于此，随着奥巴马政府推迟了关于地方控制的改革措施，一个转折点似乎就要到来。各州将再次成为推进教育改革的决定性力量（Burke & Marshall，2010；Shcneider，2015）。

最终，2015年通过了《每一个学生都成功法》（Every Student Succeeds Act，ESSA），延续了《不让一个孩子掉队法案》，并在国会和奥巴马政府中都得到了两个党派的支持。《每一个学生都成功法》大规模地削减了联邦干预，将制定标准与设计评价机制的决定权保留给各州，但它依然要求一定形式的测验。民权组织成功地保留了对重点学生亚群体的报告单评价制度，但具体如何改进则由各州和地方当局决定。对各州落实《每一个学生都成功法》方案的核准，使得各州摆脱了“共同核心”运动，让各州有权决定是否执行这些计划。许多州决定继续推进，而有些州则将其留给立法机关。可以说,《每一个学生都成功法》是教育政策史上的重大转折点，它将教育改革的职责留给了各州与各地方。虽然它依然坚持标准化测验的历史使命并运用标准化测验来进行问责，但它大大削弱了联邦在教育改革中的作用（Hess & Eden，2017）。

在这一时期，教育政策中的诸多调整标志着教育政治中的晴雨表。从长远的眼光来看，对问责制的坚持实质上与《国家处于危机之中》提出的人力资本战略有异曲同工之处。它也反映出人们对于教育职能的狭隘认识。毕竟，系统化改革从特定的课程上来看，使得学校教育愈发具成效，而考试也越来越集中于数学、科学和阅读。当然，这些科目也与经济体中新的服务与专业领域直接相关，与教育文凭场域中的高要求直接关联。标准化测验成了运用技术手段来检测能力、识别学校的工具，当然对于考试的过度依赖最终减损了它的效能。让学校为它们所产出的有能力的个体负责，成了促进经济发展、提升生产力并赋能个体的基本战略。换言之，教育日益成为促进生产力发展的关键性要素，它也必然会像能源、机器、原材料和废物处置一样面对测量与改进（Hillocks，2002；Koretz，2017）。

最终，当历史学家回望这一历史时期时，他们认为这就是人力资本战略的时代，是人力资本逻辑贯穿一切的时代。如果教育被看作一类经济资源的话，那么的确应该使用考试来保证学校产出的是标准化的“产品”。这也得到了国际社会的呼应，第三届国际数学与科学研究会（Third International Mathematics and Science Study，TIMSS）也高度关注这些问题。1995 年，它发起了一项涵盖了 41 个国家学生的标准化考试，并对他们的成绩进行对比。美国学生成绩不佳，引发了全国的关注，进而强化了美国的考试政策（Debray，2006；Vinovskis，2008）。这便成了又一个国际比较影响国内政策走向的例子。同时，美国人对人力资本的关注越来越多，又从狭隘的经济角度来阐释学校教育，这些都带来了几乎雷同的结论。此刻，学校的其他教育目标已让位于它的经济功能，至少在国家政策层面是如此（Rury，2002）。

焦点：择校

在这一时期，教育改革的另一项议题是坚定不移地将孩子们带出公立学校，许多家长认为这是与物质主义、世俗主义和青少年文化妥协的另一条出路。之所以提出这个问题，是因为长期以来公立学校因纪律的缺乏和学生随意散漫的失范行为——尤其是在廷克案和学生权利运动发生之后——而备受指责。那些有坚定的宗教信仰的家庭长期以来也一直反对公立学校的世俗氛围，这些指责在20世纪60年代之后随着福音派的复兴而愈发激烈。在南部各州，随着种族融合的推进，私立学校纷纷出现，这些白人学校数十年来一直坚持独立办学。在20世纪80年代，研究者们意识到，那些资源更加匮乏的天主教学校的学生，学业成绩要优于公立学校的学生。这成为批评家们指责公立学校的另一个原因。私立学校虽然仅覆盖了全国10%的儿童，却成就了另一条道路（Bryk et al.，1993；Coleman et al.，1982；Lubienski & Lubienski，2014）。

诸如此类的批评促成了在传统公立学校之外寻找替代性方案的教育改革运动，人们认为既有的公立学校需要面对竞争，而其他类型的学校教育也能够更好地提高学生的学业成绩。在保守主义经济学家米尔顿·弗里德曼（Milton Friedman）的影响下，教育市场化的鼓手们认为，要让家长和学生能够在不同类型的学校教育中进行选择，家长和学生就是消费者，市场选择有助于提升学校教育的质量。政治学家约翰·丘伯和特里·默（John Chubb & Terry Moe，1990）也批评公立学校教育，认为它们不负责任的行为就是对顾客——学生及其家庭——核心利益的漠视。这一观点酝酿了寻求替代性教育形式的政治氛围，尤其是在城市中，公立学校的境况更加糟糕。

对公共教育最激进的批评来自“学券制”（school voucher）的倡导者，他们主张由政府向家庭派发“学券”，领到“学券”的家长使用“学券”来支付私立学校的学费。当代“学券制”的观点可以回溯到第二次世界大战之后。从历史上看，以这种方式讨论学校经费问题的社会集团属于保守主义，他们支持各式各样的非公立学校。例如，20世纪 50 年代到 70 年代废除种族隔离制度后，南部的种族主义者积极地支持“学券制”，以赞助私立的隔离制学校。他们还得到天主教会的支持。天主教会是美国最大的私立学校系统的赞助者，这可以一直回溯到 19 世纪的主教约翰·休斯的时代。但最近出现的“学券制”，得到了公立学校曾经的支持者们的拥护。尤其是那些居住在内城的居民，他们是“学券制”改革的积极拥护者，希望找到一条能够代替糟糕的公立学校的出路。非裔美国人波莉·威廉姆斯（Polly Williams）是威斯康星州议会中密尔沃基市内城居民的代表，是当时呼吁在全国范围内以私立学校取代公立学校的主要人物。在保守主义基金会赞助下，密尔沃基市开展了一系列精心策划的宣讲活动，并最终在 1990 年形成了一份“学券制”改革方案，在有限范围内进行改革。对于包括威廉姆斯内在的那些充满希望的私立学校拥护者们而言，曙光即将来临，更不用提那些长期支持“学券制”的群体。但遗憾的是，城市教育转型的承诺从未兑现过（Carl，2011；Henig，1995；Witte，1999）。

在政治领导人的支持下，尤其是在共和党和地方拥护者们的支持下，20 世纪 90 年代出台了一项“学券制”改革实验。他们不顾克利夫兰市黑人政治家们的反对意见，在白人政治家和天主教会的支持下开始改革。尽管法律规定公共资金不能用于教会组织，但这两个城市的“学券制”改革都将教会学校纳入其中，进而成功地得到教徒们的拥护。但从改革的结果来看，它并没有满足大多数“学券制”倡导们的期待。研究报告显示，当控制了背景因素变量——诸如家庭收入、父母受教育情况——之后，对于那些接收“学券”的私立学校的学生们而言，他们的学业成绩相对于公立学校的同龄人并没有显著提高。既有的“学券制”方案也没有对公立学校的业绩产生积极的影响，这使人们开始怀疑鼓励竞争是否真能改善公立学校。尽管“学券制”的支持者们依然在坚持实施更多的“学券制”改革方案，但这些方案都遭到了质疑。在 2007 年的一次全民公决中，犹他州的选民明确反对州议会通过的一项“学券制”改革方案，只有不足 10% 的人投票表示支持。近郊区的居民尤其反对“学券制”改革。共和党人曾表示同情“学券制”，但随着公众反对情绪的高涨，他们也没有更进一步提出全国性的方案。由投票所体现出的大众的不满情绪，表达了公众对“学券制”的怀疑，但“学券制”改革运动仍在继续，并出台了一系列新措施（Carnoy，2001）。

这并不意味着“学券制”没有对教育改革产生影响。围绕着私立学校的论争很快便拓展到更宽泛的教育改革范畴之中，这就是所谓的择校。当人们不断批评公立学校中学业成绩不良的状况时，其他改革家，甚至包括教师工会的领袖阿尔伯特·尚克（Albert Shanker），开始建议在大多数学区的传统公共教育系统之外设计一些替代性的教育方案。这些新学校就被称为“特许学校”，他们的授权（或“特许状”）来自州议会和地方当局。1991 年，在明尼苏达州通过了第一部特许学校法。很快地，加利福尼亚州和其他 39 个州也陆续通过了类似的法案。特许学校大多位于城市之中，服务于规模较大的学区。许多特许学校都是由大学、社区组织或者其他关注教育改革的社会组织兴办的。它们往往得到了许多有远见的教育家的支持，教师团体充满活力，反对科层制，追寻自由氛围。这些机构尝试为现有的教育问题提供新的答案。从一开始，特许学校就被视为改革的新生儿，是革新的范本，是公立学校的竞争对手。特许学校快速发展起来，并最终建立了上千所（Carnoy et al.，2005；Lubienski & Witzel，2011；Wells，2002）。

但择校并不仅限于特许学校。在许多城市中，传统的社区学校也被列入学生们的选择范围，针对他们提供特定的方案，或者开展面向特殊学生群体的项目。从各个方面来看，这些不同的机构催生了择校运动，这其实和种族融合时期的“磁石学校”非常相似，它们都围绕着特定的教育改革主题设置，或是为了满足不同儿童的特殊需求。在一些城市，诸如芝加哥市，高中生被允许跨城市择校。他们可以长途跋涉到另一所学校求学。这也为学校改革提供了新的思路，或者进一步刺激了学校去争取更好的生源。这些改革措施也在许多城市中定义了一个崭新的教育市场，在其中为学生和家长提供了前所未有的选择（Lipman，2003）。

可预见的是，围绕着将择校作为一项教育改革措施的优缺点，辩论很快就出现了，这也是对公立学校被批评的政治回应。在密歇根州大刀阔斧的改革后，底特律市的整个学校系统重组，所有的家庭都有了更多的择校权利，择校的热潮达到了新的高度。这些改革措施的拥护者贝琪·德沃斯（Betsy DeVos）——一位富裕的继承者，也是密歇根州共和党主席，于2017年被任命为教育部部长。但随着尘埃落定，人们发现，系统证据显示，在提升学生学业成绩方面，特许学校并不比普通的公立学校更胜一筹，尤其是在面向大多数处境不利学生时更是如此。底特律市的择校制改革也证明了这一点。部分学校的学生学业表现很好，但大多数学校即便得到了家长们的热情支持，也依然没有得到改观。对于学业成绩的研究显示，当尝试提高城市贫困学生的学业成绩时，没有什么措施能比缩小班级规模、提升教师效能更有效了。择校制的开展，无论是以"学券"的形式，还是以"特许学校"的形式，都不是改革美国教育的灵丹妙药（Carnoy et al.，2005；Darby & Rury，2018；Miron and Nelson，2002）。

也许反对择校制改革的最重要的群体当数近郊学区的居民。他们在各个州极力反对"学券制"改革，并在他们各自的学区抵制特许学校。但许多居住在近郊的居民也参与到大范围的择校运动中，他们往往搬到学业成绩表现更好的学校附近的社区居住，而他们的房产价值也随着这些学校的优异成绩而不断升值。他们担心择校会威胁到他们所在学校的优势地位，担心他们的学区招收低收入家庭的学生进而影响他们的房产对于富裕购房者的吸引力。简言之，许多近郊区的居民拥有较高的收入，他们也因此有更多的选择，同时不希望打破他们与贫困社区以及少数族裔社区之间的区隔。在底特律市，近郊的居民反对择校制，不愿意为校车交通支付成本，阻止学生从城市学校中流出。这些障碍使得以"学券"和特许学校为抓手的择校制改革最终仅限于核心城区，其改革目标也仅仅局限于提高学生的成绩。这也是择校运动的追随者们，包括德沃和其他保守主义政客们刻意忽略的现实。近郊区的学校继续参与到各类教育机会阻断活动中，刻意维持近郊对内城以及乡村学区的优势地位，这使得择校制不可能解决教育不公平问题（Rury & Rife，2018；Ryan，2010）。

最后，对公立学校和大多数教育机构最严厉的批评来自那些完全不让孩子上学的家长，他们主张在家上学。在 20 世纪 60 年代，约翰·霍尔特（John Holt）首次提出这个问题，他质疑学校是否适合所有儿童。在接下来的数十年间，在家教育儿童的新兴运动开始成形，福音派基督教徒和其他反对公立学校中的世俗文化、青少年亚文化的家长们尤其积极参与其中。在 20 世纪八九十年代，随着对公立学校的批评达到顶峰，在家上学运动也快速发展起来。在家上学的支持者们先是与州议会以及地方当局关于强制入学和义务教育相关的法令进行对抗，继而形成了足以保障父母教育子女权利的政治势力。虽然各州的情况不同，但到 21 世纪初，在全国大多数地区都出现了允许在家上学的氛围。与此同时，在全国范围内还出现了相应的组织，支持在家上学运动，为家长提供相关资源和咨询服务，其中包括在互联网上提供拓展材料（Gaither，2008；Knowles et al.，1992；Murphy，2012；Rudner，1999）。

从整体上看，在家上学运动无法与研究者们合作，这使他们的规模很难估计。根据 2012 年的估算，在全国范围内大约有超过 200 万儿童在家接受各种形式的教育，这个数字还在继续增加。其中大多数家长都是出于宗教目的，大多来自规模较大的家庭，在政治态度大多倾向于保守主义。但还有一部分家长认为公立学校的学生成绩太差，不能满足自己孩子的特殊需求或者其他需要，因此他们也坚持在家上学。他们与学校分离的程度有所不同，而且线上教育资源的充足，越来越多的学生使用了网络资源。有时，家长和在家上学的学生之间也会因为参与运动或其他活动而产生冲突，许多学区也出面协调解决这些矛盾。一些学区在学校开展实验，丰富线上教学资源，吸引在家上学的家庭注册缴费，并以此作为重要的收入来源，同时给他们提供更完整的课程。最近，围绕着家长教学能力的问题，学校开始为家长提供一些有效的教法教学，尤其是针对那些没有接受过高等教育的家长。有趣的是，教师有时会抱怨那些在家上学的学生在课堂上没有做好学习数学、科学或其他学科的准备。因此最近出现了一些改革措施，要求在家上学的学生必须在特定学科上满足最低要求。随着人们对学生的学业成绩越来越关注，这些问题也必然随之出现（Apple，2006；

Devine，2014；Lines，2000；Lubienski，2000）。

然而，更重要的也许是，许多教育家和研究者更关注在家上学对美国整体社会的影响，以及它对于社会民主的历史贡献。如果说公立学校的使命在于为来自不同社会群体的儿童提供共同的教育基础的话，那么在家上学的理念看似违背了贺拉斯·曼、杜威和其他教育家长期以来提出的教育观念。择校制的批评者们对私有化和发展特许学校提出了类似的看法。当然，学校教育最根本的目标在于实现社会平等。这是美国尚未实现的目标，但美国人依然认为学校教育在促进民主传统演进过程中扮演着重要的角色（Apple，2000；Reich，2002）。

平等与社会正义

在最近几十年中，美国人民主与平等的价值信念遭遇了诸多考验。在20世纪80年代，教育中的不平等日益加剧，学校隔离问题凸显，贫困儿童与少数族裔儿童面临的问题日益尖锐。一些批评家认为这些变化都源于让孩子们离开公立学校的教育政策。不仅如此，他们还将公立学校与整个更加庞大的经济系统的变化，尤其是与城市中制造业的衰落联系起来，而全国许多贫困的儿童也聚集在那里。在通往更高层次的学业水平竞争的道路上，标准化测验得到了富裕的近郊学区的支持，而贫困的城市学校中的学生远远落在了后面。这使教育平等与社会正义问题愈发重要，成了教师和公众都不得不面对的问题。但这个问题有着不同的表现方式（Anyon，2005；Lipman，2011）。

学校中的平等不仅涉及性别、种族和社会经济地位三大维度，还包括许多新生的社会现象。在过去的20多年间，人们越来越关注学校中的男女同性恋者、跨性别者和性别存疑者（LGBTQ，简称“彩虹族”）的情况。从历史上看，那些性别意识不符合社会广泛接受的认知分类的学生一直遭到同伴的骚扰和教师的歧视。对教师而言，也是如此。在20世纪70年代，出现了一系列为“彩虹族”教师争取权利的斗争，在佛罗里达、加利福尼亚、俄克拉荷马等地都出现过。近期的研究显示，人们的观念发生了重要的变化。从20世纪90年代开始，学校中恐吓“彩虹族”学生的事件逐渐减少，几乎没有案件报道宣称学校给“彩虹族”带来了不安全感。针对教师的情况也有所减轻。即便如此，“彩虹族”学生依然认为他们的遭遇没有改变，他们依然更有可能遭到学校纪律的惩罚，许多教师依然歧视他们。研究还认为，一些有组织的反抗活动是有成效的，例如成立同性恋—异性恋联盟（Gay-Straight Alliance，GSA）。由学校和学区组织的反抗活动也是有帮助的。从整体上看，“彩虹族”的学生和教师从民权运动中找到了策略支持，并不断发声，产生了有限的积极影响（Blount，2005；Heck et al.，2016）。

“第九款”与 20 世纪 70 年代的其他改革缓解了学校中的性别歧视，但在接下来的数十年间女性与男性的教育经历依然有着显著差异。其中最重要的是，在科学、技术、工程和数学（Science，Technology，Engineering，and Mathematics，STEM）领域中，年轻女性的数量明显处于劣势。研究显示，2013 年在美国的 STEM 工作岗位中，女性仅占 25%，在计算机与工程等关键领域的占比还要更低。虽然这些问题已经过多年的讨论，但进展依然有限，这部分是因为公众对这些职业岗位的刻板印象已经形成，甚至许多学生也这样认为。教师们也受到了刻板印象的影响，进而影响了他们看待进入这些专业领域的女学生的方式。这说明性别主义依然对教育产生了影响。鉴于此，要想真正摆脱这些歧视，仍需要多年的努力。让更多的女性进入 STEM 行业——这一行业往往比其他职业更受尊敬、待遇更高——是整体社会迈向性别平等的重要一步。为了实现这一目标，学校教育至关重要，它需要公众长期的大规模支持（National Girls Collaborative Project，2016；Weber，2012）。

学校中的歧视依然影响着非裔美国学生和其他少数族裔学生。有太多的证据显示他们依然遭到与人数不成比例的规训惩罚，尤其是开除或者其他的将他们请出教室的惩罚方式。在特殊教育中，这些群体的学生数也占比过高，例如情绪和行为障碍学生，他们往往无法学习学术科目。此外，在白人为主的学校中，这些学生想获得优异的学习成绩也并非易事。他们在 STEM 领域中也不占优势。这都是近期研究的发现，揭示了学校中不同族裔之间成就的差异性。虽然长期促进种族融合的努力使大批非白人学生能够进入以白人为主的学校，而且在 20 世纪七八十年代他们的学业分数在不断提高，但他们与白人学生在学业表现上仍有差异。这是学校和学区在未来仍须致力解决的问题，我们都将拭目以待（Darby & Rury，2018；Valencia，2011；Valenzuela，1999）。

同时，来自贫困家庭的学生和来自富裕家庭的学生所享受的教育资源仍存在巨大差异，并引发了相关争论。相关的系统改革虽然取得了里程碑般的意义，但最重要的教育经费公平问题仍无法解决，尤其是当要求富裕的近郊学区与主要招收贫困学生的城市学校系统竞争的时候，这个问题更加尖锐。法院对教育经费公平问题的裁定，部分缓解了学区间的经费差异，或者说至少让贫困学区得到了有法院裁定支持的经费。但富裕学区，尤其是在近郊的学区，往往可以通过征收地方税等方式来募集资金——例如私人捐赠，从而使学校能够在竞争中保持优势地位。而城市或者贫困的乡村学区则需要通过诉讼来争取额外的经费，满足不同学生的多样化需求。这些围绕着教育经费的司法斗争引发了巨大的争议，让大众更加清晰地认识到学校教育中系统性的不平等（Bosworth，2001；Evers et al.，2006）。

但即便在教育经费问题上可以更加公平，教育不公平问题仍然会持续性地存在，尤其是在全国的核心城市——2000 年前后全国大约有 1/4 的学生都聚集于此。在这里，贫困与剥削不断累积，进而直接影响了学校。因此推进其他方面的改革也势在必行。到 20 世纪 90 年代，有接近 1/4 的儿童成长于单亲家庭，他们的母亲往往还是十几岁的孩子。在城市中，尤其是在非裔美国人中，这个比例还要更高。这使传统的家庭生活模式发生变化，早先占社会主流的核心家庭已经不再是主要的家庭形态（Wilson，1995，2009）。这也对学校产生了巨大影响，因为学校有赖于家庭的支持，需要家庭为学生提供必要的支撑。研究显示，单亲父母很难给学生提供必要的支持，尤其是当他们自己还深陷贫困泥潭的时候。这些家庭的高度聚集必然导致学校长期的学业不精，更别提持续性的考试低分和高辍学率了（Henig et al.，2001；Natriello et al.，1990）。

贫困的内城社区给教师们带来诸多挑战。如前所述，性行为问题成了大众文化的典型特征，并在学校中的青少年亚社会中有了体现。在内城中，这便形成了巨大的社会问题，贫困家庭和单亲家庭的聚集，对可接受的行为规范产生了重要影响。青少年怀孕成了普遍现象，使越来越多的儿童在没有父亲的环境中长大。从历史上看，这些状况的出现往往是因为青少年在校期间学业不精，陷入各种冲突或者犯罪行为之中。同时，学校中的种族隔离越来越严重。到 20 世纪 90 年代早期，大约有 75% 的非裔儿童在隔离学校就读。研究还显示，就读于少数族裔隔离学校的儿童大多来自低收入家庭，他们在标准化测验中的得分也往往较低，学校中教师素质较低，学校中基本没有进阶课程。在一些城市的内城区中，黑人高中往往被贴上了“辍学工厂”的标签，学生的毕业率甚至不到 50%（Balfantz & Legters，2004）。

这些学校存在诸多问题，但它们的失败往往是复杂的背景因素综合作用的结果。正如理查德·罗特施泰因（Richard Rothstein，2004）所言，生活在内城中的学生依然尝试追寻在学校中成功，这种做法是令人敬佩的。解决问题的关键在于追加对教育的投入。要想成功，学生们首先要有稳定的家庭生活，有营养丰富的餐食，有良好的医疗保障，能及时接受眼科、口腔等项目的定时检查，能够不受干扰地学习。即便是学习动机很强的学生，也会因为生活质量问题而面临巨大的困扰。而那些对学习根本不感兴趣的学生，在学习过程中有成就感显得更为重要。如果和 20 世纪 60 年代的“城市危机”相比，现在的年轻人在贫困社区中的种种遭遇更加糟糕（Darby & Rury，2018；Orfield et al.，2004；Rury & Mirel，1997）。

贫困问题也不仅仅是道德问题。大卫·伯利纳（David Berliner）和其他研究者认为，那些非贫困家庭的美国学生在国际测验中的成绩是很好的。这说明，考察美国学生的分数状况需要从多方面进行思考。学生们的学校越好，他们的成绩往往也越好。在 20 世纪 90 年代末，一群来自芝加哥近郊八年级的学生参加了由第三届国际数学与科学研究会组织的测试，他们在数学考试中名列第二，在科学考试中排名第一（Hawkes et al.，1997）。美国的实际情况是大量的学生生活在贫困之中，尤其是在内城区，这是影响他们学业成绩最关键的因素。这些地区的贫困程度要远远高于其他“发达”或富裕的地区，这也体现在学校之中。鉴于此，解决城市教育问题的关键在于提高全社会的福利程度。但这是一个政治上的问题，目前尚未能得到解答（Berliner，2006）。

由于有许多城市儿童需要与他们所处的环境抗争，通往教育公平的道路还有许多不确定性。但有小部分美国人，包括许多中产阶级城市居民，意识到了这些问题及其涉及的方方面面。他们将学校长期以来的困顿归因于种族与贫困“文化”所导致的对改革的抵制。还有一部分人则复兴了旧有的种族主义观念，认为群体之间存在着“天生的”智商和能力的差异。无论哪种解释，都是对非裔美国人的偏见，这些观念一直延续至 21 世纪（Darby & Rury，2018；Feagin，2006）。

这导致了警察与非裔青少年之间的激烈冲突，并于 2014 年在密苏里州弗格森镇以及全国其他地区的大规模游行示威中达到高潮。许多白人依然对黑人有种族偏见，而主流媒体的宣传也进一步强化了这些刻板印象（Associated Press，2012；Feagin，2006；Newport，2014；Pew research Center，2014）。这些扭曲的观点和由此产生的偏见也影响了城市学校得到的资助。当然，在这样的环境中要想有所改观是很困难的。贫困往往是一种长期的、难以改变的状态，尤其对于内城区的少数族裔而言，成了积极改革的阻碍（Feagin，2014；Wax，2009）。除非这些问题得以解决，否则要想解决内城区的教育问题就如痴人说梦一般。

在城市教育的其他方面也存在类似的问题。例如，州经费阶段性的短缺，对城市学校的学生产生了严重的影响，降低了他们学习的专注度。对城市学区的批评还向学生传达了这样一个信息，即他们的教育并非优先事项，这与早先“向贫困宣战”时主张支持学校的观念截然不同。城市学校中的科层制系统也对学校失利反馈较慢，尤其是在受贫困和其他相关问题困扰的非裔美国人社区中更是如此，这也进一步说明了学校教育并不是他们的中心任务。简言之，在过去的 30 年中，对大城市学区的诸多学生而言，特别是那些挣扎于贫困社区的学生，他们并没有更高的学习期待或者对生活其他方面的渴望。只有转变公众的态度，让他们认识到这些问题，才能带来有意义的改变（Anyon，2005；Payne，2008）。

当然，要决定究竟哪种政策能带来真正的转变是很困难的。平等地供给学校经费是否足以消除横亘在富裕家庭的学生与贫困学区的学生学业成绩之间的鸿沟，这往往是教育研究者和决策者之间争议的关键。还有其他一些方面的问题，例如，班级规模越小，教师经验越丰富，越能对贫困学生和少数族裔学生产生积极的影响，但这些措施都需要追加额外的经费（Ehrenberg et al.，2001）。但从另一方面看，家境较为富裕的学生反而未必能够从小规模班级教学中获益。他们往往有较高的社会与文化资本储备，这使得很多学生有特权并且更容易取得成就，他们所拥有的资源往往要比学校所能提供的资源更好。许多人还有可能进入私立学校（Krueger et al.，2002）。

当我们谈及学习问题的时候，即便学校能够相对公平地提供各种资源，追求成功的竞争也并不总是公平的。那些家境贫寒的学生往往需要更多的助力，才能达到和其他人一样的学业成就。他们需要最好的教师、最好的教学设施、更能跟得上时代的技术，每一个人都要通力合作，才能取得更高的成就。而且还有越来越多的研究指出，良好的学校管理、有效的教学和充沛的资源能够更好地改变城市学校（Baker，2018；Bryk et al.，2010；O'Day et al.，2011；Reville & Coggins，2007；Zavadsky，2009）。

鉴于此，要想实现更加公平的教育，我们要向那些处于社会劣势地位的学生投入更多的教育经费。当然，这在政治上可能难以实现，因为在现实中，资源不可避免地会向最富裕的社区倾斜，那些来自富裕社区的政治家们也会抵制相关的"劫富济贫"的策略。但我们当下讨论的这些问题是不得不面对的事实，我们应该积极地看到教育不公平问题是可以得到解决的。为了弥合学业差距，需要持续性努力，需要解决学校资源分配的不平等，这是历史性的难题，也是极为重要的问题（Heckman & Kreuger，2005；Rothstein，2004）。

人力资本时代的改革

综上所述，毫无疑问，美国学校在不远的将来会面对一系列的问题与挑战。从历史上看，最近十年围绕教育政策和相关措施进行的激烈争论，前所未有。也许这反映了全社会对人力资本发展的认识与重视，也是许多美国人将教育的目标狭隘地理解为经济事项的结果。从这个角度看，呼吁教育私有化——包括在家上学——都是不可避免的结果。如果将教育看作经济事务，是一件商品，那么，公立学校若不能促进学生认识的发展，或者不能产出更多的"产品"和财富，它就必然要被淘汰。围绕学校经费的争论，起初也是作为经济手段，尝试提高学生学业成绩。同时，人们不再关注教育公平的目标，尤其是公立学校在推进民主价值和行为方面的作用。换句话说，教育越来越成为一项私人事业或个人福利，而不是公共事务（Labaree，1999；Rury，2002）。

这些趋势随着系统改革和问责制被不断放大，并在《不让一个孩子掉队法案》和“共同核心”运动中达到顶峰。要求学校按照社会流行的优异观行事，强调由考试分数表现出学业成就，这些做法都给学校带来了巨大的压力。如前所述，这带来了有力的“强制性同构”，在许多学校中，课程方案越来越窄化，越来越重视考试分数。虽然许多教师表示激烈的反对，但公众和政客们依然绝对地支持问责制。《不让一个孩子掉队法案》尝试去弥合学业差距，但没有任何证据显示它成功了。我们也没有理由相信《每一个学生都成功法》能够成功。同时，“共同核心”运动导致美国社会中出现越来越多的抵制教育的活动。地方主义的复兴对国家教育政策施加了更多的影响，进而可能会加剧不平等（Rothstein，2008；Tavernise，2012）。

毫无疑问，当前的诸多争论进一步证明了教育在美国社会发展中的重要性及其各方面的特征。但学校教育的目标究竟是什么，这是一个尚未解决的问题。对许多美国人而言，近年来，学校成了实现个人成就的通道，而非个人与社会融合的途径。有许多方面的问题与现象长期以来印证着这些观点。从这点看，当前围绕教育问题所讨论的都不是新问题。正是围绕着这些问题的讨论在历史上塑造了美国和美国社会。但当前围绕着学校质量及其矛盾冲突的争论却是这个时代的特色。可以说，我们正处于十字路口，一条道路要求教育服务于个人，服务于人力资本的建构；而另一条道路要求学校教育服务于社会经济整合的民主理想，要让所有的学生都成为积极自主的公民，成为有能力的社会成员。如同美国教育史上的其他历史时期一样，这些论争终将结束。同时，美国学校也将一如既往地服务于各式各样的、多元的、彼此矛盾冲突的社会目标。

结 语

教育与社会变革

在 2000 年 1 月 1 日子夜钟声敲响的时刻，全世界都在欢庆新千年的来临。尽管对这一时刻的认定存在微小的分歧，但对于新千年重要性的认同却是毋庸置疑的。电视里各种节目循环滚动，全世界都在为此欢腾鼓舞。在新千年的诸多重要社会议题中，教育事关重大。如果说人们今后要生活在和平与富裕之中，人文主义将稳步前行，那么学校教育至关重要。教育前所未有地成为人们对将来的期许。

20 年后，当新世纪已经步入它的第三个十年，美国学校教育中的不确定性和矛盾冲突依然存在。人们难以就教育改革的措施达成一致，针对学校组织与经费的论争成了社会的焦点。教师受到广泛的批评，许多社会评论家也对公立学校的未来忧心忡忡（Berliner & Glass，2014；Ravitch，2013）。美国教育遭遇了特别动荡的历史时期，但并不是第一次。如前所述，教育一直是人们关注、讨论的重点，未来也将持续如此。儿童究竟应该如何认识和学习？人究竟该如何获得发展？生活的意义在何处？教育不可避免地直接决定着人们对这些基本问题的认识，因此它也是鼓励和欢迎公众参与讨论的。当下的论争在本质上折射出教育历史发展的轨迹。

但教育的状况并不仅仅是人们争论的主题。在前面各章中所讨论的各项议题，至今依然是人们关注的重点，只是它们的表现形式各有不同罢了。历史就是这样，任重道远。全国民意调查显示，美国人依然坚信公共教育应当是免费且普及的这一理念，认为它既是社会融合的机制，又是塑造国民身份认同的手段（West et al.，2017）。当然，教育还促进了经济的发展，以及个体与集体的进步。种族、性别和社会阶级持续在学校之中生产着社会区隔，并在更广泛的社会范畴内存在。尽管联邦政府在教育中的职能不断扩张，但学校教育依然是地方事务。各地区之间在教育供给和教学质量上存在差异，甚至是巨大差异。从根本上说，这就是经济问题。显而易见，长期以来，教育活动在各个方面都与经济活动有着密切的联系，但直到最近十年，劳动力市场对教育的影响力才真正被意识到。为了理解今天的美国学校，我们需要整体思考这些因素的影响力，需要辨识其中究竟哪些才是最关键的。

鉴古知今。历史经验究竟给今天的美国教育系统带来哪些经验与启示？过去对于当下是有意义的吗？当然，我们都无法预知未来，但过去的智慧结晶能够让我们更好地为未来做好准备。

教育与社会变革：视野的进一步拓展

本书在开篇所提出的问题，也就是我们正确看待当下问题的方法：研究教育与社会变革之间的互动关系。现代生活中这两者是如何关联起来的？它们在历史上是如何互相作用的？而这一切又是如何影响着今天的学校教育的？前面各章所讨论的问题，可能为我们提供了某些答案。

正如本书开篇所言，教育与社会变革之间的相互关系是非常复杂的。显而易见，历史上的学校与教育实践，正如其他社会机构与实践一样，往往受到强大的社会力量的驱使。之前我们所讨论的许多社会变革在本质上是经济问题：在新大陆获取劳动力、工厂制的出现、全面工业化的滥觞以及人力资本革命。每个事件都对教育产生了重要的影响，并促进了学校的变革。工厂制为更有秩序的、规范化的学校提供了范本；工业化开启了"社会效率"运动。商业利益集团在进步主义时期加剧了教育分化，并开始重视考试。近期对人力资本的关注与全球竞争使教育的经济价值前所未有地凸显，使人们更加关注学校教育对个人发展和国家发展的重要意义。在每一个案例中，教育机制都在不断回应经济发展所带来的社会变革问题。因此，毫无疑问，经济发展对学校有着极为重要的影响力。

但社会变革不仅仅指的是经济上的变化。正如前言中所说的那样，意识形态在美国历史上是社会与政治集团互动关系的重要组成部分，它也影响着学校。意识形态是由经济基础决定的，但宗教、科学的发展以及其他一系列互动关系也塑造着意识形态。种族主义、性别歧视在历史上残酷地限制了非裔美国人、墨西哥裔美国人、亚裔美国人以及女性的受教育机会。在这一问题上，教育的不平等维持并促成了种族歧视与偏见的合法化。其他少数族裔在学校中也有相似的受歧视遭遇，这是认为非白人或非清教徒学生在情感、能力或道德上存在先天缺陷的种族主义观念的恶果。对北美印第安人和其他社会族群而言，也是如此。正如第五章所言，尽管 1954 年布朗案的判决与民权运动的兴起有着划时代的意义，但上述观念的变化却非常缓慢。从某种意义上说，女性在持续反抗性别限制与排斥的斗争中取得了巨大的进步，但性别歧视的影响至今尚存。前文谈及的 STEM 领域中性别比例的失衡就是明证。从这方方面面、点点滴滴来看，意识形态是在社会变革中塑造美国教育的重要因素，是美国教育史上的雕刻家（Feagin，2014）。

同时，家庭也在发生变化。正如前面各章谈到的那样，儿童的经历、社会化的方式——养育儿童——以及家庭成员之间的关系也在不断变化。从历史上看，家庭规模越来越小，"婴儿潮"给美国人口带来了显著的影响，并对家庭成员之间的关系发挥作用。这意味着家长们愿意为每个孩子贡献更多的社会资源。这在学校发展中也扮演了重要角色，尤其是在战后中等后教育招生过程中有着显著的体现。一方面，"婴儿潮"一代及其之后的几代人成了美国历史上最具有优越感的人。另一方面，单亲家庭的数量也在显著增加，尤其是近几年，在全国大城市中更是如此。这些家庭大多资源较少，无论是心理资源还是经济资源，都无法为子女的教育提供必要支撑。来自贫困家族和单亲家庭的学生的教育，成为今天学校要解决的关键问题（Mintz，2004）。

关于家庭经历的显著差异，我们已在前述章节中有所讨论。充沛的家庭资源，无论是家庭财富还是父母的能力，都能够更好地协助子女在教育中取得成就。这一问题还涉及在家上学的儿童，他们的生活水平大多维持在社会平均水平之上，而且与其他儿童相比，他们的家庭往往更加健全。他们大多生活在舒适、安全的近郊社区中。在大城市，单亲家庭更加普遍，往往带来低收入和家庭贫困问题。由于社会与文化资本的巨大差异，这些境况下的儿童在学校中更容易招致学业失败（Wilson，2009）。

在上述各类家庭环境中，儿童生活的巨大反差以及资源供给的不平衡，都成了今天我们要面对的重大挑战。这也与我们之前提及的社会经济变革直接相关。社会的特定群体从重视人力资本中获益，能够接受更高层次的教育，而其他人则远远落后。那些在学校中得以成功的学生，与那些最终失败的学生之间，产生了巨大的鸿沟，而且差距越来越大，这也是民主社会应纾解的困境。围绕着学校经费的论争，已经找到了一些解决问题的方法，但若要向贫困家庭的儿童提供更多的社会资源，毫无疑问在接下来的数年中将遭遇更多政治上的挑战（Duncan & Murnane，2011）。

20 世纪 60 年代以来，随着科尔曼主持的全国教育机会调查的实施，不同家庭背景下儿童的教育成就成了社会不平等问题的关键考量因素。教育成了显著的“地位象征”，在整个现代历史上是人际关系的重要指针。科尔曼主持的调查发掘了家庭背景的重要性，关注了诸如贫困和家庭结构等因素，随后还有数不胜数的相关研究进一步论证了文化与社会资本在儿童命运中的重要意义。一些家长有能力为子女提供更有价值的知识、对主流文化的洞察力，以及重要的人际关系网络，这些都是子女学业成功不可忽视的因素。对于在家上学的儿童是如此，对于进入公立或私立学校的学生而言，也是如此。一般来说，那些缺乏这些资源的学生要想成功，往往需要付出更多的努力。研究还显示，学校强化了与社会、文化资本相关的社会福利，尤其是那些社会文化资本已然充沛的学生，可以比其他学生更轻而易举地享受更多的教育资源。在富裕的近郊，学生考试成绩往往更加优异，学业成就更杰出，这些都远远超过了生活在内城区的同龄人。这些差异使人们意识到，应该追加教育经费用以支持处于社会劣势地位的儿童，尤其是在文凭越来越重要的年代，这一点更加紧迫。不对此进行改革，那么在接下来的数年间，不公平问题将更加严峻（Lareau，2003；Lareau & Horvat，1999）。

最后，社会变革还有一个要素，也与社会公平有着紧密的联系，我们或许可以简单地称之为“社区”。正如第二章所言，早期乡村聚居点的高度凝聚力使得 19 世纪的公共学校运动大获成功。家庭之间彼此了解，共同的价值观和目标强化了学校在传递学术知识、社会规范和塑造文化认同中的重要作用。这一过程也反映出社会资本在社区层面的运行模式。关系网络和资源的累积，使儿童能够掌握一系列价值、技能和知识。如前所述，在这些环境中，社会资本的水平是很高的。大多数人在社会地位上是平等的，因此也不需要保留部分资源以备不时之需（Rury，2006）。

城市化是经济发展的伴生物，对社会关系与学校产生了重要的影响。在 19 世纪和 20 世纪早期，城市快速发展，这极大地转变了美国人的社会交往方式。随着人口流动性的增强，人们很难再深入了解或者信任他们的邻居，更别提拥有共同的价值观了。这样的社会环境使得社会资本的积累逐渐消失。在他们挣扎于学校教育的种种要求中时，他们几乎没有人际关系网络和社会资源可以依靠，也不知道学习到什么程度才能满足未来的需求。学校和其他社会机构尝试填补这些空白，尝试在城市变革中营造社区意识（Tyack，1974）。

到 20 世纪后半期，随着大规模的复杂城市网络的成形，营造社区意识再次遭遇种族、民族和社会阶级区隔的挑战。现代社会的规模与生活方式使得通过社区来营造共同价值与目标更加困难。渐渐地，教育成了公众关注的焦点，学校成了传递基础知识和基本技能的规范性场域。在今天，营造社区意识以支持学校的做法依然面临重重困境。许多社会学家近年来一直在讨论社会资本的历史性缺失问题（Putnam，2001，2004）。集体责任感的缺位，在现代生活方式高度分化的累积式影响下不断加重，这也使得以政策手段来解决教育不公平问题变得越来越困难（Putnam，2015）。

社会变革的确影响着学校。社会组织越来越复杂，这使人们对教育制度的要求越来越高。正如前几章所论述的那样，模仿性同构、规范性同构和强制性同构等力量塑造着学校教育，使各地区之间的教育机构越来越趋同。同时，近年来，随着社会不平等的加剧，学校解决社会不平等问题的能力也越来越弱。但反过来看又是如何呢？学校又是如何影响社会的？毫无疑问，历史也为我们揭示了故事的这一面。教育的确影响了社会变革的方向，其中既有暴风骤雨般的洗礼，也有润物细无声的哺育。

无论好坏，在美国文明的内核之中，学校教育是社会改良的机制。在过去，教育是普通人道德净化的方式，它致力于营造一个更加稳定的社会秩序。我们可以在第一章提到的纽约解放奴隶协会、第二章和第三章的公共学校协会中找到它的身影。它既是个人进步的机制，又是社会中最具天赋和勤奋的成员实现社会流动的阶梯。如前所述，学校是欧洲移民子女实现流动的重要手段，当然它促进社会流动的程度对于不同的民族而言各不相同。因此，教育促进社会变革就是要改良社会，就要帮助社会成员获得成功。无论它的速度多么缓慢，它都是社会变革的组成部分。

教育更重要的作用还在于使集体与个人获得应对社会主流意识形态和社会规范实践的基本策略。关于这一点，在第三章中有涉及。在 19 世纪晚期，女性与非裔美国人的遭遇形成了鲜明对比。在南北战争之后，非裔美国人迫切地希望通过学校教育来摆脱被奴役地位，但随着重建时代之后白人至上主义的复兴，这一希望破灭了。南部各州虽然对非裔美国人学校的支持力度有限，但依然极大程度地提升了他们的识字率。从整体上看，虽然像杜波依斯之类的人物的确通过教育系统获得了成功，但学校教育并不是非裔美国人群体可依靠的实现社会改进的渠道。对于白人女性而言，情况则不同，学校教育是实现社会进步的阶梯——尽管进步的步伐是受限制的。在南北战争后，年轻女性纷纷涌入新成立的公共高中，她们的在读人数很快就超过了男性，大致的比例为 2∶1。相对高层次的正规教育使得她们能够获得诸如书记员、售货员等新型工作岗位，后来又拓展到社会工作、护士、教师等职业。女性劳动力规模越来越大，这部分是因为越来越多的受过教育的女性进入办公室、教室或者医院工作。这使社会职业中旧有的性别区隔与意识逐渐淡化。虽然在许多职业中出现了新的性别区隔，但白人女性依然能够不断前进，在未来追寻新的机会。

这段历史给出的经验教训是多方面的。它体现出教育的影响力及其限度，改善了意识形态的社会影响。有人也许要说，学校足以应对性别主义意识形态的方方面面，它们只是没有抵制 19 世纪的种族主义而已。直到 20 世纪，教育系统才成为与种族主义斗争的利器，例如全国有色人种促进会举行示威游行，要求终结学校教育中的隔离与不公平。虽然过了数十年，有意义的改进才真正出现，但它依然产生了积极的结果。在今天的美国大城市中，要求种族融合和教育平等，依然是让那些不断呼吁社会公平与正义的群体身心皆疲的事业。即便学校成功地挑战了社会主流意识形态，变革的过程依然是缓慢迟滞的，往往是旧有隔离制瓦解后，新的社会区隔又会出现。但在历史上，黑人教育的进步依然是显著的，黑人中产阶级规模的扩大也是极为重要的成就。这都是朝着正确方向前进的重要步骤，也为将来更重要的改进奠定了基础。

学校在历史上推进了社会变革，它既有意外的成功，也有许多注定失败的努力。进步主义的许多实验让学校成了维系社区的机制，通过学校来总结经验教训，但都没有产生持续的影响力。例如，其中最重要的改革手段之一葛雷制，就是要尝试改革传统的学校组织模式与教学实践。杜威呼吁要让学校成为传递民主价值与实践的机构，但这些都没有在更广泛的社会秩序中产生影响力。虽然这不能说明杜威的观念是错误的，但作为社会机构的学校也有它的限度，也有它无法承受之重。第二次世界大战之后，高中和大学入学率的显著提升，促进了青少年文化的流行，并对全国的流行文化产生持续的影响，这些都是 50 年前无法预料的事。这也是现代学校制度意外的成就，毫无疑问，产生了巨大的社会影响力。作为大批儿童、青少年、年轻人——这涵盖了全国人口的很大一部分——日常聚集的场所，学校成了意料之外的社会变化的催化剂。这也使我们很难预料学校系统中还能催生出哪些新的影响力。

另外，还有人力资本的问题，这在 20 世纪后半期尤为突出。简言之，教育成了 20 世纪的经济动力的主要来源，在第二次世界大战之后更是如此。经济史学家发现，在 20 世纪早期，接受中等教育能够显著地提升收入，对男性和女性来说都是如此。近期，经济学家们还发现，大学毕业生的相对收入一直居于社会高位。这当然说明社会个体需要教育文凭，也意味着美国经济享受到了公民个体能力提升所带来的福利。在整个20世纪，美国学校的入学率持续攀升，从高中开始，而后是大学和学院。这既意味着教育资源投入的增加，也进一步刺激了战后经济的繁荣。同时，教育开始被视为改变社会与经济不平等状况的工具。教育作为一项社会政策，成了人们摆脱贫困与失业的社会手段。学校教育也因此肩负起促进经济发展和实施社会政策的双重使命。这是20世纪初发生的巨变，或许也预示着将来学校作为社会变革利器的重要意义（Goldin & Katz，2008；Putnam，2015）。

未来的希望在哪里？

今天我们所面对的挑战是帮助学校重拾它的历史使命，弥合这些年来日益显著的社会与经济差异。对公共教育的失望，无论是在家上学运动，还是呼吁"学券制"改革，都意味着人们再次走向家庭与社区，寻求内在助力。它体现出人们已经不再相信贺拉斯·曼时代公共教育所宣称的实现公平与正义的社会使命。虽然很遗憾，但我们仍要坚信学校教育在塑造民主社会多样性中的作用。为此，我们要有清晰的教育史观，要理解教育在促进社会变革中的作用与限度。如果我们放弃公共学校，任其发展，那么在不远的将来，不平等的鸿沟还将继续扩大。

美国历史告诉我们，社会改变学校，同时，学校也形塑着社会。影响学校的主要社会力量包括工业化、城市化、全球化、同构化和意识形态变迁，这些都在美国历史上留下了深深的烙印。这些社会力量大多起源于18世纪或19世纪，并为美国教育奠定了基础。似乎直到近些年，学校才在美国人的生活中发挥越来越重要的作用，才开始发挥不容小觑的影响力。今天，绝大部分5—18岁的美国人都在校学习，全国大约共有80万人在学校中生活。如果这些人能够达成共识的话，那么这足以代表着历史上前所未有的变革力量。如前所述，在历史上，学校教育已经体现出对社会经济发展的巨大影响力。如果这是历史的普遍规律的话，那么学校教育必然在现代生活中发挥更大的作用，成为社会变革的重要力量。这些都为教育发展点亮了历史明灯，指向教育对美国文明乃至更大范围内世界变化的重要意义。这需要下一代教育家积极承担起教育的使命。

参考文献

Abbott, J. (1855) . *Rollo at work*. Boston, MA: Phillips, Sampson and Co.

Abernathy, S. (2007) . *No child left behind and the public schools*. Ann Arbor: University of Michigan Press.

Abramovitz, M., & David, P. A. (1996) . Technological change and the rise of intangible investments: The U. S. economy's growthpath in the twentieth century. In *OECD documents, employment and growth in the knowledge based economy* (pp.35–60) . Paris: Organization for Economic Cooperation and Development.

Abrams, P. (1982) . *Historical sociology*. Ithaca, NY: Cornell University Press.

Adams, D. W. (1995) . *Education for extinction: American Indians and the boarding school experience, 1875–1928*. Lawrence: University Press of Kansas.

Aghion, P., & Williamson, J. G. (1998) . *Growth, inequality, and globalization: Theory, history, and policy*. New York: Cambridge University Press.

Alexander, K., Entwisle, D., & Olson, L. S. (1997) . *Children, schools, and inequality*. Boulder, CO: Westview Press.

Alon, S. (2015) . *Race, class, and affirmative action*. New York: Russell Sage.

Alridge, D. (2008) . *The educational thought of W. E. B. Dubois: An intellectual history*. New York: Teachers College Press.

Anderson, A. B., & Pickering, G. W. (1986) . *Confronting the color line: The broken promise of the civil rights movement in Chicago*. Athens: University of Georgia Press.

Anderson, E. (2010) . *The imperative of integration*. Princeton, NJ: Princeton University Press.

Anderson, E., & Moss, A. A., Jr. (1999) . *Dangerous donations: Northern philanthropy and southern black education, 1902–1930*. Columbia: University of Missouri Press.

Anderson, J. D. (1988) . *The education of blacks in the south, 1860–1935*. Chapel Hill: University of North Carolina Press.

Anderson, T. H. (2004) . *The pursuit of fairness: A history of affirmative action*. New York: Oxford University Press.

Angus, D., & Mirel, J. (1999) . *The failed promise of American high school, 1890–1995*. New

York: Teachers College Press.

Anyon, J. (2005). *Radical possibilities: Public policy, urban education, and a new social movement*. New York: Routledge.

Apple, M. (2000). The cultural politics of home schooling. *Peabody Journal of Education, 75* (1–2), 256–271.

Apple, M. (2006). *Educating the right way: Markets, standards, god, and inequality*. New York: Routledge.

Applebaum, R. P., & Robinson, W. I. (2005). *Critical globalization studies*. New York and London: Routledge.

Archdeacon, T. J. (1983). *Becoming American: An ethnic history*. New York: Free Press.

Arum, R., Beattie, I., Pitt, R., Thompson, J., & Way, S. (2003). *Judging school discipline: The crisis of moral authority*. Cambridge, MA: Harvard University Press.

Ashton, T. S. (1948). *The industrial revolution, 1760–1830*. New York: Oxford University Press.

Associated Press (2012). "AP poll: U. S. majority have prejudice against blacks," www.usatoday.com/story/news/politics/2012/10/27/poll–black–prejudice–america/1662067/

Averett, S. L., & Burton, M. I. (1996). College attendance and the college wage premium: Differences by gender. *Economics of Education Review, 15* (1), 37–49.

Axtell, J. (1974). *The school upon a hill: Education and society in colonial New England*. New Haven, CT: Yale University Press.

Axtell, J. (1985). *The invasion within: The contest of cultures in colonial North America*. New York: Oxford University Press.

Ayers, E. L. (1992). *The promise of the new south: Life after reconstruction*. New York: Oxford University Press.

Babson, S. (1999). *The unfinished struggle: Turning points in American labor, 1877–present*. Lanham, MD: Rowman & Littlefield.

Bailyn, B. (1960). *Education in the forming of American society: Needs and opportunities for study*. New York: Random House.

Bailyn, B. (1967). *The ideological origins of the American revolution*. Cambridge, MA: Belknap Press of Harvard University Press.

Baker, B. D. (2018). *Educational inequality and school finance: Why money matters for America's students*. Cambridge, MA: Harvard Education Press.

Balfantz, R., & Legters, N. (2004). "Locating the dropout crisis: Which schools produce the nation's dropouts? Where are they located? Who attends them" Report 70, Center for Research on the Education of Students Placed at Risk (CRESPAR). Baltimore, MD: Johns Hopkins University.

Bannister, R. C. (1979). *Social Darwinism: Science and myth in Anglo-American social thought*. Philadelphia, PA: Temple University Press.

Barker, R. G., & Gump, P. V. (1964) . *Big school small school*. Stanford, CA: Stanford University Press.

Barton, J. J. (1975) . *Peasants and strangers: Italians, Rumanians, and Slovaks in an American city, 1890–1950*. Cambridge, MA: Harvard University Press.

Bauman, Z. (1998) . *Globalization: The human consequences*. New York: Columbia University Press.

Beadie, N. (1999) . From student markets to credential markets: The creation of the regents examination system in New York State, 1864–1890. *History of Education Quarterly, 39* (1), 1–30.

Beadie, N. (2008) . Tuition funding for common schools: Education markets and market regulation in rural New York, 1815–1850. *Social Science History, 32* (1 Spring), 107–134.

Beadie, N. (2010) . *Education and the creation of capital in the early American Republic*. New York: Cambridge University Press.

Beadie, N., & Tolley, K. (Eds.). (2002) . *Chartered schools: Two hundred years of independent academies in the United States, 1727–1925*. New York: Routledge/Falmer.

Becker, G. S. (1964) . *Human capital: a theoretical and empirical analysis, with special reference to education*. New York: National Bureau of Economic Research; distributed by Columbia University Press.

Beemyn, B. G. (2003) . The silence is broken: A history of the first lesbian, gay, and bisexual student groups. *Journal of the History of Sexuality, 12* (2), 205–223.

Berliner, D. C. (2006) . Our impoverished view of educational reform. *Teachers College Record, 108* (6), 949–995.

Berliner, D. C., & Glass, G. V. (2014) *.50 myths and lies that threaten America's public schools: The real crisis in education*. New York: Teachers College Press.

Berkhofer, R. F. (1965) . *Salvation and the savage: An analysis of Protestant missions and American Indian response, 1787–1862*. Lexington: University of Kentucky Press.

Bernard, R. M., & Vinovskis, M. A. (1977) . The female school teacher in antebellum Massachusetts. *Journal of Social History, 10* (3), 332–345.

Binder, F. M. (1974) . *The age of the common school: 1830–1865*. New York: Wiley.

Binder, F. M., & Reimers, D. M. (1995) . *All the nations under heaven: An ethnic and racial history of New York City*. New York: Columbia University Press.

Bishop, J. (1989) . Occupational training in high school: When does it pay off? *Economics of Education Review, 8* (1), 1–15.

Blackmon, D. A. (2008) . *Slavery by another name: The re-enslavement of black Americans from the civil war to World War II*. New York: Anchor Books.

Blackwelder, J. K. (1997). *Now hiring: The feminization of work in the United States, 1900–1995*. College Station: Texas A & M University Press.

Blassingame, J. W. (1972). *The slave community: Plantation life in the antebellum South*. New York: Oxford University Press.

Bledstein, B. (1976). *The culture of professionalism: The middle class and the development of higher education in America*. New York: Norton.

Block, J. E. (2012). *The crucible of consent: American childhood and the forging of liberal society*. Cambridge, MA: Harvard University Press.

Blount, J. M. (1998). *Destined to rule the schools: Women and the superintendency, 1873–1995*. Albany: State University of New York Press.

Blount, J. M. (2005). *Fit to teach: Same-sex desire, gender, and school work in the twentieth century*. Albany: State University of New York Press.

Blumin, S. M. (1976). *The urban threshold: Growth and change in a nineteenth century American community*. Chicago, IL: University of Chicago Press.

Bolton, C. C. (2000). Mississippi's school equalization program, 1945–1954: A last gasp to try to maintain a segregated educational system. *Journal of Southern History, 66* (4), 781–814.

Bond, H. M. (1966). *The education of the Negro in the American social order*. New York: Octagon Books.

Borstelmann, T. (2003). *The Cold War and the color line: American race relations in the global arena*. Cambridge, MA: Harvard University Press.

Bosworth, M. H. (2001). *Courts as catalysts: State Supreme Courts and public school finance Equity*. Albany: State University of New York Press.

Bourdieu, P., & Coleman, J. S. (1991). *Social theory for a changing society*. Boulder, CO: Westview Press.

Bowles, S., & Gintis, H. (1976). *Schooling in capitalist America: Educational reform and the contradictions of economic life*. New York: Basic Books.

Boyer, E. L. (1985). *High school: A report on secondary education in America*. New York: Harper & Row.

Boyer, P. S. (1978). *Urban masses and moral order in America, 1820–1920*. Cambridge, MA: Harvard University Press.

Bracy, G. E. (1998). An optimal size for high schools? *Research. Phi Delta Kappan, 79* (5), 406.

Brint, S., & Karabel, J. (1989). *The diverted dream: Community colleges and the promise of educational opportunity in America, 1900–1985*. New York: Oxford University Press.

Brokaw, T. (2007). *Boom!: Voices of the sixties personal reflections on the'60s and today*. New York: Random House.

Brotz, H. (1966). *African-American social and political thought: 1850–1920*. New York: Basic

Books.

Brown, E. E. (1902). *The making of our middle schools: An account of the development of secondary education in the United States*. New York: Longmans, Green.

Brown, J. A. (1992). *The definition of a profession: The authority of metaphor in the history of intelligence testing, 1890–1930*. Princeton, NJ: Princeton University Press.

Brown, R. D. (1989). *Knowledge is power: The diffusion of information in early America, 1700–1865*. New York: Oxford University Press.

Brown, R. D. (1996). *The strength of a people: The idea of an informed citizenry in America, 1650–1870*. Chapel Hill: University of North Carolina Press.

Brownlee, W. E. (1979). *Dynamics of ascent: A history of the American economy*. New York: Knopf.

Brumberg, S. F. (1986). *Going to America, going to school: The Jewish immigrant public school encounter in turn of the century New York*. Westport, CT: Praeger.

Bryk, A., Lee, V. E., & Holland, P. B. (1993). *Catholic schools and the common good*. Cambridge, MA: Harvard University Press.

Bryk, A., Sebring, P. B., Bender, P., Kerbow, D., Rollow, S., & J. Q. Easton (1998). *Charting Chicago school reform: Democratic localism as a lever for change*. Boulder, CO: Westview Press.

Bryk, A., Sebring, P. B., Allensworth, E., Luppescu, S., & Easton, J. Q. (2010). *Organizing schools for improvement: Lessons from Chicago*. Chicago, IL: University of Chicago Press.

Buchman, M. (1989). *The script of life in modern society: Entry into adulthood in a changing world*. Chicago, IL: University of Chicago Press.

Bullock, H. A. (1967). *A history of Negro education in the south: From 1619 to the present*. Cambridge, MA: Harvard University Press.

Bulmer, M. (1984). *The Chicago school of sociology: Institutionalization, diversity, and the rise of sociological research*. Chicago, IL: University of Chicago Press.

Burke, C. B. (1982). *American collegiate populations*. New York: New York University Press.

Burke, L., & Marshall, J. A. (2010). "Why national standards won't fix American education: Misalignment of power and incentives." The Heritage Foundation, Backgrounder#2413 on Education, www.heritage.org/research/reports/2010/05/why–national–standards–won–t–fix–american–education–misalignment–of–power–and–incentives

Bushman, R. L. (1967). *From Puritan to Yankee: Character and the social order in Connecticut, 1690–1765*. Cambridge, MA: Harvard University Press.

Butchart, R. E. (1980). *Northern schools, southern blacks, and reconstruction: Freedmen's education, 1862–1875*. Westport, CT: Greenwood Press.

Butchart, R. E. (2010). *Schooling the freed people: Teaching, learning and the struggle for black freedom, 1861–1876*. Chapel Hill: University of North Carolina Press.

Butler, J. (2000). *Becoming American: The revolution before 1776*. Cambridge, MA: Harvard University Press.

Calam, J. (1971). *Parsons and pedagogues: The S. P. G. adventure in American education*. New York: Columbia University Press.

Callahan, R. (1962). *Education and the cult of efficiency: A study of the social forces that have shaped the administration of the public schools*. Chicago, IL: University of Chicago Press.

Carl, J. (2011). *Freedom of choice: Vouchers in American education*. Santa Barbara, CA: Praeger.

Carnevale, A. P., & Desrochers, D. M. (1997). The role of the community college in the new economy: Spotlight on education. *Community College Journal, 67* (5), 26–33.

Carnoy, M. (2001). *School vouchers: Examining the evidence*. Washington, DC: Economic Policy Institute.

Carnoy, M., Jacobsen, R., Mishel, L., & Rothstein, R. (2005). *The charter school dust-up: Examining the evidence on enrollment and achievement*. Washington, DC: Economic Policy Institute.

Carrier, J. G. (1986). *Learning disability: Social class and the construction of inequality in American education*. New York: Greenwood.

Carrigan, W. D. & Webb, C. (2013). *Forgotten dead: Mob violence against Mexicans in the United States, 1848–1928*. New York: Oxford University Press.

Chafe, W. H. (1986). *The unfinished journey: America since World War II*. New York: Oxford University Press.

Chilman, C. S. (1978). *Adolescent sexuality in a changing American society: Social and psychological perspectives*. Washington, DC: Government Printing Office.

Chomsky, N., & McChesney, R. W. (2011). *Profit over people: Neo liberalism and global order.* New York: Seven Stories Press.

Chubb, J. E., & Moe, T. M. (1990). *Politics, markets and America's schools*. Washington, DC: The Brookings Institution.

Chudacoff, H. P. (1975). *The evolution of American urban society*. Englewood Cliffs, NJ: Prentice Hall.

Clark, D. A. (2010). *Creating the college man: American mass magazines and middle-class manhood, 1890–1915*. Madison: University of Wisconsin Press.

Clarke, E. H. (1873). *Sex in education; or, a fair chance for the girls*. Boston, MA: J. R. Osgood and Company.

Clinton, C. (1984). *The other civil war: American women in the nineteenth century*. New York: Hill & Wang.

Clotfelter, C. T. (2004). *After brown: The rise and decline of school desegregation*. Princeton, NJ: Princeton University Press.

Clotfelter, C. T. (Ed.). (2010). *American universities in a global market*. Chicago, IL: University of Chicago Press.

Cochran, T. C. (1981). *Frontiers of change: Early industrialism in America*. New York: Oxford University Press.

Cogan, F. B. (2000). *Captured: The Japanese internment of American civilians in the Philippines, 1941–1945*. Athens: University of Georgia Press.

Cohen, L. (2003). *A consumers'republic: The politics of mass consumption in postwar America*. New York: Vintage.

Cohen, P. C. (1982). *A calculating people: The spread of numeracy in early America*. Chicago, IL: University of Chicago Press.

Cohen, R. D. (1990). *Children of the mill: Schooling and society in Gary, Indiana, 1906–1960*. Bloomington: Indiana University Press.

Cohen, R. D. (1997). The delinquents: Censorship and youth culture in recent U. S. history. *History of Education Quarterly, 37* (3), 251–270.

Cohen, R. D., & Mohl, R. A. (1979). *The paradox of progressive education: The Gary plan and urban schooling*. Port Washington, NY: Kennikat.

Cohen D. K., & Moffitt, S. L. (2009). *The ordeal of equality: did federal regulation fix the schools?* Cambridge, MA: Harvard University Press.

Cohn, E., & Hughes, W. W. (1994). A benefit-cost analysis of investment in college education in the United States, 1969–1985. *Economics of Education Review, 13* (2), 109–123.

Coleman, J. (1961). *The adolescent society: The social life of the teenager and its impact on education*. New York: Basic Books.

Coleman, J. (1965). *Adolescents and the schools*. New York: Basic Books.

Coleman, J. S. (1988). Social capital in the creation of human capital. *American Journal of Sociology, 94* (S), 94–121.

Coleman, J. S. (1990). *Foundations of social theory*. Cambridge, MA: Belknap Press of Harvard University.

Coleman, J., Hoffer, T., & Kilgore, S. (1982). *High school achievement: Public, catholic and private schools compared*. New York: Basic Books.

Coleman, M. C. (1993). *American Indian children at school, 1850–1930*. Jackson: University Press of Mississippi.

Conant, J. B. (1959). *The American high school today: A first report to interested citizens*. New York: McGrawHill.

Conant, J. B. (1961). *Slums and suburbs: A commentary on schools in metropolitan areas*. New York: McGrawHill.

Cook, R. (1998). *Sweet land of liberty? The African-American struggle for civil rights in the twentieth century*. New York: Longman.

Cowan, R. S. (1997) . *A social history of American technology*. New York: Oxford University Press.

Cravens, H. (1993) . *Before head start: The Iowa station and America's children*. Chapel Hill: University of North Carolina Press.

Cremin, L. A. (1951) . *The American common school: An historic conception*. New York: Bureau of Publications, Teachers College, Columbia University.

Cremin, L. A. (1961) . *The transformation of the school: Progressivism in American education, 1876–1957*. New York: Knopf.

Cremin, L. A. (1970) . *American education: The colonial experience, 1607–1783*. New York: Harper & Row.

Cremin, L. A. (1980) . *American education: The national experience, 1783–1876*. New York: Harper & Row.

Cremin, L. A. (1988) . *American education: The metropolitan experience, 1876–1980*. New York: Harper & Row.

Cross, C. T. (2014) . *Political education: Setting the course for state and federal policy,* 2nd Revised Ed. New York: Teachers College Press.

Crunden, R. M. (1982) . *Ministers of reform: The Progressives'achievement in American civilization, 1889–1920*. New York: Basic Books.

Cuban, L. (1984) . *How teachers taught: Constancy and change in American classrooms, 1890–1980*. New York: Longman.

Curry, L. P. (1981) . *The free black in urban America, 1800–1850: The shadow of the dream*. Chicago, IL: University of Chicago Press.

Curti, M. E. (1959) . *The social ideas of American educators, with new chapter on the last twenty-five years*. Totowa, NJ: Littlefield, Adams.

Dalzell, R. F. (1987) . *Enterprising elite: The Boston associates and the world they made*. Cambridge, MA: Harvard University Press.

Darby, D., & Rury, J. L. (2018) . *The color of mind: Why the origins of the achievement gap matters for justice*. Chicago, IL: University of Chicago Press.

Datazone, The. (1999) . *Average real hourly wages of all workers by education, 1973–1997*. http://epinet.org/datazone/wagebyed_all.html

Davies, G. (2007) . *See government grow: Education politics from Johnson to Reagan*. Lawrence: University Press of Kansas.

Davies, M. W. (1982) . *Woman's place is at the typewriter: Office work and office workers, 1870–1930*. Philadelphia, PA: Temple University Press.

Davis, F. (1992) . *Fashion, culture and identity*. Chicago, IL: University of Chicago Press.

Dawley, A. (1976) . *Class and community: The industrial revolution in Lynn*. Cambridge, MA: Harvard University Press.

DeBray, E. (2006). *Politics, ideology and education: Federal policy during the Clinton and Bush administrations*. New York: Teachers College Press.

Degler, C. N. (1980). *At odds: Women and the family in America from the revolution to the present*. New York: Oxford University Press.

Demos, J. (1970). *A little commonwealth: Family life in Plymouth colony*. London: Oxford University Press.

Demos, J. (1986). *Past, present, and personal: The family and the life course in American history*. New York: Oxford University Press.

Devine, J. D. (2014). Homeschool debate: Back to school, how to keep a few bad apples from spoiling the bushel. *World: Real Matters,* www.worldmag.com/2014/08/homeschool_debate_2

DiMaggio, P. (1982). Cultural capital and school success: The impact of status culture participation on the grades of U. S. high school students. *American Sociological Review, 47* (2), 189–201.

DiMaggio, P., & Powell, W. (1983). The iron cage revisited: Institutional isomorphism and collective rationality in organizational fields. *American Sociological Review, 48,* 147–160.

Doherty, T. (1988). *Teenagers and teenpics: The juvenilization of American movies in the 1950's*. Boston, MA: Unwin Hyman.

Donato, R. (1997). *The other struggle for equal schools: Mexican Americans during the civil rights era*. Albany: State University of New York Press.

Donato, R. (2007). *Mexicans and Hispanos in Colorado schools and communities, 1920–1960*. Albany: State University of New York Press.

Donohue, J. J., Heckman, J. J., & Todd, P. (2002). The schooling of southern blacks: The roles of legal activism and private philanthropy, 1910–1960. *Quarterly Journal of Economics, 117* (1), 225–268.

Dougherty, J. (2003). *More than one struggle: The evolution of black school reform in Milwaukee*. Chapel Hill: University of North Carolina Press.

Dougherty, J. (2008). Bridging the gap between urban, suburban, and educational history. In W. J. Reese & J. L. Rury (Eds.), *Rethinking the history of American education* (pp.248–260). New York: Palgrave Macmillan.

Douglas, A. (1977). *The feminization of American culture*. New York: Knopf.

Drost, W. (1967). *David Snedden and education for efficiency*. Madison: University of Wisconsin Press.

Dublin, T. (1979). *Women at work: The transformation of work and community in Lowell, Massachusetts, 1826–1860*. New York: Columbia University Press.

DuBois, W. E. B. (1935). *Black reconstruction; an essay toward a history of the part which black folk played in the attempt to reconstruct democracy in America, 1860–1880*. New

York: Harcourt, Brace and Company.

DuBois, W. E. B. (2007). *The souls of black folks* (Oxford Reprint Edition). New York: Oxford University Press.

Duncan, G. J., & Murnane, R. J. (Eds.). (2011). *Wither opportunity? Rising inequality, schools and children's life chances*. New York: Russell Sage Foundation.

Dykhuizen, G. (1973). *The life and mind of John Dewey*. Carbondale: Southern Illinois University Press.

Eddy, E. D. (1957). *Colleges for our land and time: The landgrant idea in American education*. New York: Harper.

Ehrenberg, R. G., Brewer, D. J., Gamoran, A., & Willms, J. D. (2001, May). Class size and student achievement. *Psychological Science in the Public Interest, 2* (1), 1–30.

Engelhardt, T. (1995). *The end of victory culture: Cold War America and the disillusioning of a generation*. New York: Basic Books.

Erickson, A. (2017). *Making the unequal metropolis: School desegregation and its limits*. Chicago, IL: University of Chicago Press.

Escobar, E. (1993). The dialectics of repression: The Los Angeles police department and the Chicano movement, 1968–1971. *The Journal of American History, 79* (4), 1483–1514.

Eskew, G. T. (1997). *But for Birmingham: The local and national movements in the civil rights struggle*. Chapel Hill: University of North Carolina Press.

Esman, A. H. (1990). *Adolescence and culture*. New York: Columbia University Press.

Evers, W. M., Clopton P., Hirsch, E. D., & Lindseth, A. A. (2006). *Courting failure: How school finance lawsuits exploit judges'good intentions and harm our children*. Cambridge, MA: Education Next Books.

Fairclough, A. (2007). *A class of their own: Black teachers in the segregated south*. Cambridge, MA: Harvard University Press.

Faler, P. G. (1981). *Mechanics and manufacturers in the early industrial revolution: Lynn, Massachusetts, 1800–1860*. Albany: State University of New York Press.

Fallace, T. D. (2011). *Dewey and the dilemma of race: An intellectual history, 1895–1922*. New York: Teachers College Press.

Fallace, T. D. (2015). The savage origins of child-centered pedagogy: 1871–1913. *American Educational Research Journal, 52* (1), 73–103.

Farley, R. (1997). Racial trends and differences in the United States 30 years after the civil rights decade. *Social Science Research, 26* (3), 235–262.

Fass, P. S. (1977). *The damned and the beautiful: American youth in the 1920's*. New York: Oxford University Press.

Fass, P. S., & Mason, M. A. (Eds.). (2000). *Childhood in America*. New York: New York University Press.

Feagin, J. R. (2006) . *Systematic racism: A theory of oppression*. New York: Routledge.

Feagin, J. R. (2014) . *Racist America: Roots, current realities and future reparations,* 3rd Ed. New York: Routledge.

Finkelstein, B. (1989) . *Governing the young: Teacher behavior in popular primary schools in nineteenth-century United States*. New York: Falmer Press.

Fischer, D. H. (1989) . *Albion's seed: Four British folkways in America*. New York: Oxford University Press.

Fisher, B. M. (1967) . *Industrial education: American ideals and institutions*. Madison: University of Wisconsin Press.

Fishlow, A. (1966a). The American common school revival: Fact or fancy? In H. Rosovsky(Ed.), *Industrialization in two systems* (pp.40–67) . New York: Wiley.

Fishlow, A. (1966b) . Level of nineteenth century investment in education. *Journal of Economic History, 26,* 418–436.

Fliegelman, J. (1982) . *Prodigals and pilgrims: The American Revolution against patriarchal authority, 1750–1800*. New York: Cambridge University Press.

Flores, R. (2014) . *Backroads pragmatists: Mexico's melting pot and civil rights in the United States*. Philadelphia: University of Pennsylvania Press.

Foner, E. (1988) . *Reconstruction: America's unfinished revolution, 1863–1877*. New York: Harper & Row.

Foner, E., & Mahoney, O. (1995) . *America's reconstruction: People and politics after the civil war*. New York: Harper Collins.

Fox, K. (1985) . *Metropolitan America: Urban life and urban policy in the United States, 1940–1980*. New Brunswick, NJ: Rutgers University Press.

Franklin, B. M. (1994) . *From "backwardness" to* "at risk" *: Childhood learning difficulties and the contradictions of school reform*. Albany: State University of New York.

Franklin, B. M., & McCulloch, G. (Eds.) . (2007) . *The death of the comprehensive high school? Historical, comparative and contemporary perspectives*. New York: Palgrave Macmillan.

Franklin, G. A., & Ripley, R. B. (1984) . *CETA: Politics and policy, 1973–1982*. Knoxville: University of Tennessee Press.

Franklin, J. H. (1961) . *Reconstruction: After the civil war*. Chicago, IL: University of Chicago Press.

Franklin, V. P. (1979) . *The education of black Philadelphia: The social and educational history of a minority community, 1900–1950*. Philadelphia: University of Pennsylvania Press.

Fredrickson, G. M. (1971) . *The black image in the white mind: The debate on AfroAmerican character and destiny, 1817–1914*. New York: Harper & Row.

Fuchs, E., & Havighurst, R. (1972) . *To live on this earth*. Garden City, NY: Doubleday.

Fuller, W. E. (1982). *The old country school: The story of rural education in the Middle West*. Chicago, IL: University of Chicago Press.

Fultz, M. (2008). 'As Is the Teacher, So Goes the School': Future directions in the historiography of African American teachers. In W. J. Reese & J. L. Rury (Eds.), *Rethinking the history of American education* (pp.73–102). New York: Palgrave Macmillan.

Gabaccia, D. (1994). *From the other side: Women, gender, and immigrant life in the U. S., 1820–1990*. Bloomington: Indiana University Press.

Gabbard, D. (Ed.). (2007). *Knowledge and power in the global economy: The effects of school reform in a neo-liberal/neoconservative age,* 2nd Ed. New York: Routledge.

Gaither, M. (2008). *Homeschool: An American history*. New York: Palgrave Macmillan.

Gandara, P., & Contreras, F. (2010). *The Latino education crisis: The consequences of failed social policies*. Cambridge, MA: Harvard University Press.

Geiger, R. L. (1986). *To advance knowledge: The growth of American research universities, 1900–1940*. New York: Oxford University Press.

Gann, H. L., & Duignan, P. J. (1986). *The Hispanics in the United States: A history*. Boulder, CO: Westview.

Garcia, E. (2001). *Hispanic education in the United States: Raíces y alas*. Lanham, MD: Rowman & Littlefield.

Geiger, R. L. (1993). *Research and relevant knowledge: American research universities since World War II*. New York: Oxford University Press.

Getz, L. M. (1997). *Schools of their own: The education of Hispanos in New Mexico, 1850–1940*. Albuquerque: University of New Mexico Press.

Gill, B. P., Timpane, M., Ross, K. E., Brewer, D. J., & Booker, K. (2007). *Rhetoric versus reality: What we know and what we need to know about vouchers and charter schools*. Santa Monica, CA: Rand Press.

Gilbert, J. B. (1986). *A cycle of outrage: America's response to the juvenile delinquent of the 1950s*. New York: Oxford University Press.

GilmoreLehne, W. J. (1989). *Reading becomes a necessity of life: Material and cultural life in rural New England, 1780–1835*. Knoxville: University of Tennessee Press.

Ginsberg, R., & Plank, D. N. (Eds.). (1995). *Commissions, reports, reforms, and educational policy*. Westport, CT: Praeger.

Gitlin, T. (1987). *The sixties: Years of hope, days of rage*. New York: Bantam.

Gleason, P. (1992). *Speaking of diversity: Language and ethnicity in twentiethcentury America*. Baltimore, MD: Johns Hopkins University Press.

Goldin, C. (1990). *Understanding the gender gap: An economic history of American women*. New York: Oxford University Press.

Goldin, C. (1998). America's graduation from high school: The evolution and spread of secondary schooling in the twentieth century. *Journal of Economic History, 58* (2), 345–374.

Goldin, C. (2001). The human capital century and American leadership: Virtues of the past. *Journal of Economic History, 61* (June), 263–292.

Goldin, C., & Katz, L. F. (1999a). Human capital and social capital: The rise of secondary schooling in America, 1910–1940. *Journal of Interdisciplinary History, 29* (4), 683–723.

Goldin, C., & Katz, L. F. (1999b). The shaping of higher education: The formative years in the United States, 1890 to 1940. *Journal of Economic Perspectives, 13* (1), 37–62.

Goldin, C., & Katz, L. F. (2000). Education and income in the early twentieth century: Evidence from the prairies. *Journal of Economic History, 60* (3), 782–818.

Goldin, C., & Katz, L. F. (2008). *The race between education and technology*. Cambridge, MA: Harvard University Press.

Goldman, E. E. (1952). *Rendezvous with destiny: A history of modern American reform*. New York: Knopf.

Goldsmith, W. W., & Blakely, E. J. (1992). *Separate societies: Poverty and inequality in U. S. cities*. Philadelphia, PA: Temple University Press.

Gonzales, G. (1990). *Chicano education in the era of segregation*. Philadelphia, PA: Balch Institute Press.

Gonzalez, G., & Fernandez, R. A. (2003). *A century of Chicano history: Empire, nations, and migration*. New York: Routledge.

Goodwyn, L. (1978). *The populist moment: A short history of the agrarian revolt in America*. New York: Oxford University Press.

Gordon, L. D. (1990). *Gender and higher education in the progressive era*. New Haven, CT: Yale University Press.

Gould, S. J. (1981). *The mismeasure of man*. New York: Norton.

Graebner, W. (1993). *Coming of age in Buffalo: Youth and authority in the postwar era*. Philadelphia, PA: Temple University Press.

Graff, H. J. (1995). *Conflicting paths: Growing up in America*. Cambridge, MA: Harvard University Press.

Graham, P. A. (1967). *Progressive education from Arcady to academe: A history of the progressive education association, 1919–1955*. New York: Teachers College Press.

Graham, P. A. (1974). *Community and class in American education, 1865–1918*. New York: Wiley. Grant, G. (1988). *The world we created at Hamilton high*. Cambridge, MA: Harvard University Press.

Greeley, A. (1982). *Catholic schools and minority students*. New Brunswick, NJ: Transaction Books.

Greene, J. P. (1988). *Pursuits of happiness: The social development of early modern British colonies and the formation of American culture*. Chapel Hill: University of North Carolina Press.

Greene, J. R. (2000). *The presidency of George Bush*. Lawrence: University Press of Kansas.

Greven, P. J. (1977). *The Protestant temperament: Patterns of childrearing, religious experience, and the self in early America*. New York: Knopf.

Grubb, N. (1995). Postsecondary education and the subbaccalaureate labor market: Corrections and extensions. *Economics of Education Review, 14* (3), 285–299.

Gruhl, J., & Welch, S. (1990). The impact of the *Bakke* decision on black and Hispanic enrollment in medical and law schools. *Social Science Quarterly, 71* (3), 458–473.

Guillaumin, C. (1995). *Racism, sexism, power, and ideology*. New York: Routledge.

Gulliford, A. (1991). *America's country schools*, 2nd ed. Washington, DC: Preservation Press.

Hackworth, J. (2007). *The neo liberal city: Government, ideology and development in American urbanism*. Ithaca, NY: Cornell University Press.

Hagedorn, T. W. (2013). *Founding Zealots: How evangelicals created America's first public schools, 1783–1865*. Maitland, FL: Xulon Press.

Halberstam, D. (1998). *The children*. New York: Random House.

Haller, E. J. (1992). High school size and student indiscipline: Another aspect of the school consolidation issue? *Educational Evaluation and Policy Analysis, 14* (2), 145–156.

Hammack, F. M. (Ed.). (2004). *The comprehensive high school today*. New York: Teachers College Press.

Hampel, R. L. (1986). *The last little citadel: American high schools since 1940*. Boston, MA: Houghton Mifflin.

Harlan, L. R. (1958). *Separate and unequal*. Chapel Hill: University of North Carolina Press.

Harlan, L. R. (1972). *Booker T. Washington: The making of a black leader, 1856–1901*. New York: Oxford University Press.

Harlan, L. R. (1983). *Booker T. Washington: The wizard of Tuskegee, 1901–1915*. New York: Oxford University Press.

Harris, B. J. (1978). *Beyond her sphere: Women and the professions in American History*. Westport, CT: Greenwood Press.

Harrison, B. (1972). *Education, training and the urban ghetto*. Baltimore, MD: Johns Hopkins University Press.

Hartman, A. (2008). *Education and the Cold War: The battle for the American school*. New York: Palgrave Macmillan.

Harvey, D. (2007). *A brief history of neo liberalism*. New York: Oxford University Press.

Harzig, C. (Ed.). (1997). *Peasant maids, city women: From the European countryside to urban America*. Ithaca, NY: Cornell University Press.

Haubrich, P. (1993). Student life in Milwaukee high schools, 1920–1985. In J. L. Rury & F. A. Cassell (Eds.), *Seeds of crisis: Public schooling in Milwaukee since 1920* (pp.193–228). Madison: University of Wisconsin Press.

Havighurst, R. (1964). *The public schools of Chicago: A survey for the board of education of the city of Chicago*. Chicago, IL: Board of Education of the City of Chicago.

Havighurst, R. (1966). *Education in metropolitan areas*. Boston, MA: Allyn and Bacon.

Hawes, J. M., & Hiner, N. R. (1985). *American childhood: A research guide and handbook*. Westport, CT: Greenwood Press.

Hawkes, M., Kimmelman, P., & Kroeze, D. (1997). Becoming 'First in the World'in math and science: Moving high expectations and promising practices to scale. *Phi Delta Kappan, 79* (1), 30–33.

Hawkins, H. (1972). *Between Harvard and America: the educational leadership of Charles W. Eliot*. New York: Oxford University Press.

Hawkins, H. (1962). *Booker T. Washington and his critics: Black leadership in crisis*. Lexington, MA: Heath.

Hawkins, M. (1997). *Social Darwinism in European and American thought, 1860–1945: Nature as model and nature as threat*. New York: Cambridge University Press.

Hawley, A. H. (1950). *Human ecology: A theory of community structure*. New York: Ronald Press.

Haynes, J. (1991). *Sleepwalking through history: America in the Reagan years*. New York: Norton.

Hays, S. P. (1964). The politics of reform in municipal government in the progressive era. *Pacific Northwest Quarterly, 55* (4), 157–169.

Hays, S. P. (1995). *The response to industrialism, 1885–1914*. Chicago, IL: University of Chicago Press.

Heck, N. C., Goodenow, C. S., & Poteat, V. P. (2016). Advances in research with LGBTQ youth in schools. *Psychology of Sexual Orientation and Gender Diversity, 3* (4), 381–385.

Heckman, J. J., & Krueger, A. B. (2005). *Inequality in America: What role for human capital policies?* Cambridge, MA: MIT Press.

Heckman, J. J., & LaFontaine, P. A. (2007). "The American high school graduation rate: Trends and levels, " Discussion Paper No.3216. Bonn, Germany: IZA.

Heimert, A. (1966). *Religion and the American mind, from the great awakening to the revolution*. Cambridge, MA: Harvard University Press.

Heineman, K. J. (1993). *Campus wars: The peace movement at American state universities in the Vietnam Era*. New York: New York University Press.

Henig, J. R. (1995). *Rethinking school choice*. Princeton, NJ: Princeton University Press.

Henig, J. R., Hula, R. C., Orr, M., & Pedescleaux, D. S. (2001). *The color of school reform:*

race, politics and the challenge of urban education. Princeton, NJ: Princeton University Press.

Henretta, J. A. (1973). *The evolution of American society, 1700–1815: An interdisciplinary analysis*. Lexington, MA: Heath.

Henriksen, L. L. (1988). *Anzia Yezierska: A writer's life*. New Brunswick, NJ: Rutgers University Press.

Herbst, J. (1989). *And sadly teach: Teacher education and professionalization in American culture*. Madison: University of Wisconsin Press.

Herbst, J. (1996). *The once and future school: Three hundred and fifty years of American secondary education*. New York: Routledge.

Hershberg, T. (Ed.). (1981). *Philadelphia: Work, space, family, and group experience in the nineteenth century. Essays toward an interdisciplinary history of the city*. New York: Oxford University Press.

Hess, F. M., & McShane, M. Q. (Eds.). (2013). *Common core meets education reform: What it all means for politics, policy, and the future of schooling*. New York: Teachers College Press.

Hess, F. M., & Eden, M. (2017). *The every student succeeds act (ESSA): What it means for schools, systems, and states*. Cambridge, MA: Harvard Education Press.

Higgs, R. (1971). *The transformation of the American economy, 1865–1914: An essay in interpretation*. New York: John Wiley and Sons.

Higgs, R. (1977). *Competition and coercion: Blacks in the American economy*. New York: Cambridge University Press.

Hillocks, G. (2002). *The testing trap: How state writing assessments control learning*. New York: Teachers College Press.

Hiner, N. R. (1979). Cotton Mather and his children. In B. Finkelstein (Ed.), *Regulated children/liberated children: Education in psychohistorical perspective* (pp.24–43). New York: Psycho-history Press.

Hochschild, J. (1985). *The new American dilemma: Liberal democracy and school desegregation*. New Haven, CT: Yale University Press.

Hoffman, E. C. (1998). *All you need is love: The Peace Corps and the spirit of the 1960s*. Cambridge, MA: Harvard University Press.

Hofstadter, R. (1955a). *Academic freedom in the age of the college*. New York: Columbia University Press.

Hofstadter, R. (1955b). *The age of reform: From Bryan to F. D. R.* New York: Knopf.

Hofstadter, R. (1963). *Antiintellectualism in American life*. New York: Vintage.

Hofstadter, R. (1971). *America at 1750: A social portrait*. New York, Knopf.

Hogan, D. (1985). *Class and reform: School and society in Chicago, 1880–1930*. Philadelphia:

University of Pennsylvania Press.

Hogan, D. (1989). The market revolution and disciplinary power: Joseph Lancaster and the psychology of the early classroom system. *History of Education Quarterly, 29* (3), 381–417.

Hogan, D. (1990). Modes of discipline: Affective individualism and pedagogical reform in New England, 1820–1850. *American Journal of Education, 99* (1), 1–56.

Hogan, D. (1992). Examinations, merit, and morals: The market revolution and disciplinary power in Philadelphia's public schools, 1838–1868. *Historical Studies in Education, 4* (1), 31–78.

Hogan, D. (1996). "To better our condition" : Educational credentialing and "the silent compulsion of economic relations" in the United States, 1830 to the present. *History of Education Quarterly, 36* (3), 243–270.

Horowitz, H. L. (1987). *Campus life: Undergraduate cultures from the end of the eighteenth century to the present*. New York: Knopf.

Horsford, S. D., Scott, J. T., & Anderson, G. L. (2019). *The politics of education policy in an era of inequality*. New York: Routledge.

Horsman, R. (1981). *Race and manifest destiny: The origins of American racial AngloSaxonism*. Cambridge, MA: Harvard University Press.

Hoxie, F. E. (1984). *A final promise: The campaign to assimilate the Indians, 1880–1920.* Lincoln: University of Nebraska Press.

Hummel, R. C., & Nagle, J. M. (1973). *Urban education: Problems and prospects*. New York: Oxford University Press.

Hunt, E. (1995). *Will we be smart enough? A cognitive analysis of the coming workforce*. New York: Russell Sage Foundation.

Hunter, J. (2002). *How young ladies became girls: The Victorian origins of American girlhood.* New Haven, CT: Yale University Press.

Ignatiev, N. (1995). *How the Irish became white*. New York: Routledge.

Jackson, K. (1985). *The crabgrass frontier: The suburbanization of the United States*. New York: Oxford University Press.

Jacobson, M. F. (1998). *Whiteness of a different color: European immigrants and the alchemy of race*. Cambridge, MA: Harvard University Press.

Jencks, C. (1998). The black-white test score gap: An introduction. In C. Jencks & M. Phillips (Eds.), *The black-white test score gap* (pp.1–9). Washington, DC: Brookings Institution.

Jonich, G. M. (1968). *The sane positivist: A biography of Edward L. Thorndike*. Middletown, CT: Wesleyan University Press.

Jones, L. Y. (1980). *Great expectations: America and the baby boom generation*. New York: Coward, McCann & Geoghegan.

Justice, B. (Ed.) . (2013) . *The founding fathers, education and "The Great Contest": The American philosophical society prize of 1797*. New York: Palgrave Macmillan.

Kaestle, C. F. (1973a) . *The evolution of an urban school system: New York City, 1750–1850*. Cambridge, MA: Harvard University Press.

Kaestle, C. F. (1973b) . *Joseph Lancaster and the monitorial school movement: A documentary history*. New York: Teachers College Press.

Kaestle, C. F. (1983) . *Pillars of the republic: Common schools and American society, 1780–1860*. New York: Hill and Wang.

Kaestle, C. F. (2001) . Federal aid to education since World War II: Purposes and politics. In J. Jennings (Ed.), *The future of the federal role in elementary and secondary education* (pp.13–35) . Washington, DC: Center on Education Policy.

Kaestle, C. F., & Lodewick, A. E. (Eds.) . (2007) . *To educate a nation: Federal and national strategies of school reform*. Lawrence: University Press of Kansas.

Kaestle, C. F., & Vinovskis, M. (1980) . *Education and social change in nineteenth-century Massachusetts*. New York: Cambridge University Press.

Kahlenberg, R. (Ed.) . (2000) . *A notion at risk: Preserving public education as an engine for social mobility*. New York: Century Foundation Press.

Kalmijn, M., & Kraaykamp, G. (1996) . Race, cultural capital, and schooling: An analysis of trends in the United States. *Sociology of Education, 69* (1) , 22–34.

Kantor, H. A. (1988) . *Learning to earn: School, work, and vocational reform in California, 1880–1930*. Madison: University of Wisconsin Press.

Kantor, H., & Brenzel, B. (1993) . Urban education and the "Truly Disadvantaged" : The historical roots of the contemporary crisis, 1945–1990. In M. B. Katz (Ed.), *The underclass debate: Views from history* (pp.366–401) . Princeton, NJ: Princeton University Press.

Kantor, H., & Lowe, R. (1995) . Class, race, and the emergence of federal education policy: From the new deal to the great society. *Educational Researcher, 24* (3) , 4–11.

Kasson, J. F. (1999) . *Civilizing the machine: Technology and republican values in America, 1776–1900*. New York: Hill and Wang.

Katz, L. (2000) . Technological change, computerization, and the wage structure. In E. Brynjolfsson & B. Kahin (Eds.), *Understanding the digital economy* (pp.219–243) . Cambridge, MA: MIT Press.

Katz, M. B. (1968) . *The irony of early school reform: educational innovation in midnineteenth century Massachusetts*. Cambridge, MA: Harvard University Press.

Katz, M. B. (1971) . *Class, bureaucracy, and schools: The illusion of educational change in America*. New York: Praeger.

Katzman, M. T. (1971) . *The political economy of urban schools*. Cambridge, MA: Harvard University Press.

Katznelson, I., & Weir, M. (1985). *Schooling for all: Class, race, and the decline of the democratic ideal*. New York: Basic Books.

Kaye, K. (1973, August). Reappraisal of Jencks's inequality: Some clarity on inequality. *The School Review, 81* (4), 634–641.

Kenny, K. (2000). *The American Irish: A history*. New York: Longman.

Kerber, L. K. (1980). *Women of the republic: Intellect and ideology in revolutionary America*. Chapel Hill: University of North Carolina Press.

KesslerHarris, A. (1982). *Out to work: A history of wageearning women in the United States*. New York: Oxford University Press.

Kessner, T. (1977). *The golden door: Italian and Jewish immigrant mobility in New York City, 1880–1915*. New York: Oxford University Press.

Kett, J. (1977). *Rites of passage: A history of youth and adolescence in America*. New York: Harper.

Kim, D., & Rury, J. L. (2007, August). The changing profile of college access: The Truman commission and enrollment patterns in the postwar era. *History of Education Quarterly, 47*, 302–327.

King, R. H. (1996). *Civil rights and the idea of freedom*. Athens: University of Georgia Press.

Klarman, M. J. (2007). *Brown v. Board of education and the civil rights movement*. New York: Oxford University Press.

Kleppner, P. (1984). *Chicago divided: The making of a black mayor*. DeKalb: Northern Illinois University Press.

Kliebard, H. M. (1986). *The struggle for the American curriculum, 1893–1958*. Boston, MA: Routledge & Keegan Paul.

Kliebard, H. M. (1999). *Schooled to work: Vocationalism and the American curriculum, 1876–1946*. New York: Teachers College Press.

Klinkner, P. A., & Smith, R. M. (1999). *The unsteady march: The rise and decline of racial equality in America*. Chicago, IL: University of Chicago Press.

Kluckhohn, C. (1949). *Mirror for man: The relation of the anthropology to modern life*. New York: McGraw-Hill.

Kluger, R. (1976). *Simple justice: The history of Brown v. Board of education and black America's struggle for equality*. New York: Knopf.

Knowles, J. G., Marlow, S. E., Muchmore, J. A. (1992, February). From pedagogy to ideology: Origins and phases of home education in the United States, 1970–1990. *American Journal of Education, 100* (2), 195–235.

Koretz, D. (2008). *Measuring up: What educational testing really tells us*. Cambridge, MA: Harvard University Press.

Koretz, D. (2017). *The testing charade: Pretending to make schools better*. Chicago, IL:

University of Chicago Press.

Krug, E. A. (1964). *The shaping of the American high school, 1880–1920*. New York: Harper & Row.

Krueger, A. B., Hanushek, E. A., Rice, J. K., & Mishel, L. (2002). *The class size debate*. Washington, DC: Economic Policy Institute.

Kuhl, S. (2002). *The Nazi connection: Eugenics, American racism, and German national socialism*. New York: Oxford University Press.

Kuper, A. (2000). *Culture: The anthropologists'account*. Cambridge, MA: Harvard University Press.

Labaree, D. F. (1988). *The making of an American high school: The credentials market and the Central High School of Philadelphia, 1838–1939*. New Haven, CT: Yale University Press.

Labaree, D. F. (1999). *How to succeed in school without really learning: The credentials race in American education*. New Haven, CT: Yale University Press.

Labaree, D. F. (2010). *Someone has to fail: The zero sum game of public schooling*. Cambridge, MA: Harvard University Press.

Ladson–Billings, G. (2006). From the achievement gap to the education debt: Understanding Achievement in U. S. Schools. *Educational Researcher,* 35 (7), 3–12.

Lagemann, E. C. (1979). *A generation of women: Education in the lives of progressive reformers*. Cambridge, MA: Harvard University Press.

Lagemann, E. C. (Ed.). (1985). *Jane Addams on education*. New York: Teachers College Press.

Lagemann, E. C. (2000). *An elusive science: The troubling history of educational research*. Chicago, IL: University of Chicago Press.

Lamont, M., & Lareau, A. (1988). Cultural capital: Allusions, Gaps and glissandos in recent theoretical developments. *Sociological Theory, 6,* 153–168.

Landes, D. S. (1969). *Unbound Prometheus: Technological change and industrial development*. New York: Cambridge University Press.

Landes, D. S. (1998). *The wealth and poverty of nations: Why some are so rich and some so poor*. New York: W. W. Norton.

Lannie, V. P. (1968). *Public money and parochial education: Bishop Hughes, Governor Seward, and the New York school controversy*. Cleveland, OH: Press of Case Western Reserve University.

Lannie, V. P. (Ed.). (1974). *Henry Barnard, American educator*. New York: Teachers College Press.

Lareau, A. (2003). *Unequal childhoods: Class, race, and family life*. Berkeley: University of California Press.

Lareau, A., & Horvat, E. M. (1999). Moments of social inclusion and exclusion: Race, class, and cultural capital in familyschool relationships. *Sociology of Education, 72* (1), 37–53.

Larkin, J. (1988). *The reshaping of everyday life, 1790–1840*. New York: Harper & Row.

Lasch, C. (1991). *The true and only heaven: Progress and its critics*. New York: Norton.

Laslett, P. (1965). *The world we have lost*. New York: Scribner.

Laurie, B. (1997). *Artisans into workers: Labor in nineteenth-century America*. Urbana: University of Illinois Press.

Lavenia, M., Cohen–Vogel, L., & Lang, L. B. (2015, February). The common core state standards initiative: An event history analysis of state adoption. *American Journal of Education, 121,* 145–182.

Lee, V., & Smith, J. (1997). High school size: Which works best and for whom? *Educational Evaluation and Policy Analysis, 19* (3), 205–227.

Leloudis, J. L. (1996). *Schooling the new south: Pedagogy, self, and society in North Carolina, 1880–1920*. Chapel Hill: University of North Carolina Press.

Lemann, N. (1991). *The promised land: The great black migration and how it changed America*. New York: Knopf.

Lemann, N. (1999). *The big test: The secret history of the American meritocracy*. New York: Farrar, Straus and Giroux.

LeTendre, G., Baker, D., Akiba, M., Goesling, B., & Wiseman, A. (2001). Teachers'work: Institutional isomorphism and cultural variation in the U. S., Germany, and Japan. *Educational Researcher, 30* (6), 3–15.

Levine, D. O. (1986). *The American college and the culture of aspiration, 1915–1940*. Ithaca, NY: Cornell University Press.

Levitan, S. S., Johnston, W. B., & Taggart, R. (1975). *Still a dream: The changing status of blacks since 1960*. Cambridge, MA: Harvard University Press.

Levy, F. (1987). *Dollars and dreams: The changing American income distribution*. New York: Russell Sage Foundation.

Lewis, D. L. (1993). *W. E. B. Du Bois: Biography of a race, 1868–1919*. New York: Holt.

Lines, P. M. (2000). When home schoolers go to school: A partnership between families and schools. *Peabody Journal of Education, 75* (1/2), 159–186.

Lipman, P. (2003). *High stakes education: Inequality, globalization, and urban school reform*. New York: Routledge.

Lipman, P. (2011). *The new political economy of urban education: Neoliberalism, race, and the right to the city*. New York: Routledge.

Lipset, S. M. (1979). *The first new nation: The United States in historical and comparative perspective*. New York: Norton.

Litwack, L. F. (1961). *North of slavery: The Negro in the free States, 1790–1860*. Chicago, IL: University of Chicago Press.

Litwack, L. F. (1999). *Trouble in mind: Black southerners in the age of Jim Crow.* New York: Vintage.

Lockridge, K. A. (1974). *Literacy in colonial New England: An enquiry into the social context of literacy in the early modern West*. New York: Norton.

Lubienski, C. (2000). Whither the common good: A critique of homeschooling. *Peabody Journal of Education, 75* (1–2), 207–222.

Lubienski, C. A., & Weitzel, P. C. (Eds.). (2011). *The charter school experiment: Expectations, evidence, and implications*. Cambridge, MA: Harvard Education Press.

Lubienski, C. A., & Lubienski, S. T. (2014). *The public school advantage: Why public schools outperform private schools*. Chicago, IL: University of Chicago Press.

Lucas, C. J. (1994). *American higher education: A history*. New York: St. Martin's Press.

Lukas, J. A. (1985). *Common ground: A turbulent decade in the lives of three American families*. New York: Alfred A. Knopf.

Luker, R. E. (1991). *The social gospel in black and white: American racial reform, 1885–1912.* Chapel Hill: University of North Carolina Press.

Luxenberg, S. (2019). *Separate: The story of Plessy v. Ferguson, and America's Journey from slavery to segregation*. New York: W. W. Norton.

MacDonald, V. M. (1999, winter). The paradox of bureaucratization: New views on progressive era teachers and the development of a woman's profession. *History of Education Quarterly, 39* (4), 427–453.

MacDonald, V. M. (2004). *Latino education in the United States: A narrated history from 1513 to 2000.* New York: Palgrave Macmillan.

Macunovich, D. L. (2002). *Birth quake: The baby boom and its aftershocks*. Chicago, IL: University of Chicago Press.

Main, J. T. (1965). *The social structure of revolutionary America*. Princeton, NJ: Princeton University Press.

Margo, R. A. (1990). *Race and schooling in the South, 1880–1950: An economic history*. Chicago, IL: University of Chicago Press.

Margo, R. A., & Aldrich Finegan T. (1993, March). The decline in black teenage labor-force participation in the south, 1900–1970: The role of schooling. *The American Economic Review, 83* (1), 234–247.

Margonis, F. (2009). John Dewey's racialized visions of the student and classroom community. *Ed-ucational Theory, 51* (1), 17–39.

Markowitz, R. J. (1993). *My daughter, the teacher: Jewish teachers in the New York City schools*. New Brunswick, NJ: Rutgers University Press.

Marsden, G. M. (1994). *The soul of the American university: From Protestant establishment to established nonbelief.* New York: Oxford University Press.

Marx, L. (1964). *The machine in the garden: technology and the pastoral ideal in America*. New York: Oxford University Press.

Massey, D., & Denton, N. (1993). *American apartheid: Segregation and the making of the underclass*. Cambridge, MA: Harvard University Press.

May, E. R. (1964). *The progressive era: 1901–1917*. New York: Time, Inc.

McAndrews, L. J. (2008). *The era of education: The presidents and the schools, 1965–2001*. Urbana: University of Illinois Press.

McCluskey, N. G. (1958). *Public schools and moral education: The influence of Horace Mann, William Torrey Harris, and John Dewey*. New York: Columbia University Press.

McLoughlin, W. G. (1985). Evangelical child rearing in the age of Jackson: Francis Wayland's views on when and how to subdue the wilfulness of children. In N. R. Hyner & J. M. Hawes (Eds.), *Growing up in America: Children in historical perspective* (pp.87–108). Urbana: University of Illinois Press (Original work published 1975).

Mcguinn, P. J. (2006). *No child left behind and the transformation of federal education policy, 1965–2005*. Lawrence: University Press of Kansas.

Meier, A. (1963). *Negro thought in America, 1880–1915: Racial ideologies in the age of Booker T. Washington*. Ann Arbor: University of Michigan Press.

Meier, D., & Wood, G. (Eds.). (2004). *Many children left behind: How the no child left behind act is damaging our children and our schools*. Boston, MA: Beacon Press.

Messerli, J. (1972). *Horace Mann: A biography*. New York: Alfred A. Knopf.

Meyer, J. W., Tyack, D., Nagel, J., & Gordon, A. (1979). Public education as nationbuilding in America: Enrollments and bureaucratization in the American states, 1870–1930. *American Journal of Sociology, 85* (3), 591–613.

Miller, P. (1956). *Errand into the wilderness*. Cambridge, MA: Belknap Press of Harvard University Press.

Miller, P. (1959). *Orthodoxy in Massachusetts, 1630–1650* (with a new preface by the author). Boston, MA: Beacon Press.

Minton, H. L. (1988). *Lewis M. Terman: Pioneer in psychological testing*. New York: New York University Press.

Mintz, S., & Kellogg, S. (1988). *Domestic revolutions: A social history of American family life*. New York: Free Press.

Mintz, S. (2004). *Huck's raft: A history of American childhood*. Cambridge, MA: Harvard University Press.

Mirel, J. (1993). *The rise and fall of an urban school system: Detroit, 1907-81*. Ann Arbor: University of Michigan Press.

Miron, G. J., & Nelson, C. D. (2002). *What's public about charter schools? Lessons learned about choice and accountability*. San Francisco, CA: Corwin Press.

Mitchell, T. R. (1987). *Political education in the Southern farmers'alliance, 1887–1900*. Madison: University of Wisconsin Press.

Modell, J. (1989). *Into one's own: From youth to adulthood in the United States, 1920–1975*. Berkeley: University of California Press.

Mohl, R. A. (1971). *Poverty in New York, 1783–1825*. New York: Oxford University Press.

Mohraz, J. J. (1979). *The separate problem: Case studies of black education in the North, 1900–1930*. Westport, CT: Greenwood Press.

Monhollon, R. L. (2004). *This is America? The sixties in Lawrence, Kansas*. New York: Palgrave Macmillan.

Monkkonen, E. (1988). *America becomes urban: The development of U. S. cities and towns, 1790–1980*. Berkeley: University of California Press.

Moore, J. R. (1979). *The postDarwinian controversies: A study of the Protestant struggle to come to terms with Darwin in Great Britain and America, 1870–1900*. Cambridge: Cambridge University Press.

Mora, M. T. (1997). Attendance, schooling quality, and the demand for education of Mexican Americans, African Americans, and NonHispanic Whites. *Economics of Education Review, 16* (4), 407–418.

Moran, G. F., & Vinovskis, Maris (2007). Literacy, Common Schools and High Schools in Colonial and Antebellum America. In W. J. Reese & J. L. Rury (Eds.), *Rethinking the history of American education* (pp.17–46). New York: Palgrave Macmillan.

Moran, G. F., & Vinovskis, M. (1992). *Religion, family, and the life course: Explorations in the social history of early America*. Ann Arbor: University of Michigan Press.

Moran, J. P. (2000). *Teaching sex: The shaping of adolescence in the 20th century*. Cambridge, MA: Harvard University Press.

Morgan, E. S. (1966). *The Puritan family: Religion & domestic relations in seventeenthcentury New England*. New York: Harper & Row.

Morgan, E. S (1975). *American slavery, American freedom: The ordeal of colonial Virginia*. New York: Norton.

Morgan, I., & Davies, P. (Eds.). *From sit-ins to SNCC: The student civil rights movement in the 1960s*. Gainesville: University of Florida Press.

Morris, R. C. (1981). *Reading, 'riting, and reconstruction: The education of freedmen in the South, 1861–1870*. Chicago, IL: University of Chicago Press.

Moss, A. A., Jr. (1981). *The American Negro Academy: Voice of the talented tenth*. Baton Rouge: Louisiana State University Press.

Moss, H. J. (2009). *Schooling citizens: The struggle for African American education in Antebellum America*. Chicago, IL: University of Chicago Press.

Moss, H. J. (2006). Education's inequity: Opposition to black higher education in antebellum

Connecticut. *History of Education Quarterly, 46* (1), 16–35.

Murnane, R. J., & Levy, F. (1996). *Teaching the new basic skills: Principles for educating children to thrive in a changing economy*. New York: Free Press.

Murphey, J. (2012). *Homeschooling in America: Capturing and assessing the movement*. Thousand Oaks, CA: Corwin.

Murphy, K. M., & Welch, F. (1989). Wage premiums for college graduates: Recent growth and possible explanations. *Educational Researcher, 18* (4), 17–26.

Murphy, K. M., & Welch, F. (1993). Industrial change and the importance of skill. In S. Danziger & P. Gottschalk(Eds.), *Uneven tides: Rising inequality in America*(pp.101–132). New York: Russell Sage Foundation.

Myrdal, G. (1944). *An American dilemma: The Negro problem and modern democracy*. New York: Harper & Bros.

Nasaw, D. (1979). *Schooled to order: A social history of public schooling in the United States*. New York: Oxford University Press.

Nash, G. B. (2000). *Red, white, and Black: The peoples of early North America*. Upper Saddle River, NJ: Prentice Hall (Original work published 1974).

Nash, M. A. (2001). "Cultivating the powers of human beings" : Gendered perspectives on curricula and pedagogy in academies of the new republic. *History of Education Quarterly, 41* (2), 239–249.

Nash, M. A. (2005). *Women's education in the United States, 1780–1840*. New York: Palgrave Macmillan.

Nash, M. A. (2008). The historiography of education for girls and women in the United States. In W. J. Reese & J. L. Rury (Eds.), *Rethinking the history of American education* (pp.143–160). New York: Palgrave Macmillan.

National Girls Collaborative Project (2016). *State of girls and women in STEM*. Online.http://ng–cproject.org/statistics

Natriello, G., McDill, E. L., & Pallas, A. M. (1990). *Schooling disadvantaged children: Racing against catastrophe*. New York: Teachers College Press.

Neckerman, K. (2007). *Schools betrayed: Roots of failure in inner-city education*. Chicago, IL: University of Chicago Press.

Nelson, A. (2008). The federal role in American Education: A historiographical essay. In W. J. Reese & J. L. Rury (Eds.), *Rethinking the history of American education* (pp.261–280). New York: Palgrave Macmillan.

Nelson, A. (2005). *The elusive ideal: Equal educational opportunity and the federal role in Boston's public schools, 1950–1985*. Chicago, IL: University of Chicago Press.

Nevins, A. (1938). *The gateway to history*. New York: D. C. Heath.

Newport, F. (2014). *Gallup review: Black and white attitudes toward police: Criminal justice system viewed skeptically by blacks*.www.gallup.com/poll/175088/gallup-review-black-white-attitudes-toward-police.aspx

Norton, M. B. (1980) . *Liberty's daughters: The Revolutionary experience of American women, 1750-1800*. Boston, MA: Little, Brown.

Nybakken, E. (1997) . In the Irish tradition: Pre-revolutionary academies in America. *History of Education Quarterly, 37* (2) , 163-183.

O'Day, J. A., Bitter, C. S., & Gomez, L. (2011) . *Education reform in New York City: Complex change in the nation's most complex school system*. Cambridge, MA: Harvard Education Press.

Odden, A. O., & Picus, L. O. (2007) . *School finance: A policy perspective*. New York: McGraw-Hill.

Ogren, C. (2008) . Sites, students, scholarship, and structures: The historiography of American higher education in the post-revisionist era. In W. J. Reese & J. L. Rury (Eds.) , *Rethinking the history of American education* (pp.187-222) . New York: Palgrave Macmillan.

Olneck, M. R. (2008) . American public schooling and European immigrants in the early twentieth century: A post-revisionist synthesis. In W. J. Reese & J. L. Rury (Eds.) , *Rethinking the history of American education* (pp.103-142) . New York: Palgrave Macmillan.

Olson, R. K. (1972) . Tinker and the administrator. *School & Society, 100* (2339) , 86-89.

Omi, M., & Winant, H. (1994) . *Racial formation in the United States: From the 1960s to the 1980s*. New York: Routledge & Kegan Paul.

Orfield, G. (1978) . *Must we bus? Segregated schools and national policy*. Washington, DC: Brookings Institution.

Orfield, G. (1983) . *Public school desegregation in the United States, 1968-1980*. Washington, DC: Joint Center for Political Studies.

Orfield, G., Eaton, S., & The Harvard Project on School Desegregation (1996) . *Dismantling desegregation: The quiet reversal of Brown v. Board of Education*. New York: New Press.

Orfield, G., Losen, D., Wald, J., & Swanson, C. B. (2004) . *Losing our future: How minority youth are being left behind by the graduation rate crisis*. Cambridge, MA: Civil Rights Project at Harvard University.

Orme, W. A. (1996) . *Understanding NAFTA: Mexico, free trade and the New North America*. Austin: University of Texas Press.

O'Rourke, K. H., & Williamson, J. G. (2001) . *Globalization and History: The evolution of a nineteenth century Atlantic economy*. Cambridge, MA: MIT Press.

Osterhammel, J., & Petersson, N. P. (2009) . *Globalization: A short history*. Princeton, NJ: Princeton University Press, 2009.

Owram, D. (1996) . *Born at the right time: A history of the babyboom generation*. Toronto,

ON: University of Toronto Press.

Palen, J. J. (1997) . *The urban world*. New York: McGrawHill.

Palladino, G. (1996) . *Teenagers: An American history*. New York: Basic Books.

Parkerson, D., & Parkerson, J. A. (1998) . *The emergence of the common school in the U. S. countryside*. Lewiston, NY: Edwin Mellen.

Patterson, J. T. (1996) . *Grand expectations: The United States, 1945–1974*. New York: Oxford University Press.

Patterson, J. T. (2002) . *Brown v. Board of education: A civil rights milestone and its troubled legacy*. New York: Oxford University Press.

Patterson, J. T. (2007) . *Restless giant: The United States from Watergate to Bush v. Gore*. New York: Oxford University Press.

Payne, C. M. (2008) . *So much reform, so little change: The persistence of failure in urban schools*. Cambridge, MA: Harvard Education Press.

Perkinson, H. (1968) . *The imperfect panacea: American faith in education, 1865–1965*. New York: Random House.

Perlmann, J. (1988) . *Ethnic differences: Schooling and social structure among the Irish, Italians, Jews, and blacks in an American city, 1880–1935*. New York: Cambridge University Press.

Perlmann, J., & Margo, R. (2001) . *Women's work? American teachers, 1750–1920*. Chicago, IL: University of Chicago Press.

Perlmann, J. (2005) . *Italians then, Mexicans now: Immigrant origins and the second-generation progress, 1890 to 2000*. New York: Russell Sage.

Perlmann, J., Siddali, S. R., & Whitescarver, K. (1997) . Literacy, schooling and teaching among New England women, 1730–1820. *History of Education Quarterly, 37* (2) , 117–139.

Pew Research Center (2014) . *Stark racial divisions in reactions to Ferguson police shooting*. Washington, DC: The Pew Charitable Trusts.

Poetter, T. S., Wegwert, J. C., & Haerr, C. (2006) . *No child left behind and the illusion of reform: Critical essays by educators*. Washington: University Press of America.

Peterson, P. E. (1985) . *The politics of school reform, 1870–1940*. Chicago, IL: University of Chicago Press. Peterson, P. (Ed.) . (2006) . *Generational change: Closing the test score gap*. New York: Rowman & Littlefield.

Polenberg, R. (1980) . *One nation divisible: Class, race, and ethnicity in the United States since 1938*. New York: Viking.

Pollard, S. (1965) . *The genesis of modern management: a study of the industrial revolution in Great Britain*. Cambridge, MA: Harvard University Press.

Portes, A. (1998). Social capital: Its origins and applications in modern sociology. In J. Hagan & K. S. Cook (Eds.) , *Annual review of sociology* (Vol.24, pp.1–24) . Palo Alto, CA: Annual Reviews.

Portes, A., & Bach, R. L. (1985). *Latin journey: Cuban and Mexican immigrants in the United States*. Berkeley: University of California Press.

Portes, A., & Rumbaut, R. (1996). *Immigrant America: A portrait*. Berkeley: University of California Press.

Portes, A., & Rumbaut, R. (Eds.). (2001). *Ethnicities: Children of immigrants in America*. Berkeley: University of California Press & Russell Sage Foundation.

Powers, J. B. (1992). *The "girl question" in education: Vocational education for young women in the progressive era*. New York: Falmer Press.

Pred, A. R. (1966). *The spatial dynamics of U. S. urbanindustrial growth, 1800–1914*. Cambridge, MA: MIT Press.

Prucha, F. P. (1976). *American Indian policy in crisis: Christian reformers and the Indian, 1865–1900*. Norman: University of Oklahoma Press.

Putnam, R. D. (2001). *Bowling alone: The collapse and revival of American community*. New York: Simon & Schuster.

Putnam, R. D. (Ed.). (2004). *Democracies in flux: The evolution of social capital in contemporary society*. New York: Oxford University Press.

Putnam, R. D. (2015). *Our kids: The American dream in crisis*. New York: Simon and Schuster.

Rabb, T., & Rotberg, R. (Eds.). (1981). *Industrialization and urbanization: Studies in interdisciplinary history*. Princeton, NJ: Princeton University Press.

Rank, M. R. (2014). *Chasing the American dream: Understanding what shapes our fortunes*. New York: Oxford University Press.

Ravitch, D. (1974). *The great school wars: 1805–1973. A history of the public schools as a battlefield of social change*. New York: Basic Books.

Ravitch, D. (1978). *The revisionists revised: A critique of the radical attack on the schools*. New York: Basic Books.

Ravitch, D. (1983). *The troubled crusade: American education, 1945–1980*. New York: Basic Books.

Ravitch, D. (2000). *Left back: A century of failed school reforms*. New York: Simon & Schuster.

Ravitch, D. (2013). *Reign of error: The hoax of the privatization movement and the danger to America's public schools*. New York: Alfred A. Knopf.

Rawls, J., & Bean, W. (2003). *California: An interpretive history*. New York: McGraw-Hill.

Rebell, M. A., & Wolfe, J. R. (Eds.). (2009). *NCLB at the crossroads: Reexamining the federal effort to close the achievement gap*. New York: Teachers College Press.

Reese, W. J. (1986). *Power and the promise of school reform: Grassroots movements during the Progressive Era*. Boston, MA: Routledge & Kegan Paul.

Reese, W. J. (1995). *The origins of the American high school*. New Haven, CT: Yale University Press.

Reese, W. J. (2001). The origins of progressive education. *History of Education Quarterly, 41*(1), 1–24.

Reese, W. J. (2013). *Testing wars in the public schools: A forgotten history*. Cambridge, MA: Harvard University Press.

Reich, R. (2002). *Bridging liberalism and multiculturalism in education*. Chicago, IL: University of Chicago Press.

Reich, R. B. (1992). *The work of nations: Preparing ourselves for 21st Century Capitalism. New York: Vintage.*

Reiss, A. J. (Ed.). (1964). *Louis Wirth on cities and social life: Selected papers*. Chicago, IL: University of Chicago Press.

Rendall, J. (1985). *The origins of modern feminism*. London: Macmillan.

Reuben, J. A. (1996). *The making of the modern university: Intellectual transformation and the marginalization of morality*. Chicago, IL: University of Chicago Press.

Reville, S. P., & Coggins, C. (2007). *A decade of urban school reform: Persistence and progress in the Boston public schools*. Cambridge, MA: Harvard University Press.

Reynolds, D. (1999). *There goes the neighborhood: Rural school consolidation at the grass roots in early twentieth-century Iowa*. Iowa City: University of Iowa Press.

Roediger, D. R. (1999). *The wages of whiteness: Race and the making of the American working class*. New York: Verso.

Rodgers, D. T. (1978). *The work ethic in industrial America, 1850–1920*. Chicago, IL: University of Chicago Press.

Rodgers, D. T. (1998). *Atlantic crossings: Social politics in a progressive age*. Cambridge, MA: Belknap Press of Harvard University Press.

Roof, W. C. (1993). *A generation of seekers: The spiritual journeys of the baby boom generation*. New York: HarperCollins.

Roscigno, V. J., Ainsworth, D., & Race, J. W. (1999). Cultural capital, and educational resources: Persistent inequalities and achievement returns. *Sociology of Education, 72* (3), 158–178.

Rosenberg, R. (1982). *Beyond separate spheres: Intellectual roots of modern feminism*. New Haven, CT: Yale University Press.

Rose–Mockry, K. G. (2015). "'We're here and we're not going away' : How the Lawrence Gay liberation front challenged norms and changed the culture for the gay community at the University of Kansas in the 1970s." Unpublished dissertation, University of Kansas.

Rosenfeld, S. A., & Sher, J. P. (1977). The urbanization of rural schools. In J. P. Sher (Ed.), *Education in rural America* (pp.11–40). Boulder, CO: Westview Press.

Roszak, T. (1969). *The making of a counter culture: Reflections on the technocratic society and its youthful opposition*. Garden City, NY: Doubleday.

Rotberg, R. I. (Ed.). (2001). *Patterns of social capital: Stability and change in historical perspective*. New York: Cambridge University Press.

Rotella, E. J. (1981). *From home to office: U. S. women at work, 1870–1930*. Ann Arbor, MI: University Microfilms International.

Rothman, S. M. (1978). *Woman's proper place: A history of changing ideals and practices, 1870 to the present*. New York: Basic Books.

Rothstein, R. (2004). *Class and schools: Using social, economic, and educational reform to close the black-white achievement gap*. New York: Teachers College Press.

Rothstein, R. (2008). *Grading education: Getting accountability right*. New York: Teachers College Press.

Rousmaniere, K. (1997). *City teachers: Teaching and school reform in historical perspective*. New York: Teachers College Press.

Royce, E. (2010). *The origins of southern sharecropping*. Philadelphia, PA: Temple University Press.

Rudner, L. (1999, March). Scholastic achievement and demographic characteristics of home school students in 1998. *Education Policy Analysis Archives, 7* (8), online publication.

Rudolph, F. (1962). *The American college and university, a history*. New York: Knopf.

Rudolph, F. (1965). *Essays on education in the early republic: Benjamin Rush, Noah Webster, Robert Coram, Simeon Doggett, Samuel Harrison Smith, AmableLouisRose de Lafitte du Courteil, Samuel Knox*. Cambridge, MA: Belknap Press of Harvard University Press.

Rudolph, F. (1978). *Curriculum: A history of the American undergraduate course of study since 1636*. San Francisco: JosseyBass.

Rumberger, R., & Willms, J. D. (1992). The impact of racial and ethnic segregation on the achievement gap in California high schools. *Educational Evaluation and Policy Analysis, 14* (4), 377–396.

Rury, J. L. (1983, September). The New York African free school, 1825–1835: Conflict over community control. *PHYLON, 44* (3), 187–198.

Rury, J. L. (1985, September). Philanthropy, self-help and social control: The New York manumission society and free blacks, 1785–1810. *PHYLON, 46* (3), 231–241.

Rury, J. L. (1988a, Summer). Imagining gender in educational history: Themes from the lives of colonial women. *The Journal of Educational Foundations, 2,* 45–60.

Rury, J. L. (1988b, Spring). The variable school year: Measuring differences in the length of American school terms in 1900. *Journal of Research and Development in Education, 21,* 29–36.

Rury, J. L. (1988c, winter). Race, region and education: An analysis of black and white scores on the 1917 Army ALPHA test. *Journal of Negro Education, 57*, 51–65.

Rury, J. L. (1989). Who became teachers: The social characteristics of teachers in American history. In D. Warren(Ed.), *American teachers: Histories of a profession at work*(pp.9–48). New York: Macmillan and AERA.

Rury, J. L. (1991a). *Education and women's work: Female schooling and the division of labor in urban America, 1870–1930*. Albany: State University of New York Press.

Rury, J. L. (1991b). Transformation in perspective: A retrospective review of Lawrence Cremin's "*Transformation of the School*" . *History of Education Quarterly, 39* (1), 67–76.

Rury, J. L. (1993). The changing social context of urban education: A national perspective. In J. L. Rury & Frank A. Cassel (Eds.), *Seeds of crisis: Public schooling in Milwaukee since 1920* (pp.10–41). Madison: University of Wisconsin Press.

Rury, J. L. (1999a). Historians and policy making. *American Journal of Education, 107* (4), 321–327.

Rury, J. L. (1999b). Race, space and the politics of Chicago's public schools: Benjamin Willis and the tragedy of urban education. *History of Education Quarterly, 39*, 2.

Rury, J. L. (2002, Summer). Democracy's high school? Social change and American secondary education in the Post-Conant era. *American Educational Research Journal, 39,* 307–336.

Rury, J. L. (2004, August). Social capital and secondary schooling: Inter-urban differences in American teenage enrollment rates in 1950. *American Journal of Education, 110,* 293–320.

Rury, J. L. (2006). Social capital and the common schools. In D. Warren & John J. Patrick(Eds.), *Civic and moral learning in America* (pp.69–86). New York: Palgrave Macmillan.

Rury, J. L., & Hill, S. A. (2011). *The African American struggle for secondary schooling, 1940–1980: Closing the graduation gap.* New York: Teachers College Press.

Rury, J. L., & Harper, G. (1986). The trouble with coeducation: Mann and women at Antioch, 1853–1860. *History of Education Quarterly, 26* (4), 481–502.

Rury, J. L., & Mirel, J. E. (1997). The political economy of urban education. *Review of Research in Education, 22*, 49–110.

Rury, J. L., & Saatcioglu, A. (2011, May). Suburban advantage: Opportunity hoarding and secondary attainment in the postwar metropolitan north. *American Journal of Education, 117* (3), 307–342.

Rury, J. L., & Saatcioglu, A. (2015). Opportunity hoarding. In A. D. Smith, R. M. Dennis, J. Stone, X. Hou, & P. Rizova (Eds.), *The Wiley Blackwell encyclopedia of race, ethnicity, and nationalism*.doi: 10.1002/9781118663202.wberen435

Rury, J. L., & Rife, A. (2018). Race, schools and opportunity hoarding: Evidence from a post-war American metropolis. *History of Education*, *47* (1), 87–107.

Russell, L. B. (1982). *The baby boom generation and the economy*. Washington, DC: Brookings

Institute Press.

Russett, C. E. (1976). *Darwin in America: The intellectual response, 1865–1912*. San Francisco, CA: W. H. Freeman.

Rutman, D. B. (Ed.). (1970). *The great awakening: Event and exegesis*. New York: Wiley.

Rutman, D. B. (1977). *American puritanism*. New York: Norton.

Ryan, A. (1995). *John Dewey and the high tide of American liberalism*. New York: Norton.

Ryan, J. E. (2010). *Five miles away, a world apart: One city, two schools, and the story of educational opportunity in modern America*. New York: Oxford University Press.

Sadker, M., & Sadker, D. (1994). *Failing at fairness: How America's schools cheat girls*. New York: C. Scribner's Sons.

Safford, P. L., & Safford, E. J. (1996). *A history of childhood and disability*. New York: Teachers College Press.

Samuel, L. R. (2012). *The American dream: A cultural history*. Syacuse, NY: Syracuse University Press.

San Miguel, G. (1987). *"Let all of them take heed": Mexican Americans and the campaign for educational equality in Texas, 1910–1981*. Austin: University of Texas Press.

San Miguel, G., & Valencia, R. (1998). From the treaty of Guadalupe Hidalgo to "Hopwood" : The educational plight and struggle of Mexican Americans in the southwest. *Harvard Educational Review, 68* (3), 353–412.

San Miguel, G. (2001). *Brown, not white: School integration and the Chicano movement in Houston*. College Station: Texas A & M University Press.

San Miguel, G. (2004). *Contested Policy: The rise and fall of federal bilingual education in the United States*. Denton: University of North Texas Press.

Sanchez, G. J. (1993). *Becoming Mexican American: Ethnicity, culture and identity in Chicano Los Angeles, 1900–1945*. New York: Oxford University Press.

San Miguel, G. (2002). *Contested policy: The rise and fall of federal bilingual education in the United States, 1960–2001*. Denton: University of North Texas Press.

Sanders, J. W. (1977). *The education of an urban minority: Catholics in Chicago, 1833–1965*. New York: Oxford University Press.

Schneider, M. K. (2015). *Common core dilemma—who owns our schools?* New York: Teachers College Press.

Schnore, L. F. (1965). *The urban scene: Human ecology and demography*. New York: Free Press.

Schnore, L. F. (Ed.). (1974). *The new urban history: Quantitative explorations by American historians*. Princeton, NJ: Princeton University Press.

Schram, S. F. (1995). *Words of welfare: The poverty of social science and the social science of poverty*. Minneapolis: University of Minnesota Press.

Schulman, B. J., & Zelizer, J. E. (2008). *Rightward bound: Making America conservative in the 1970s*. Cambridge, MA: Harvard University Press.

Schultz, S. K. (1973). *The culture factory: Boston public schools, 1789–1860.* New York: Oxford University Press.

Scotch, R. (2001). *From good will to civil rights: Transforming federal disability policy,* 2nd ed. Philadelphia, PA: Temple University Press.

Scott, A. F. (1978). What, then, is the American: This new woman? *Journal of American History, 65* (3), 679–703.

Scott, A. F. (1979). The ever widening circle: The diffusion of feminist values from the Troy Female Seminary, 1822–1872. *History of Education Quarterly, 19* (1), 3–25.

Scott, W. (1995). *Institutions and organizations*. Thousand Oaks, CA: Sage.

Scott, W., & Meyer, J. (1994). *Institutional environments and organizations: Structural complexity and individualism*. Thousand Oaks, CA: Sage.

Scribner, C. F. (2016). *The fight for local control: Schools, suburbs, and American democracy*. Ithaca, NY: Cornell University Press.

Sedlak, M., Pullian, D., & Wheeler, C. (1986). *Selling students short: Classroom bargains and academic reform in the American high school*. New York: Teachers College Press.

Selden, S. (1999). *Inheriting shame: The story of eugenics and racism in America*. New York: Teachers College Press.

Sellers, C. (1991). *The market revolution: Jacksonian America, 1815–1846.* New York: Oxford University Press.

Semel, S., & Sadovnick, A. (Eds.). (1999). *"Schools of tomorrow," schools of today: What happened to progressive education*. New York: P. Lang.

Senese, G. (1991). *Self-determination and the social education of Native Americans.* Westport, CT: Praeger Publishers.

Sexton, E., & Nickel, J. F. (1992). The effects of school location on the earnings of black and white youths. *Economics of Education Review, 11* (1), 11–18.

Shapiro, H. (1988). *White violence and Black response: From reconstruction to montgomery*. Amherst: University of Massachusetts Press.

Sharpless, J. B. (1977). *City growth in the United States, England and Wales, 1820–1861: The effects of location, size and economic structure on interurban variations in demographic growth*. New York: Arno Press.

Sher, J. P., & Tompkins, R. B. (1977). Economy, efficiency, and equality: The myths of rural school and district consolidation. In J. P. Sher (Ed.), *Education in rural America*. Boulder, CO: West-view Press, pp.43–75.

Shipps, D. (1998). Corporate influences on Chicago school reform. In C. Stone (Ed.), *Changing urban education* (pp.161–183). Lawrence: University Press of Kansas.

Shipps, D. (2006) . *School reform, corporate style: Chicago, 1880–2000.* Lawrence: University Press of Kansas.

Siddle–Walker, V. (1996) . *Their highest potential: An African American school community in the segregated south*. Chapel Hill: University of North Carolina Press.

Silver, H., & Silver, P. (1991) . *An educational war on poverty: American and British policymaking, 1960–1980.* New York: Cambridge University Press.

Silverman, K. (1984) . *The life and times of cotton Mather*. New York: Harper & Row.

Sitkoff, H. (1978) . *A new deal for Blacks: The emergence of civil rights as a national issue*. New York: Oxford University Press.

Sitkoff, H. (1993) . *The struggle for black equality, 1954–1992.* New York: Hill and Wang.

Skrentny, J. (2004) . *The minority rights revolution.* Cambridge, MA: Harvard University Press.

Sklar, K. K. (1973) . *Catharine Beecher: A study in American domesticity*. New Haven, CT: Yale University Press.

Sklar, K. K. (1993) . The schooling of girls and changing community values in Massachusetts towns, 1750–1820. *History of Education Quarterly, 33* (4) , 511–542.

Sklar, K. K. (1995) . *Florence Kelley and the nation's work: The rise of women's political culture, 1830–1900.* New Haven, CT: Yale University Press.

Skocpol, T. (Ed.) . (1984) . *Vision and method in historical sociology*. New York: Cambridge University Press.

Smith, D. B. (1980) . *Inside the great house: Planter life in eighteenth century Chesapeake society*. Ithaca, NY: Cornell University Press.

Smith, D. (1991) . *The rise of historical sociology*. Philadelphia, PA: Temple University Press.

Smith, M. S., & Scoll, B. W. (1995) . The Clinton human capital agenda. *Teachers College Record, 96* (3) , 389–404.

Solomon, B. M. (1985) . *In the company of educated women: A history of women and higher education in America*. New Haven, CT: Yale University Press.

Solomon, L. C. (1970) . Estimates of the costs of schooling in 1880 and 1890. *Explorations in Economic History, 2nd Ser.*, *7* (4) , 531–581.

Soltow, L., & Steven, E. (1981) . *The rise of literacy and the common school in the United States: A socioeconomic analysis to 1870.* Chicago, IL: University of Chicago Press.

Span, C. M. (2009) . *From cotton field to schoolhouse: African American education in Mississippi, 1862–1875.* Chapel Hill: University of North Carolina Press.

Spindler, G. D. (1963) . *Education and culture: Anthropological approaches*. New York: Holt, Rinehart and Winston.

Spring, J. H. (1976) . *The sorting machine: National educational policy since 1945.* New York: McKay.

Stasioa, V. D., Bol, T., & Van de Werfhorst, H. G. (2016) . What makes education positional?

Institutions, over education and the competition for jobs. *Research in Social Stratification and Mobility, 43* (1), pp.53–63.

Steffes, T. L. (2012). *School, society and state: A new education to govern modern America, 1890–1940*. Chicago, IL: University of Chicago Press.

Steger, M. B., & Roy, R. K. (2010). *Neo liberalism: A very short introduction*. New York: Oxford University Press.

Stern, D., Paik, I. W., Catterali, J. S., & Nakata, Y. F. (1989). Labor market experience of teenagers with and without high school diplomas. *Economics of Education Review, 8* (3), 233–246.

Stiglitz, G. (2003). *Globalization and its discontents*. New York: W. W. Norton.

Stockman, D. A. (1986). *The triumph of politics: Why the Reagan revolution failed*. New York: Harper & Row.

Stolee, M. (1993). The Milwaukee desgregation case. In J. L. Rury & F. A. Cassell (Eds.), *Seeds of crisis: Public schooling in Milwaukee since 1920* (pp.229–268). Madison: University of Wisconsin Press.

Stohr, G. (2006). *A black and white case: How affirmative action survived its greatest legal challenge*. New York: Bloomberg Press.

Stone, C. N. (1998). Introduction. In C. Stone (Ed.), *Changing urban education* (pp.1–20). Lawrence: University Press of Kansas.

Stone, C., Henig, J. R., Jones, B. D., & Pierannunzi, C. (2001). *Building civic capacity: The politics of reforming urban schools*. Lawrence: University Press of Kansas.

Stowell, D. O. (1999). *Streets, railroads, and the great strike of 1877*. Chicago, IL: University of Chicago Press.

Strang, D. (1987, September). The administrative transformation of American education: School district consolidation, 1938–1980. *Administrative Science Quarterly, 32* (3), 352–366.

Suarez–Orasco, C., Suarez–Orazco, M. M., & Todorova, I. (2010). *Learning a new land: Immigrant students in American society*. Cambridge, MA: Harvard University Press.

Sunderman, G. L. (2007). *Holding NCLB accountable: Achieving accountability, equity, & school reform*. Thousand Oaks, CA: Corwin Press.

Sunderman, G. L., Kim, J. S., & Orfield, G. G. (Eds.). (2005). *NCLB meets school realities: Lessons from the field*. Thousand Oaks, CA: Corwin Press.

Szasz, M. (1974). *Education and the American Indian: The road to selfdetermination, 1928–1973*. Albuquerque: University of New Mexico Press.

Szasz, M. C. (1977). Federal boarding schools and the Indian child: 1920–1960. *South Dakota History, 7* (4), 371–384.

Szasz, M. C. (1988). *Indian education in the American colonies, 1607–1783*. Albuquerque: University of New Mexico Press.

Takaki, R. T. (1979). *Iron cages: Race and culture in 19th century America*. New York: Oxford University Press.

Tamura, E. (2001). Asian Americans in the history of education: An historiographical essay. *History of Education Quarterly, 41* (1), 58–71.

Tanner, L. N. (1997). *Dewey's laboratory school: Lessons for today*. New York: Teachers College Press.

Tavernise, S. (2012, February). Poor dropping further behind rich in school. *New York Times,* p. A1.

Taylor, G. R. (1968). *The transportation revolution, 1815–1860.* New York: Harper.

Teaford, J. C. (1990). *Rough road to rennaisance: Urban revitalization in America, 1940–1985.* Baltimore, MD: Johns Hopkins University Press.

Terkel, S. (1997). *The good war: An oral history of World War II.* New York: The New Press.

Thernstrom, S. (1964). *Poverty and progress: Social mobility in a nineteenth century city.* Cambridge, MA: Harvard University Press.

Thernstrom, S. (1973). *The other Bostonians: Poverty and progress in the American metropolis, 1860–1970.* Cambridge, MA: Harvard University Press.

Tolley, Kim (2002). *Standing at the Portals: The science education of American girls.* New York: Routledge/Falmer.

Trent, J. W., Jr. (1994). *Inventing the feeble mind: A history of mental retardation in the United States*. Berkeley: University of California Press.

Tropea, J. L. (1987). Bureaucratic order and special children: Urban schools, 1950s and 1960s. *History of Education Quarterly, 27* (3), 339–361.

Tuchman, B. W. (1978). *A distant mirror: The calamitous 14th century*. New York: Knopf.

Tucker, W. H. (1994). *The science and politics of racial research*. Urbana: University of Illinois Press.

Turnbull, H. R., Stowe, M. J., & Huerta, N. E. (2006). *The individuals with disabilities education act as amended in 2004*. Columbus, OH: Merrill/Prentice Hall.

Tuttle, W. (1993). *"Daddy's Gone To War": The second world war in the lives of America's children.* New York: Oxford University Press.

Tyack, D. B. (1967). *George Ticknor and the Boston Brahmins*. Cambridge, MA: Harvard University Press.

Tyack, D. (1974). *The one best system: A history of American urban education*. Cambridge, MA: Harvard University Press.

Tyack, D. B. (1978). The spread of public schooling in Victorian America: In search of a reinterpretation. *History of Education* [*Great Britain*], 7 (3), 173–182.

Tyack, D. B., & Cuban, L. (1995). *Tinkering toward utopia: A century of public school reform*. Cambridge, MA: Harvard University Press.

Tyack, D. B., & Hansot, E. (1982). *Managers of virtue: Public school leadership in America, 1820–1980.* New York: Basic Books.

Tyack, D. B., & Hansot, E. (1990). *Learning together: A history of coeducation in American schools*. New Haven, CT: Yale University Press.

Tyack, D. B., James, T., & Benavot, A. (1987). *Law and the shaping of public education, 1785–1954.* Madison: University of Wisconsin Press.

Tyler, A. F. (1962). *Freedom's ferment: Phases of American social history to 1860.* New York: Harper & Row.

Urban, W. J. (2010). *More than science and Sputnik: The national defense education act of 1958*. Tuscaloosa: University of Alabama Press.

Valencia, R. R. (2011). *Chicano school failure and success: past, present, and future,* 3rd Ed. New York: Routledge.

Valenzuela, A. (1999). *Subtractive schooling: U. S. -Mexican youth and the politics of caring*. Albany: State University of New York Press.

Van Overbeke, M. (2008). *The standardization of American schooling: Linking secondary and higher education.* New York: Palgrave Macmillan.

Veysey, L. R. (1965). *The emergence of the American university*. Chicago, IL: University of Chicago Press.

Vine, P. (1976). The social function of eighteenth-century higher education. *History of Education Quarterly, 16* (4), 409–424.

Vinovskis, M. A. (1970). Horace Mann on the economic productivity of education. *New England Quarterly, 43* (4), 550–571.

Vinovskis, M. A. (1972). Trends in Massachusetts education, 1826–1860. *History of Education Quarterly, 12* (4), 501–529.

Vinovskis, M. (Ed.). (1979). *Studies in American historical demography*. New York: Academic Press.

Vinovskis, M. A. (1995). *Education, society, and economic opportunity: A historical perspective on persistent issues*. New Haven, CT: Yale University Press.

Vinovskis, M. A. (1996). An analysis of the concept and uses of systemic educational reform. *American Educational Research Journal, 33* (1), 53–85.

Vinovskis, M. (1999). *History and educational policymaking*. New Haven, CT: Yale University Press.

Vinovskis, M. A. (2005). *The birth of head start: Preschool education policies in the Kennedy and Johnson administrations.* Chicago, IL: University of Chicago Press.

Vinovskis, M. (2008). *"From a Nation at Risk" to no child left behind: Federal education goals and the creation of federal education policy.* New York: Teachers College Press.

Vinovskis, M. A., & Bernard, R. M. (1978). Beyond Catharine Beecher: Female education in the antebellum period. *Signs, 3* (4), 856–869.

Vinyard, J. E. M. (1976). *The Irish on the urban frontier: Nineteenth century Detroit, 1850–1880.* New York: Arno Press.

Violas, P. C. (1978). *The training of the urban working class: A history of twentiethcentury American education*. Chicago, IL: Rand McNally.

Wainwright, N., Weigley, R., & Wolf, E. (1982). *Philadelphia: A 300-year history*. New York: W. W. Norton & Company.

Wallerstein, I. (2004). *World system analysis: An introduction.* Durham, NC: Duke University Press.

von Waltershausen, A. S. (1999). *The workers'movement in the United States, 1879–1885.* Cambridge: Cambridge University Press.

Ward, D. (1975). *Cities and immigrants: A geography of change in nineteenthcentury America.* New York: Oxford University Press.

Warren, D. R. (1974). *To enforce education: A history of the founding years of the United States Office of Education*. Detroit, MI: Wayne State University Press.

Wax, A. L. (2009). *Race, wrongs and remedies: Group justice in the 21st century.* Lanham, MD: Rowman & Littlefield.

Weber, D. T. (1994). *The Spanish frontier in North America*. New Haven, CT: Yale University Press.

Webber, T. L. (1978). *Deep like the rivers: Education in the slave quarter community, 1831–1865.* New York: Norton.

Weber, K. (2012). Gender differences in interest, perceived personal capacity, and participation in STEM-related activities. *Journal of Technology Education, 24*, 18–33.

Weber, M. (1930). *The protestant ethic and the spirit of capitalism* (T. Parsons, Trans., with foreword by R. H. Tawney). New York: Scribner.

Weiler, K. (2011). *Democracy and schooling in California The Legacy of Helen Heffernan and Corinne Seeds*. New York: Palgrave Macmillan.

Wells, A. S. (2002). *Where charter school policy fails*. New York: Teachers College Press.

Wells, A. S., & Crain, R. L. (1997). *Stepping over the color line: African American students in White suburban schools*. New Haven, CT: Yale University Press.

Wells, A. S., Holme, J. L., Revilla, A. T., & Atanda, A. K. (2009). *Both sides now: The story of school desegregation graduates.* Berkeley: University of California Press.

Welter, B. (1966). The cult of true womanhood: 1820–1860. *American Quarterly, 18* (2), 151–174.

Welter, R. (1962). *Popular education and democratic thought in America*. New York: Columbia University Press.

Werum, R. (1997). Sectionalism and racial politics: Federal vocational policies and programs in the predesegregation South. *Social Science History, 21* (3), 399–453.

West, E. (1996). *Growing up in twentiethcentury America: A history and reference guide*. Westport, CT: Greenwood Press.

West, M. R., Henderson, M. B., Peterson, P. E., & Burrows, S. (2018). The 2017 EdNext poll on school reform. *Education Next, 18* (1), 33–52.

Westbrook, R. B. (1991). *John Dewey and American democracy*. Ithaca, NY: Cornell University Press.

Westbrook, R. B. (1994). On the private life of a public philosopher: John Dewey in love. *Teachers College Record, 96* (2), 183–197.

Wiebe, R. H. (1967). *The search for order, 1877–1920*. New York: Hill and Wang.

Wilkerson, J. H. (1979). *From brown to Bakke: The Supreme Court and school integration*. New York: Oxford University Press.

Williamson, J. (1984). *The crucible of race: Blackwhite relations in the American South since emancipation*. New York: Oxford University Press.

Willis, P. (1977). *Learning to labor*. New York: Routledge.

Wilson, W. E. (1967). *The angel and the serpent: The story of New Harmony,* 2nd ed. Bloomington, IN: Indiana University Press.

Wilson, W. J. (1987). *The truly disadvantaged: The inner city, the underclass, and public policy*. Chicago, IL: University of Chicago Press.

Wilson, W. J. (1995). *When work disappears: The world of the new urban poor*. New York: Alfred A. Knopf.

Wilson, W. J. (2009). *More than just race: Being black and poor in the inner city*. New York: W. W. Norton.

Winzer, M. A. (1993). *The history of special education: From isolation to integration*. Washington, DC: Gallaudet University Press.

Wise, A. E. (1968). *Rich schools, poor schools: the promise of equal educational opportunity*. Chicago, IL: University of Chicago Press.

Wishy, B. W. (1968). *The child and the Republic: The dawn of modern American child nurture*. Philadelphia: University of Pennsylvania Press.

Witte, J. (1999). *The market approach to education: An analysis of America's first voucher program*. Princeton, NJ: Princeton University Press.

Wolters, R. (1984). *The burden of brown: Thirty years of school desegregation*. Knoxville: University of Tennessee Press.

Wong, K., & Moulton, M. (1998). Governance report cards: Accountability in the Chicago public school system. *Education and Urban Society, 30* (4), 459–478.

Wong, K., Guthrie, J., & Harris, D. (2004). *A nation at risk: A 20-year reappraisal*. Mahwah, NJ: Lawrence Erlbaum.

Wood, P. H. (1974). *Black majority: Negroes in colonial South Carolina from 1670 through the Stono Rebellion*. New York: Knopf.

Woodward, C. V. (1974). *The strange career of Jim Crow,* 3rd rev.ed. New York: Oxford University Press.

Woody, T. (1923). *Quaker education in the colony and state of New Jersey*. Philadelphia: University of Pennsylvania.

Woody, T. (1929). *A history of women's education in the United States*. New York: Science Press.

Wright, D. R. (2017). *African Americans in the colonial era: From African origins through the American Revolution,* 4th ed. New York: Wiley–Blackwsell.

Wright, E. O. (2005). *Approaches to class analysis*. Cambridge: Cambridge University Press.

Wright, E. O. (2016). *Understanding class*. London and New York: Verso.

Yezierska, A. (1925). *Bread givers: A struggle between a father of the old world and a daughter of the new*. Garden City, NY: Doubleday, Page.

Zavadsky, H. (2009). *Bringing urban school reform to scale: Five award winning districts*. Cambridge, MA: Harvard Education Press.

Zelizer, V. A. (1985). *Pricing the priceless child: The changing social value of children*. New York: Basic Books.

Zhou, M., & Bankston, C. L. III. (1994). Social capital and the adaptation of the second generation: The case of Vietnamese youth in New Orleans. *International Migration Review, 28* (4), 821–845.

Zigler, E., & Muenchow, S. (1992). *Head start: The inside story of America's most successful educational experiment*. New York: Basic Books.

Zilversmit, A. (1967). *The first emancipation: The abolition of slavery in the North*. Chicago, IL: University of Chicago Press.

Zilversmit, A. (1993). *Changing schools: Progressive education theory and practice, 1930–1960*. Chicago, IL: University of Chicago Press.

Zimmerman, J. (2002). *Whose America? Culture wars in the public schools*. Cambridge, MA: Harvard University Press.

Zimmerman, J. (2009). *Small wonder: The little red schoolhouse in history and memory*. New Haven, CT: Yale University Press.

Zirkel, P. A. (1999). The 30th anniversary of "Tinker." *Phi Delta Kappan, 81* (1), 34–40, 58.

Zschoche, S. (1989). Dr. Clarke revisited: Science, true womanhood, and female collegiate education. *History of Education Quarterly, 29* (4), 545–569.

Zunz, O. (1982). *The changing face of inequality: Urbanization, industrial development, and immigrants in Detroit, 1880–1920*. Chicago, IL: University of Chicago Press.